国家文化产业资金支持媒体融合重大项目

高等职业教育教学改革融合创新型教材·会展专业

Huizhan Zhengce Yu Fagui

会展政策与法规

（第五版）

邹顺乾　季永青　主　编

葛俊洁　王联旭　王　娜　副主编

李剑泉　主　审

东北财经大学出版社
Dongbei University of Finance & Economics Press
大连

图书在版编目（CIP）数据

会展政策与法规 / 邹顺乾，季永青主编. —5版. —大连：东北财经大学出版社，2023.8（2024.7重印）
（高等职业教育教学改革融合创新型教材 · 会展专业）
ISBN 978-7-5654-4942-0

Ⅰ.会… Ⅱ.①邹… ②季… Ⅲ.①展览会-管理-方针政策-中国-高等职业教育-教材 ②展览会-管理-法规-中国-高等职业教育-教材 Ⅳ.①G245 ②D922.16

中国国家版本馆CIP数据核字（2023）第155964号

东北财经大学出版社出版
（大连市黑石礁尖山街217号 邮政编码 116025）
网 址：http://www.dufep.cn
读者信箱：dufep@dufe.edu.cn
大连东泰彩印技术开发有限公司印刷 东北财经大学出版社发行

幅面尺寸：185mm×260mm 字数：320千字 印张：14.75
2023年8月第5版 2024年7月第2次印刷

责任编辑：魏 巍 韩敌非 责任校对：李丽娟
封面设计：原 皓 版式设计：原 皓

定价：36.00元

教学支持 售后服务 联系电话：（0411）84710309

如有印装质量问题，请联系营销部：（0411）84710711

第五版前言

“十三五”期间，我国会展行业高速发展，展会面积和展会数量跃居全球首位，这既离不开各级政府的大力支持，也离不开《国务院关于进一步促进展览业改革发展的若干意见》等国家政策的指引。2021年3月，《中华人民共和国国民经济和社会发展第十四个五年规划和2035年远景目标纲要》正式发布，明确提出“推动生产性服务业融合化发展”“深化服务领域改革开放”“促进国内国际双循环”“推动进出口协同发展”，为会展行业的发展指明了方向。

党的二十大报告指出：“必须坚持科技是第一生产力、人才是第一资源、创新是第一动力，深入实施科教兴国战略、人才强国战略、创新驱动发展战略，开辟发展新领域新赛道，不断塑造发展新动能新优势。”如今，会展业将不再局限于线下会展，线上会展如雨后春笋般涌现，打破传统的会展形式，提高会展的服务效率和服务品质，构建优质高效、结构优化、竞争力强的会展业新体系成为大势所趋。因此，培养一批掌握会展业相关法律法规的人才十分必要。

本书以习近平新时代中国特色社会主义思想为指引，积极落实立德树人根本任务，深入挖掘教材中的思政元素，注重弘扬中华优秀传统文化和社会主义先进文化。例如，在每一章的“学习目标”中增加与思政相关的目标，同时增设“育德启智”栏目，提炼出“人民至上”“制度自信”“守正创新”“工匠精神”“高质量发展”等思政元素，使学生的职业素养与职业能力得到同步提升。

本书以法学基础理论为依托，结合会展管理实践的需要，既介绍与会展业紧密联系的通用性法律法规，又联系实际着重分析了会展业的专门性法律法规，力求系统、完善、准确地介绍会展法律法规的基本理论和知识。在每章的编写过程中，我们尽可能使用通俗易懂的语言、简明的案例，以强调会展理论的基础和实践操作性。本次修订中，我们对已废止和过时的法律法规进行了更新，如自2021年1月1日起实施的

《中华人民共和国民法典》、2022年3月发布的《最高人民法院关于适用〈中华人民共和国反不正当竞争法〉若干问题的解释》、2022年7月发布的《展会知识产权保护指引》等，同时还对前四版中的疏漏进行了修改，以确保本书内容的准确性和时效性。

本书由昆明冶金高等专科学校邹顺乾、季永青担任主编，葛俊洁、王联旭、王娜担任副主编，李剑泉担任主审。具体编写分工如下：邹顺乾编写第1章并负责全书的总纂、定稿，季永青编写第2章，葛俊洁编写第3章，王娜编写第4章，王联旭编写第5章，李路编写第6章，曹璨编写第7章，施晓雨编写第8章，刘周巍编写第9章。

本书既适合职业院校会展策划与管理、酒店管理与数字化运营等专业的教学使用，也可作为从事会展活动的企业和工作人员的实用参考书。

本书在修订过程中参考和选用了一些文献资料，引用了相应的内容，在此对原作者表示衷心的感谢。由于会展业涉及面广，编者认识水平有限，书中难免有不妥之处，敬请读者批评指正。

编　者

2023年6月

目录

第1章

会展业政策法规概述

学习目标

☆ 了解国外的会展政策与法规；

☆ 明确我国会展政策和法律体系；

☆ 掌握我国会展法规的主要内容、审批程序、法律责任；

☆ 培养学生的法治意识，坚定制度自信。

思维导图

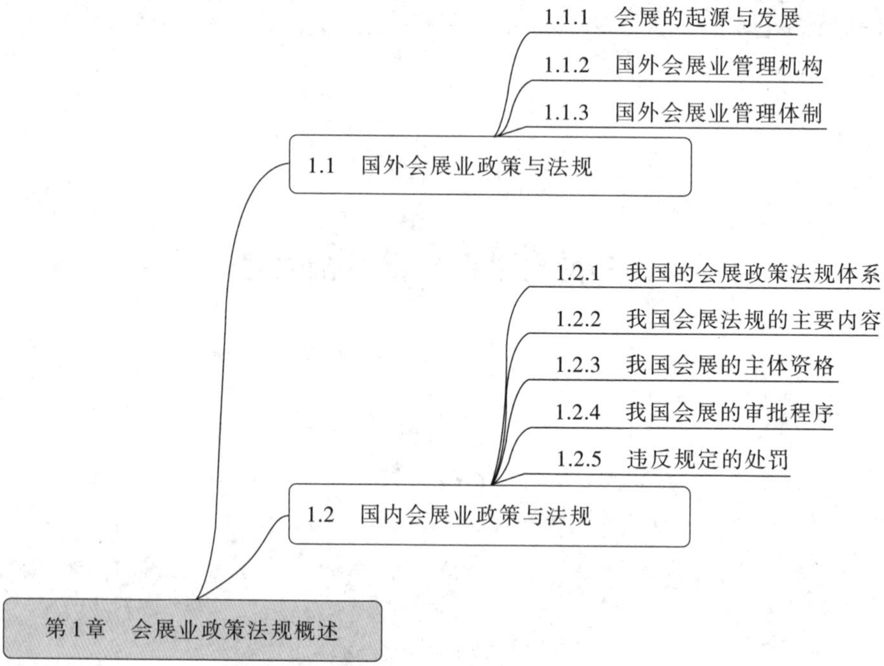
1.1.1　会展的起源与发展
1.1.2　国外会展业管理机构
1.1.3　国外会展业管理体制
1.1　国外会展业政策与法规
1.2.1　我国的会展政策法规体系
1.2.2　我国会展法规的主要内容
1.2.3　我国会展的主体资格
1.2.4　我国会展的审批程序
1.2.5　违反规定的处罚
1.2　国内会展业政策与法规
第1章　会展业政策法规概述

引例　助力经济复苏发展　会展业驶入回暖“快车道”

2023年5月10日，第十二届中外会展投资合作洽谈会在北京举行。据了解，2023年年初以来，各个会展城市、会展场馆都“动”了起来，纷纷出台会展扶持政策，加大城市和场馆的招展引会力度，希望能吸引更多的展会落地。

商务部原副部长、中国商业联合会原会长张志刚表示，投资中国就是布局未来。中国改革开放的大门正越开越大，中国的会展业将会在市场化、法治化、国际化的大道上奋力前行。

中国会展经济研究会会长、商务部国际贸易经济合作研究院副院长曲维玺在发言中表示，2023年上半年举办的两场国家级展会——广交会和消博会取得了巨大的成功，对拉动经济，特别是推动外贸做出了重要贡献，很好地诠释了会展经济作为经济发展晴雨表的示范作用。期待未来以展洽会为平台，会展业各方主体能够在供需融合中创新更多的机制模式，共同打造联动会展、产业链、供应链的理想价值平台，助力中国会展业的高质量发展。

北京市顺义区商务局党组书记、局长杨蓬勃表示，顺义区正在积极开展新国展二三期建设工作，加快打造北京国际会展商务区。新国展二三期项目对加快北京会展业创新发展、提升北京城市影响力具有重要意义。

活动主办方新展国际传媒总裁赵伟表示，会展业是服务行业，其根本价值在于做好服务。会展人不仅要服务好客户，也要服务好产业发展，更要服务于国家经济发展。

杭州市商务局会展处处长、市发展会展业服务中心主任邵玲玲表示，近年来，杭州会展业立足自身的特点，坚持走专业化、品牌化、国际化、信息化的道路，着力打造国际会展之都、赛事之城、国际会议目的地城市，紧抓后峰会、前亚运的红利，会展业呈现欣欣向荣、量质齐升的态势。

会上发布的《2022年全国办展情况分析报告》指出，2022年我国办展力量已经形成民营企业、商协会和政府三足鼎立的格局，其中民营企业与商协会办展数量基本持平，民营企业略胜一筹，政府办展数量仅次于前两者，位列第三，已经成为我国会展业的重要力量。

会上发布的《中国会展场馆调研报告》显示，2022年全国可供使用的（室内展览面积在1万平方米以上的）展览场馆达301座，展馆的室内可供展览总面积为1 345.98万平方米，连续第五年保持增长。其中，全国有39个城市展览场馆室内可供展览总面积超过10万平方米。

资料来源　孙博洋.助力经济复苏发展　会展业驶入回暖“快车道”[EB/OL].[2023-05-11].https://www.workercn.cn/c/2023-05-11/7834934.shtml.

1.1 国外会展业政策与法规

1.1.1 会展的起源与发展

会展是欧洲工业革命的产物。第一个国际博览会“万国工业博览会”（The Great Exhibition of the Works of Industries of All Nations）在1851年诞生于欧洲。至今，现代会展业经历了170多年的发展历程，形成了以欧洲和美国为龙头，以亚太地区为强大新生力量的全球化产业，拥有了全球性的行业组织——国际展览局和国际博览会联盟（国际展览业协会的前身）。这个被称为“无烟工业”的现代化产业对全球科学技术的传播、经济贸易的增长，城市建设、交通、能源、通信、旅游和就业等事业的发展以及人们思想观念的更新与交流均起到了强大的推动作用。如果我们把科学技术比作现代人类文明发展的火车头，那么作为传播科学技术手段的会展业就是驱动这列现代文明列车的诸多车轮之一。国际会展的发展大致经历了以下三个时期：

1）萌芽期——集市大发展阶段（原始社会末期至19世纪中叶）

这个时期出现了最古老的买卖商品的市场形式，也称原始集市。原始社会部落之间的物物交换形成了人类展览活动最原始的阶段，其形式包含了展览的基本原理，即通过展示来达到交换的目的。

世界上公认的最早的国际集市交易会，是公元629年在法国巴黎近郊的圣丹尼斯举办的交易会。由于当时交通不便利，社会商品也不丰富，人们只能在一定的地区内自发地将剩余的物品拿到集市，进行最原始的商品陈列与交换。从历史的角度看，欧洲的展览会是从具有十分悠久历史的中世纪“周市”发展而来的。目前欧洲是世界上公认的会展业的发源地。

2）发展期——博览会大发展阶段（19世纪中叶至20世纪40年代初）

1851年，伦敦举办了首届世界博览会，当时称为万国工业博览会。1928年11月22日，负责实施、协调和管理举办世博会的国际组织——国际展览局（BIE）在法国巴黎成立，章程为《国际展览公约》，最初有31个国家参与，至2016年6月22日已有170个成员国。这一时期也被称为博览会大发展阶段。

3）成熟期——会展旅游阶段（20世纪中叶至今）

第二次世界大战结束后，被誉为连接各国贸易大桥梁的“米兰博览会”、“莱比锡博览会”和“巴黎博览会”重回历史舞台，并掀起了一股会展经济的热浪。据统计，目前世界上定期举行的大型展览会和博览会有4 000多个，在这一时期会展旅游逐步走向成熟。同时，会展经济的理念正在向全球迅速扩展，会展业正在被越来越多的国家所重视，尤其是发展中国家。

行业视窗1-1

世界第一个国际博览会

万国工业博览会（The Great Exhibition of the Works of Industries of All Nations）是全世界第一个国际博览会，在英国伦敦海德公园举行，展期为1851年5月1日至10月15日，主要内容是世界文化与工业科技，其定名中的“Great”有伟大的、很棒的、壮观的意思。英国借此博览会展现了工业革命以后，其技冠群雄、傲视全球的发展成果。此博览会由当政的维多利亚女王的夫婿亚伯特亲王和亨利·克勒共同筹办，目的是庆祝现代工业科技与设计的新兴潮流。

这场博览会最具特色的建筑非水晶宫莫属，该建筑由约瑟夫·帕克斯顿设计，由土木工程师威廉·亨利·巴洛从旁协助，用来作为该次展览的主要会场，也是当代对新式建筑物的大胆尝试，建成之后一鸣惊人。这巨大的玻璃屋长约563米，宽约138米，从打地基到竣工用时仅九个月，这个建筑后来被移动并且重建于伦敦南区的塞登哈姆，这个地区后来因此被更名为水晶宫。

博览会估计有超过620万人次来参观，有超过13 000件展出品。在这些来自世界各地的展览品中，具有世界影响力的包括轨道蒸汽牵引机、高速汽轮船、起重机、厨具用品、铁制品以及来自美国的收割机。万国工业博览会净收入186 000英镑，这笔款项后来被用于建立维多利亚与亚伯特博物馆，而科学博物馆与自然历史博物馆也都在该展览场所在地南边建立，后来成立的英国大学也与其比邻。

资料来源　佚名. 万国工业博览会［EB/OL］.［2019-07-01］. https://baike.so.com/doc/5585835-5798429.html.

1.1.2　国外会展业管理机构

国外在20世纪中期开始就形成了独立的会展产业。如今国外会展行业的办展内容、功能以及展会的组织和管理等都已经相当完备，各地区和国家的会展产业已在产业政策、管理机构、管理机制等方面逐步完善，同时也形成了综合性、地区性、行业性的会展机构。

1）国际展览局

国际展览局由法国发起成立，总部设在巴黎，宗旨是通过协调和举办世界博览会，促进世界各国经济、文化和科学技术的交流和发展。国际展览局通过实施《国际展览公约》维持世界博览会的正常秩序。国际展览局的最高权力机构是其代表大会，每年召开两次。大会主席由代表大会选举产生，任期两年，可连任。国际展览局是政府性质的机构，申请加入公约和展览局必须由申请国的外交机构正式提出，展览局的事务必须经由外交途径办理，成员国的代表必须由成员国政府任命。一个成员国可以有2～3名代表，但是在表决时只有1票资格。1993年，中国国际贸易促进委员会以国家名义加入《国际展览公约》，成为巴黎国际展览局的正式成员。2002年12月3日，经国际展览局大会投票表决，中国获得2010年世博会举办权。

2）国际展览业协会

国际展览业协会（UFI）下设专业委员会，分别负责工业协调、出版、培训等事务。该协会组织专业培训，合格者获“认可的展览经理”称号。该协会与美国德雷克斯大学合作提供展览营销强化课程，这个课程是专为展览人员设置的。该协会每年为出色的展览营销工作和成就评奖，奖励名称为“展览焦点奖”。该协会还出版期刊和书籍，包括《年度成员目录和产品/服务导购》，是全面详细介绍展览产品和服务的期刊。经UFI认可是高品质贸易展览会的标志，一个展会要想获得UFI的会员资格，其服务、质量、知名度皆要达到一定的标准。UFI对申请加入的展览会的规模、参展商规模、国外参展商比例、国外观众的比例等都有极严格的要求。

3）贸易博览会国家参展组织者协会

贸易博览会国家参展组织者协会成立于1955年，协会每年开会一次，会议选举主席和秘书长，日常事务由秘书长处理。协会规模不大，办公地点通常由在任秘书长决定，成员主要是受国家或者商业机构委托组织集体展出（包括组织单独展览会、参加国际博览会和展览会等）的展览公司、团体、部门。协会的目的是加强成员之间的信息交流和技术合作，不断提高集体展出的水平，并经常与政府、新闻界、其他机构和展览会接触。

4）国际展览服务联合会

国际展览服务联合会总部设在比利时首都布鲁塞尔，代表展览施工者的利益。协会主要成员在欧洲，因此，该协会致力于在欧洲范围内统一展览标准、展览电器标准、展台标准等，并力求与欧盟的标准一致。

5）国际展览运输协会

国际展览运输协会由来自5个国家的7个公司于1985年发起成立，1996年增加到36个国家和地区的73个成员，总部设在瑞士，代表展览运输者的利益。协会设标准和职业道德委员会、海关委员会、组织者委员会、新闻委员会和会员委员会。该协会是在会展业不断发展、展会越来越专业的形势下成立的。协会的目的是使展览运输业专业化，提高展览运输的效率，更好地为展览组织者和展出者服务。此外，该协会为展览运输业提供一个交流信息的论坛，向海关及其他部门施加影响。

6）国际场馆经理人协会

该协会是历史比较长的场馆协会，一些展览场馆和设施经理都加入了该协会。但是，由于这里所指的场馆主要是体育馆，与展览场馆有所不同。因此，也有不少展览场馆和设施经理加入了其他有关国际组织。

7）欧洲主要展览中心协会

欧洲主要展览中心协会于1992年成立，在1993年有14个成员，展场面积超过200万平方米，每年举办800多个展览会，约有30万个展出者。该协会的宗旨是参加重建新欧洲，具体的目标包括加强欧洲会展业以抵御亚洲和美洲的竞争，简化有关会展业的法规，协调展览技术标准等。

8）亚太地区展览会议联合会

亚太地区展览会议联合会于1989年在韩国创建，有会员24个。它每年举办一次年会，在主席、副主席领导下，下设秘书处、章程委员会、会员委员会、使用标准码委员会、筹划指导委员会。秘书处常设在韩国国际展览中心。其宗旨为通过密切合作，推动太平洋周边地区会展业的发展，提高会员的商业利益。

除上述会展行业管理组织以外，国际展览会管理协会（IAEM）、国际园艺生产者协会（AIPH）和总部设在美国的贸易展览参展商协会（TSEA）都是著名的会展行业管理组织。

目前国际性的会议一般以会议为主，同时结合一些商业化的展览活动；国际性的展览虽然以展览为主，但展出期间研讨会、专题会等会议越来越多。地区经济发展的不平衡对会展业也有一定的影响。但是，由于会展业属于前瞻性经济，能够反映经济发展的未来趋势，因而一些亚洲和非洲国家的会展业在国际会展业中的地位变得越来越重要，甚至将成为国际会展业今后一段时间继续保持高速发展的关键因素。

1.1.3 国外会展业管理体制

几乎所有发达国家的会展业都没有计划经济形成的条块分割的管理体制，而是建立统一的管理体制，设立单一的国家级展览管理机构，如德国经济展览和博览会委员会（AUMA）、法国海外展览委员会技术、工业和经济合作署（CFME-ACTIM）和新加坡贸易发展局（STDB）等。这些展览管理机构都有共同的特点，即权威性、全国性和唯一性，它们主要有以下几方面的职能：一是制订发展计划，确定管理政策；二是组织会展各方，开展整体促销；三是参加专业组织，加强国际联系；四是联络会展企业，提供服务协调。

在发达国家，如德国、美国、英国等，不管是国际展、国内展和地方展，还是综合展、专业展，都是促进产品销售的手段，是一种纯粹的商业市场行为，所以基本不需要政府审批，也没有专门的政府部门通过行政手段管理会展业，而是由会展行业协会或贸易促进机构以行业自律的方式负责协调和规范本国的会展市场。有一些市场经济国家进入会展业也需要审批，但审批的重点主要是考虑社会安全，对展览会本身基本上没有什么限制。

此外，在市场经济发达的欧美国家和市场经济较成熟的一些亚洲国家和地区，政府管理会展行业的职能已经与会展行业紧密地结合在一起，它们共同合作、相辅相成。行业协会既是会展企业的代言人，也是贯彻政府意图、执行政府政策的可靠助手。行业协会以维护行业合法权益、协调会员之间关系、为会员提供服务、维护市场公平竞争、沟通政府与会员间关系、促进同行业的经济发展为宗旨，在国家法律的指导下行使着管理职能，在中央和地方政府制定经济和外贸发展战略中扮演着十分重要的角色。

行业视窗 1-2

国际会展行业协会

在国外会展管理体制中，国际会展行业协会既是行业利益的代言人，也是政府跟企业沟通的最主要渠道。在一些欧美国家和个别亚洲国家和地区，政府管理会展行业的职能已经和会展行业协会紧密地结合在一起，它们共同合作、相辅相成。行业协会既是展览企业的代言人，也是贯彻政府意图，执行政府政策的可靠助手。

国际会展行业协会的主要职能是：

（一）制定行规，进行行业间的协调和管理

随着会展行业的发展与成熟，世界上发达国家的会展行业协会主要利用市场机制和行规对会展业进行协调性的管理，其着眼点在于会展业的秩序、效益和发展。新加坡展览会议协会成立于1980年，其会员有专业展览公司、专业会议公司、场馆设施及其他展览服务机构。它的主要职能就是行业管理和协调：一方面，它与政府密切配合，共同制定一套行业道德与行为规范，一旦有会员违反有关规定，就召集会议讨论解决，甚至提出制裁措施，以维持公平竞争的秩序；另一方面，在展览会题目、展出时间安排、摊位价格、展览会质量水准等方面，它在会员单位之间进行协调，从而更好地维护会员的正当权益。

（二）对展览会进行资质评估

每年世界上展览会成千上万，这既造就了展览市场的繁荣，也难免良莠不齐，鱼目混珠。因此展览行业协会在这方面义不容辞地承担着对展览会进行调查和评估的职能。会展行业强调展览会的品牌效应。从世界范围看，最有效地对展览会进行评估和资质认可的组织是世界展览会联盟。该联盟的成员是建立在品牌展览会的基础上的。目前得到世界展览会联盟资质认可的展览会有579个。世界展览会联盟对申请加入的展览项目和主办单位有着严格的要求和详细的审查程序，取得世界展览会联盟的资质认可、使用世界展览会联盟的标记便成为名牌展览会的重要标志。欧洲国家如英国会展业联合会往往会要求会员对其展览会进行第三方审计，即聘请一家独立的审计公司对展览会的整体效果进行评估。法国采取对展览跟踪调查的方法，一般调查要进行两次：一次在展出期间，就展览组织本身征求参展商的意见；另一次在展览结束后，就参展是否成功向企业进行了解，由此来获得对展览会的客观而公正的评估。各国评估方法虽各不相同，但目标都是共同的，即创造品牌展览会的声誉，更好地维护参展商、观众和主办者的利益。

（三）培训专业人才，提高展览会的组织水平和质量

会展业是一个有着广阔发展前景的行业，需要强有力的指导和对专业人才的培养，展览协会在这方面承担着重要的任务。美国国际展览管理协会（IAEM）创造了一套系统、完整的专业人才培养计划，通过课堂学习、工作实践、参与协会活动和考试等方式给予被培训人员各种培训机会，完成专业测定后协会将授予注册展览管理人（CFM）资格证书，以此来培养会展业的专门人才。

资料来源　根据相关资料整理。

1.2　国内会展业政策与法规

自20世纪80年代以后，全球掀起的新经济和一体化浪潮使我国会展经济搭上了“顺风车”，为其迅速发展带来了机遇。同时，中国会展经济的发展也推动中国加速融入世界经济体系，广泛参与国际竞争，在竞争中不断壮大自己，谋求新的发展。我国在2001年举办了400多个出国展，各地会展也纷纷出现，北京、上海、广州、大连等城市都把会展列为当地经济发展新的增长点。在经历了2003年的SARS考验后，2004年，中国迎来了会展之“春”，境内展会数量和规模快速增长，展馆规模逐步扩大。据不完全统计，截至2017年，全国投入使用的展览场馆达348个，2017—2019年中国国内展览馆数据及面积不断增加，2021年中国国内共有151个展览馆，室内可租用面积为1 034万平方米，较2020年分别增加了2个和76万平方米。会展业很快成为第三产业中公认的朝阳产业，为国民经济的发展创造了巨大的价值。会展业已经发展成为我国具有可观经济规模的行业，以北京、上海、广州为中心，环渤海、长三角、珠三角的会展业产业带初步形成。随着西部大开发的实施，以成都、昆明、南宁为支撑的西南会展业产业带正在形成。我国会展业进入空前发展的时期。

回顾这30多年的发展历程，可以看出会展业作为一个行业在中国日臻成熟的成长轨迹，以及其在国民经济中扮演着的越来越重要的角色。无论是展会数量、规模，还是展馆面积，增长速度都在不断提高，展会的国际化与专业化水平也在不断提高，出国参展和举办国际性展览会的次数明显增加，专业展、名牌展颇具特色。经过多年的努力和培育，一批拥有独立品牌和发展价值的展览会脱颖而出，成为国内展览业的领跑者。会展业不仅已经逐步具备成为一个相对独立的新兴行业的雏形，甚至成为一些地区、城市经济发展的支柱性产业。各地区、城市纷纷根据各自的经济状况和特点，打造、开发具有当地优势的展会，并且正在向定期化、专业化、规模化和品牌化发展。

在会展业发展的同时，我国为规范会展业的发展制定和出台了一系列相关的法规、条例和政策规划，各地方也结合当地经济发展的规划目标，纷纷成立相应的会展管理机构，制定相应的会展管理政策和条例。

1.2.1　我国的会展政策法规体系

与会展业的快速发展相比，我国会展业的法制建设进程十分缓慢。20世纪80年代末，会展仅仅被当作中介服务机构而没有被当作行业发展。进入90年代，随着会展业作为行业的快速发展，相关法规相继出台。然而目前我国会展立法工作尚处于初期阶段。从立法内容上看，展览业立法主要在于明确展览业的管理部门、管理办法、展览活动的主体以及各方面的权利义务，增强展览活动的透明度，规范展览市场，为经营者创造一个法治的市场环境。从立法机构和立法效力来看，目前我国会展业的立法基本上是由国务院制定和颁布的行政法规、国务院所属各部委等颁布的部门规章以及地方性法规或规章，并且大都以办法、通知等形式发布，法律效力较低。因此，还应该推进会展业法治建设，加强对会展业的法律规制。

会展法律体系实际上是由我国许多部门法律法规和国际条约所构成的集合体。在会展运行和管理过程中，公司法律制度、合同法律制度、出入境管理制度、进出口管理制度、市场管理制度、交通运输管理制度、知识产权制度、WTO有关规则等所有这些与会展相关的法规都涵盖在会展法律体系之内。

1）会展业专门的法律法规

我国目前还没有由全国人民代表大会制定的专门对会展业进行规范的法律。因而，会展中发生的纠纷都要借助于《中华人民共和国民法典》、《中华人民共和国知识产权法》（以下简称《知识产权法》）和《中华人民共和国消费者权益保护法》（以下简称《消费者权益保护法》）等调解裁决，例如《知识产权法》中对知识产权所有人的保护，同样适用于会展业中对参展商知识产权的审查。但是，《知识产权法》中有面对会展活动中出现的新情况、新问题的空白点。随着会展业的发展，我国目前亟须制定一部专门的会展法，使我国会展业在规范、健康的轨道上发展。

【育德启智1-1】

《民法典》让生活更美好

5月28日，十三届全国人大三次会议审议通过了《中华人民共和国民法典》（简称《民法典》），这是新中国成立以来第一部以“法典”命名的基本法律，其内容丰富，体量庞大，被誉为社会生活的百科全书。《民法典》离我们并不遥远，而是事关你我，和我们的日常生活息息相关。

社会在进步，时代在发展，我国社会主要矛盾发生了变化，对美好生活的向往成了人民最大的诉求，而《民法典》的宗旨和目的就是充分反映人民群众的意愿，维护人民群众的利益，为我们的美好生活保驾护航。《民法典》以人为本，以民为根，充分体现了以人民为中心。当前，人民物质生活水平已得到提高，对民主法治，个人权利，个人尊严，公平正义等有了更多的需求。

《民法典》完全来源于人民的现实生活和实践，就像一张无形的大网，全方位保护人民的权利，每条法律条款都与人民生活相关联。无论是生活中遇到的高空抛物，还是消费中的校园贷、套路贷，无论是游戏中的Q币，还是家庭中的债务关系，无论是小区公共车位，还是邻里纠纷、物业纠纷、个人信息泄露、受到他人骚扰等等，《民法典》都给出了答案，都能从中找到依据，丰富展现了人们日常生活中的点点滴滴。小到生活中的鸡毛蒜皮，大到人生、家庭大事，不分男女老少，不分富贵贫贱都能做到全方位、零距离的保护；有时温柔的守护每位公民的生老病死和日常出行，有时在一切不公平面前方显“霸道”。《民法典》已浸润到我们的日常生活当中，关系到你我他，能很好地解决日常生活中的烦心事，闹心事。

资料来源　肖宁.《民法典》让生活更美好［EB/OL］.［2021-12-31］. https://baijiahao.baidu.com/s?id=1720614928844091763&wfr=spider&for=pc.

思政元素：人民至上　制度自信

学有所悟：《民法典》的颁布有利于维护人民生命财产安全，有利于增进民生福祉，有利于维护社会和谐稳定和国家繁荣富强，是坚持和完善中国特色社会主义制度的需要，是全面推进依法治国、推进国家治理体系和治理能力现代化的重大举措，必将为法治中国建设筑牢根基，为实现“两个一百年”奋斗目标提供坚实的法律保障。

2）国家行政机关制定的法规

国家行政机关制定的法规在规范会展活动中发挥着重要的作用。针对会展业发展中存在的亟待解决的问题，国家行政机关有针对性地颁布了一系列法规，如《关于加强对各类商品展销会管理的通知》《中国商业联合会会展活动管理暂行办法》《出国举办经济贸易展览会审批管理办法》《中华人民共和国海关对进口展览品监管办法》等，这些法规对各种展会的申办管理做了一些规定。

3）地方行政机关制定的地方性法规

根据《中华人民共和国宪法》和《中华人民共和国立法法》的规定，省、自治区、直辖市以及省级人民政府所在地的市和经国务院批准的较大市的人民代表大会及其常务委员会，在不与宪法、法律、行政法规相抵触的情况下，有权制定地方性法规，在本地区实施。地方国家权力机关及其常设机关和地方国家行政机关还有权分别发布决议、决定和命令，其中属于规范性文件的，同样具有地方性法规的效力。

会展业作为一个新兴产业在各省市迅速崛起，为了制约会展业的无序竞争，约束会展各方的利益，进一步促进会展业的发展，各地纷纷出台了一系列的规章制度，如江苏省出台了《江苏省关于对本省举办的大型会展实施知识产权监督管理的意见》，加大知识产权方面的审核，对冒充专利产品、伪造他人注册商标等行为进行打击；大连市出台了《大连市展览会管理暂行办法》，对大连市的展览进行协调和规划，规定各类展览会的承办单位要办展，须提前向市展览管理办公室报批，没有获准的单位不得举办展览会，从而避免了展会的重复、无序竞争和恶性竞争等现象。

4）我国加入的国际展览协会章程及国际公约

我国加入的国际展览协会章程及相关国际公约涉及会展的相关规定也是我国会展行业管理活动要遵守的法律文件。至今，我国积极参与了许多国际组织，如1993年加入了《国际展览会公约》，成为巴黎国际展览局的第46个成员；1995年加入了国际展览管理协会；1999年加入美国贸易展览展商协会及亚太地区展览会及会议联合会。由于我国是协会成员国，以上展览协会的章程均对我国会展活动具备法律约束力。另外，国际公约中也有相关的内容涉及会展业管理，如1993年8月我国加入了世界海关组织制定的《关于货物暂准进口的ATA单证册海关公约》《展览会和交易会公约》、《货物暂准进口公约》及其附约A1《关于暂准进口单证的附约》和附约B1《关于在展览会、交易会、会议及类似活动中供陈列或使用的货物的附约》。1999年我国加入世界贸易组织，该组织关于会展的法律文件主要是《服务贸易总协定》，《服务贸易总协定》第三部分“具体承诺义务”中规定了各成员方开放服务部门具体承诺的义务，包括市场准入、国民待遇和附加承担义务。第四部分“逐步自由化”规定了各成员方尤其是发展中国家成员方服务贸易自由化的原则及权利，其中一项重要内容是具体承诺义务的计划表。我国加入世贸组织后，对会展业的承诺主要是对会议部门市场准入的承诺。

5）会展产业发展政策

会展业是现代服务业的重要组成部分，影响面广，关联度高，发展潜力大，其发展程度体现一个国家文化、经济和社会的综合发展水平。我国相关部委和地方政府非常重视会展产业发展的政策和发展规划的制定，从国家到地方纷纷出台一系列扶持、发展会展产业的政策。

行业视窗 1-3

我国会展行业相关最新政策

近些年，为了推进会展行业发展，我国陆续发布了一系列相关政策，见表1-1。

表1-1　**我国会展行业相关最新政策**

2022.1	《“十四五”数字经济发展规划》	加快推动文化教育、医疗健康、会展旅游等领域公共服务资源的数字化供给和网络化服务
2021.7	《国务院办公厅关于加快发展外贸新业态新模式的意见》	大力发展数字展会、社交电商、产品众筹、大数据营销等，建立线上线下融合、境内境外联动的营销体系
2021.7	《“十四五”商务发展规划》	提出要提升贸易平台，完善会展业发展协调机制，提升区域性展会平台，打造高水平、专业性、市场化品牌展会。发展线上线下融合的展会模式，加强展览业行业体系标准化建设
2020.4	《商务部办公厅关于创新展会服务模式　培育展览业发展新动能有关工作的通知》	积极打造线上展会新平台。推进展会业态创新，积极引导、动员和扶持企业举办线上展会，充分运用5G、VR/AR、大数据等现代信息技术手段，举办“云展览”，开展“云展示”“云对接”“云洽谈”“云签约”，提升展示、宣传、洽谈等效果。积极打造线上展会新平台
2020.4	《商务部办公厅关于进一步优化涉外经济技术展行政服务事项的通知》	商务部实施的两种涉外经济技术展（首次举办冠名“中国”等字样和外国机构参与主办）行政许可事项全面推行“不见面”无纸化审批，不再受理线下纸质材料，展会申办事项通过商务部统一平台“展览业务管理信息应用”实行全程在线办理，各地商务主管部门对所在地举办的展会项目审核意见过在线方式办理，不再出具书面审核意见
2017.9	《会展职业经理人资质条件》	本标准规定了会展职业经理人定义、划分依据、认定方法、管理原则及资质条件。本标准适用于会展业的初、中、高级管理人员

资料来源　轩轩．2023年我国会展行业相关最新政策［EB/OL］．［2023-03-27］．https：//www.dongfangqb.com/article/4403.

1.2.2　我国会展法规的主要内容

我国已经颁布的《在境内举办对外经济技术展览会管理暂行办法》《关于重申和明确在境内举办对外经济技术展览会有关管理规定的通知》《出国举办经济贸易展览会审批管理办法》《技术交易会管理暂行办法》《中华人民共和国海关对进口展览品监管办法》等一系列会展业法规条例，从不同的角度对会展业进行监管。它们的主要内容可概括为以下几点：

1）审批管理

我国对会展的审批管理是按主办单位的隶属关系进行分渠道、分级审批，如《技术交易会管理暂行办法》中规定举办全国综合性的技术交易会，应经举办地所在省、自治区、直辖市科委同意后，提前半年向科技部提出申请；举办省、自治区、直辖市范围的技术交易会或两个省、自治区、直辖市联合举办的技术交易会，由举办单位向交易会举办地的省、自治区、直辖市科委提出申请。

2）办展资格管理

我国会展法规要求，办展单位应具有独立法人资格和市场监督管理部门批准登记的办展资格，能够履行和承担相应的会展活动民事责任，有较好的信誉、实力较强，经营状况良好，能够保证会展前期投入资金，具有一定的抗风险能力；有组织招商招展能力，有固定办公场所和专门从事办展的部门或机构，有专业的展览策划、设计、组织、管理人员和完善的办展规章制度等。国务院办公厅《关于对在我国境内举办对外经济技术展览会加强管理的通知》规定：对外经济技术展览会的主办和承办单位，必须具有外经贸主管部门批准的主办和承办资格；境外机构在华举办经济技术展览会，必须联合或委托我国境内有主办资格的单位进行。有主办资格的境内单位应具有组织招商招展能力和承担举办展览的民事责任能力，设有专门从事办展的部门或机构，具有完善的办展规章制度。境外主办单位应是具有相当规模和办展实力，在国际上影响良好的展览机构、大型跨国公司、经济团体或组织（包括经济贸易促进机构、商会、行业协会等）。

3）法律责任

首先，会展组织者负有对参展商的法律责任。会展组织者除要提供必备的服务设施外，还对参展商负有其他的义务和责任。例如，《关于对外经济贸易展览会期间加强商标管理工作的通知》中规定：展览会期间发生的商标侵权行为，主办单位应及时协助商标所有人予以制止，并将商标侵权行为、商标纠纷发生及处理情况通知有关组团单位；对于不能认真履行或推卸商标管理责任，玩忽职守的主办单位或组团单位，参展企业可随时向商务部反映。其次，会展组织者负有保护消费者权益的责任。例如，《关于加强技术交易会管理的通知》中第十五条规定：参展经营者的经营行为损害消费者合法权益的，消费者可以依照《中华人民共和国消费者权益保护法》第三十八条的规定，向参展经营者或者举办单位要求赔偿。举办单位为两个以上的，消费者可以向具体承担商品展销会组织活动的举办单位要求赔偿，其他举办单位承担连带责任。《关于加强技术交易会管理的通知》中规定，利用技术交易会从事非法活动的，除给予行政处罚外，情节严重构成犯罪的，移交司法机关，依法追究刑事责任。对擅自更改交易会名称、规格和内容的或利用举办技术交易会非法牟取暴利或敷衍塞责、弄虚作假，造成不良社会影响的，审批单位责令主办单位或承办单位进行检查。视情节轻重，可给予通报批评、取消举办技术交易会资格、没收非法所得等处分。对利用技术交易会欺诈行骗、中饱私囊的违法行为，应追究当事人的法律责任。

行业视窗1-4

我国会展业的法律体系

我国会展业的法律体系分为两大类：一是通用型的法律法规，即各领域通用的调整一些基础社会关系的法律法规，会展业涉及的主要有《中华人民共和国民法典》《中华人民共和国公司法》《中华人民共和国保险法》《中华人民共和国知识产权法》《中华人民共和国文物保护法》《中华人民共和国广告法》《中华人民共和国产品质量法》《中华人民共和国反不正当竞争法》《中华人民共和国消费者权益保护法》《中华人民共和国海关法》等；二是专门性的法律法规，即专门针对会展业制定的法律法规。

1）全国人民代表大会及其常务委员会制定的会展法

只有全国人民代表大会及其常务委员会才有权制定法律。目前我国制定会展基本法的基础还不扎实，时机也不成熟，会展法的制定尚未提上议事日程。

2）国务院针对会展业制定的行政法规

国务院发布的决定和命令属于规范性文件的，具有行政法规的效力。1997年7月31日，国务院办公厅下发《国务院办公厅关于对在我国境内举办对外经济技术展览会加强管理的通知》（国办发〔1997〕25号），这是迄今为止唯一由国务院发布的与会展有关的行政法规，也是目前会展业最高级别的法律文件。

3）国务院各部委就会展的专门问题制定的部门规章

对外贸易经济合作部（2003年并入商务部）制定的《在境内举办对外经济技术展览会管理暂行办法》《关于重申和明确在境内举办对外经济技术展览会有关管理规定的通知》《关于举办来华经济技术展览会审批规定》《关于出国（境）举办招商和办展等经贸活动的管理办法》《关于审核出国（境）举办经济贸易展览会组办单位资格的通知》《关于进一步加强出国举办经济贸易展览会管理工作有关问题的通知》《在祖国大陆举办对台湾经济技术展览会管理暂行办法》；中国国际贸易促进委员会、对外贸易经济合作部共同制定的《出国举办经济贸易展览会审批管理办法》；海关总署制定的《中华人民共和国海关对进出口货样、广告品监管办法》《中华人民共和国海关暂准进口单证册项下进出口货样监管办法》《中华人民共和国海关对进口展览品监管办法》等。国家工商行政管理总局（现国家市场监督管理总局，下同）制定的《商品展销会管理办法》；国家科学技术委员会制定的《国家科委关于加强技术交易会管理的通知》；国家税务总局制定的《关于外国企业来华参展后销售展品有关税务处理问题的批复》；国家外汇管理局制定的《国家外汇管理局关于调整出口收汇核销和外汇账户管理政策的通知》；科学技术部、外交部、海关总署、国家工商行政管理总局联合制定的《国际科学技术会议与展览管理暂行办法》；商务部会同国家工商行政总局商标局、国家版权局、国家知识产权局共同起草的《展会知识产权保护办法》。

资料来源　佚名. 会展法宝：我国会展业的法律体系［EB/OL］.［2017-03-15］. http：//www.micehome.cn/news-newsd-342.html.

1.2.3　我国会展的主体资格

1）普通会展主办单位的资格

举办单位应当具备下列条件：

①具有法人资格，能够独立承担民事责任。

②具有与展销规模相适应的资金、场地和设施。

③具有相应的管理机构、人员、措施和制度。

④参展经营者必须具有合法的经营资格，其经营活动应当符合国家法律、法规、规章的规定。

2）在境内举办涉外展览主办单位的资格

《关于审核境内举办对外经济技术展览会主办单位资格的通知》规定，举办对外经济技术展览会的境内主办单位，必须具有对外贸易经济合作部审核批准的主办资格。除省级、副省级城市人民政府或省级外经贸主管部门以及国务院部门以外的境内主办单位，应具备以下条件：

①具有组织招商招展能力和承担举办展览的民事责任能力。

②设有专门从事办展的部门或机构，并有相应的展览专业（包括策划、设计、组织、管理及外语）人员；具有完善的办展规章制度。

③曾参与承办和协办五个以上较大规模的国际性展览会。

《国务院关于取消和下放一批行政许可事项的决定》（国发〔2019〕6号，以下简称《决定》）对于取消审批的四种涉外经济技术展览会，建立备案制度：

①再次举办已批准冠名“中国”“中华”“全国”“国家”等字样的涉外经济技术展览会。

②国务院部门所属单位、中央企业或全国性行业协会主办的涉外经济技术展览会。

③展期超过6个月的涉外经济技术展览会。

④港澳台地区机构参与主办的经济技术展览会（包括海峡两岸经济技术展览会），须向商务部备案。

党政机关境内举办展会活动不适用该备案制度。

3）出国展主办单位的资格

（1）中国国际贸易促进委员会

中国国际贸易促进委员会负责以国家名义组织参加由国际展览局登记或认可的世

界博览会，并代表国家出国办展，可邀请国务院各部门、各地方人民政府及组织各地方、行业企业、经济团体参展。

（2）商会和贸促会行业分会

全国性进出口商会和贸促会行业分会可出国办展，但不得跨行业组展。

（3）地方政府

为配合地方政府间经贸活动，需要以地方政府名义出国办展的，由各省、自治区、直辖市、计划单列市（含原计划单列市）及经济特区外经贸主管部门组织实施，但不得跨地区组展。

（4）贸促分会

各省、自治区、直辖市、计划单列市（含原计划单列市）及经济特区贸促分会可出国办展，但不得跨地区组展。

（5）专业协会和展览公司

经商务部批准的外商投资企业协会、专业展览公司和其他有关单位，可按商务部核定的组展范围出国办展。

1.2.4 我国会展的审批程序

1）国内办展的审批

2010年国务院公布第五批取消的行政审批项目，其中与会展产业发展相关的《商品展销会管理办法》废止，举办单位应当向举办单位所在地市场监督管理部门申请办理登记，办理登记许可证书的法规取消。市场监督管理部门履行监督职责。

2）专业会展的审批程序

（1）境内举办对外经济技术展览会的审批

对展览面积在1 000平方米以上的对外经济技术展览会，实行分级审批管理。以国务院部门或省级人民政府名义主办的，报国务院审批；国务院部门所属单位及境外机构主办的，报商务部审批。对在北京以外地区举办的，主办单位须事先征得举办地外经贸主管部门同意；地方单位主办的，由所在省、自治区、直辖市外经贸主管部门审批，报商务部备案；以科研、技术交流、研讨为内容的，由科技部审批；贸促会系统举办的，由贸促会审批并报商务部备案。在北京以外地区举办的，主办单位应事先征得举办地外经贸主管部门同意。

展览面积在1 000平方米以下的对外经济技术展览会，可由具有对外经济技术展览会主办资格的单位自行举办，报相应的审批部门备案。举办海峡两岸的经济技术展览会，由商务部会同国务院台湾事务办公室审批。举办对台湾出口商品交易会、台湾商品展览会以及台湾地区厂商或机构参加在境内举办的国际性及全国性展览会、博览会，报商务部审批。具体事宜依照商务部《关于印发〈在祖国大陆举办对台湾经济技术展览会暂行管理办法〉的通知》（〔1998〕外经贸台发第792号）办理。

（2）举办国际科技展览的审批

举办国际科技展览，主办单位应向审批部门提出书面申请，并按照规定提交有关资料。举办会展应提前6个月申请报批。规模较大的会展应提前12个月申请报批。举办国际科技会展的申请不得通过双重渠道上报。申办国际科技会展需适时提前申请。申办程序、文件内容及审批权限与申请举办国际科技会展相同，审批部门将函复意见。如申办成功，由各级审批单位根据分级审批权限另行批复。国际科技会展实行分级审批制度。

①国外代表人数在150人以上的国际科技会议，须由主办单位提出申请，经中国科协、科学技术部审核后报国务院审批；国外代表人数在150人以下的国际科技会议由国务院各部委、直属机构及事业单位，各省、自治区、直辖市、计划单列市、新疆生产建设兵团科技主管部门，中国科协、中央直属企业、行业协会等单位自行审批，但须报科学技术部备案。

②举办国际科技展览，展览面积在1 000平方米以上的由科学技术部审批，须抄报海关总署和主管地海关，其中有关政府机构以外的单位举办展览还须具备主办资格。

③国务院各部委、直属机构及事业单位、中国科协可自行审批本部门单位举办与主管业务有关的展览面积在1 000平方米以下的国际科技展览，审批结果须抄报海关总署和主管地海关，并报科学技术部备案。

④各省、自治区、直辖市、计划单列市科技主管部门可自行审批在本地区举办的展览面积在1 000平方米以下的国际科技展览，审批结果须抄报主管地海关，并报科学技术部备案。

⑤具有主办资格的单位可自行举办展览面积在1 000平方米以下的国际科技展览，但应报当地科技主管部门备案，主管地海关凭主办单位的申请按有关规定办理。

⑥双边交流性质的科技会议，由国务院各部委、直属机构及事业单位，各省、自治区、直辖市、计划单列市、新疆生产建设兵团科技主管部门，中国科协、中央直属企业、行业协会等单位自行审批。

⑦海峡两岸科技会展由科学技术部统一审批。台湾地区代表或厂商（不含台商在华投资企业）参加国际科技会展名单须报科学技术部港澳台办公室审批。

⑧需特殊审批的科技展览，涉及未建交国家或其他敏感议题，主题或内容涉及台湾问题，政府间国际组织在华举办的国际科技会展以及其他一些重要的会展，需要由科学技术部征求外交部意见后审批或由科学技术部审核后呈国务院审批。

⑨报科学技术部审批的申办或举办国际科技会展的请示（函），须由国务院各部委、直属机构及事业单位，各省、自治区、直辖市、计划单列市人民政府或科技主管部门、新疆生产建设兵团或兵团科技主管部门，中国科协、中央企业、行业协会等单位初步审核后报科学技术部。学术团体的申请通过其在民政部门登记的业务主管部门上报。

3）涉外会展的审批

符合举办条件的境内主办单位，应按部门、地区、系统所属，分别向各自上级主管部门（指国务院各部门，各省、自治区、直辖市及计划单列市外经贸主管部门，中国国际贸易促进委员会）申请主办单位资格。申报资料应包括：

①上级主管部门的申报文件。

②主办单位的申请和资格申请表。

③加盖原登记机关印章的企业法人营业执照副本复印件。社团法人或事业单位法人提交社团登记证副本复印件或事业单位法人批准文件复印件。

④设置专门从事办展部门或机构的文件。

⑤举办展览的规章制度及招展文件（合同）范本。

⑥证明曾承办或协办过较大规模国际性展览会的材料。

⑦其他有关材料。

已取得商务部批准文件的主办单位，须在取得批准文件之日起30日内，持批准文件到市场监督管理部门办理登记。取得主办单位资格的公司、企业或事业单位法人，按《中华人民共和国公司登记管理条例》或《中华人民共和国企业法人登记管理条例》等有关规定办理。取得主办单位资格的社会团体法人，按《关于社会团体开展经营活动有关问题的通知》（民社发〔1995〕14号）的有关规定办理。凡未取得商务部批准文件，或未依据商务部批准文件到市场监督管理部门办理相应登记的主办单位，均不得在中国境内举办对外经济技术展览会。对违反规定的，由外经贸管理部门或市场监督管理部门按照有关法律法规予以处罚。

4）境外展的审批

（1）境外展涉及的范围

在境外单独举办经贸展览会、友好省市经贸展览会和以商品展览形式举办经贸洽谈会（以下统称举办单独展）；组织企业参加国外举办的国际贸易展览会或博览会。

（2）境外举办展览的审批权限和程序

中国国际贸易促进委员会负责出国办展的审批和管理。商务部负责出国办展的宏观管理，对组展单位进行资格审查，对出国办展工作进行监督检查。赴中国香港特别行政区、中国澳门特别行政区和中国台湾地区的办展计划，也由商务部审批。贸促会代表国家制订出国办展计划，经商务部、外交部和财政部会签后，报国务院审批，其他出国办展计划一律由贸促会审批。

1.2.5 违反规定的处罚

为促进我国会展业持续健康发展，国家各级部门在各项会展法规中还对破坏社会主义市场经济秩序、扰乱会展市场发展的各种不良组展及参展行为或活动制定了相应的惩罚措施，并追究其法律责任。

1）对国内商品展销会违反法规行为的处理

为加强对商品展销会的监督管理，维护市场秩序，规范市场行为，保护生产者、经营者、消费者的合法权益，我国自1998年1月1日起施行《商品展销会管理办法》，2010年11月30日改文件被废止，市场监督管理部门不再审批商品展销会登记，办展的门槛降低，这也给监管商品展销会提出了新要求。市场监督管理部门将综合运用《中华人民共和国食品安全法》《中华人民共和国消费者权益保护法》《中华人民共和国广告法》《中华人民共和国反不正当竞争法》等法律法规，采用必要的监管手段，全力做好展销会的监管与服务。

2）在境内举办对外经济展览会违反法规行为的处理

《在境内举办对外经济技术展览会管理暂行办法》（1998）第21条规定，对违反本办法规定举办对外经济技术展览会，以及在办展过程中有乱摊派、损害参展单位合法权益等违反法律法规行为的，由商务部依据《国务院办公厅关于对在我国境内举办对外经济技术展览会加强管理的通知》的有关规定，取消其主办资格，并由有关部门依法查处。

对不具备主办或承办对外经济技术展览会资格而擅自办展的，盗用其他单位名称办展的，或转让、转卖展览批准文件的，由各级外经贸主管部门和市场监督管理机关依法查处。对违反海关规定的，由海关依法处理。

3）出国举办经济贸易展览会违反法规行为的处理

根据《出国举办经济贸易展览会审批管理办法》的规定，出国举办展览会违反法规的应承担下列法律责任：

①组展单位有如下行为之一且情节较轻的，贸促会给予通报批评：未经批准出国办展；转让批件；借出国办展名义公费旅游；擅自增加展团人数或延长在外天数；侵犯参展企业利益；其他较轻的违规行为。

②组展单位在筹展过程中出现严重违规行为的，贸促会可中止已批准的出国办展计划。

③组展单位有如下行为之一的，贸促会暂停1年受理其出国办展计划申请：未经批准出国办展，造成严重后果；涂改、倒卖批件或多次转让批件；严重违反外事和财经纪律，造成不良影响；侵犯参展企业利益，屡遭投诉；其他情节较重的违规行为。

④组展单位有如下行为之一的，商务部给予撤销出国办展资格的行政处罚：未经批准，多次出国办展；伪造批件或多次涂改、倒卖批件；在外严重损害我国对外形象；两年内多次受到贸促会处罚；其他严重违规行为。

⑤对在出国办展中触犯法律的有关人员，依法追究法律责任。

此外，原对外经济贸易合作部下发的《关于出国（境）举办招商和办展等经贸活动的管理办法》第35条也明确规定："有违反本办法者，要追究主办单位、承办单位领导及主要办事人员的责任，由活动主办单位的上级部门按照中央纪委、国务院有关规定严肃处理，并将结果报商务部。商务部将根据情节轻重予以通报批评、停止该次活动、临时停止或取消主办单位、承办单位出国（境）招商或办展活动资格的处理。触犯法律的，依法追究法律责任。"

知识掌握

第1章
知识掌握

1）简述国际会展业的发展历程。

2）简述我国会展法规的主要内容。

答案提示

知识应用

□ 案例分析

第五届进博会圆满闭幕，按年计意向成交比增3.9%

2022年11月10日，第五届中国国际进口博览会（以下见称“进博会”）闭幕。本届进博会有145个国家、地区和国际组织参展，展示438项代表性首发新产品、新技术、新服务，超过上届水平。本届进博会按一年计意向成交金额为735.2亿美元，比上届增长3.9%。在各方共同努力下，第五届进博会实现了成功、精彩、富有成效的预期目标。

“我们看重中国市场。”本届进博会上，无数参展商把这句话感受化为现实。一件件稀罕展品通过进博会落地，中国巨大的市场带来无与伦比的“溢出效应”；一家家世界500强企业参展后决定投资中国，展商变投资商的背后是全球对中国经济韧性的信心。

“中国开放的大门只会越来越大。我们要坚定深耕中国市场的信心和决心，主动融入中国新发展格局，将投资和经营重点与中国产业转型升级的趋势紧密连接，深入挖掘中国市场在先进制造业、现代服务业、低碳经济、数字经济等领域的潜在需求与巨大商机。”毕马威中国副主席杨洁说。

各领域参展商满意参会效果

本届进博会上，世界500强食品企业达能再一次收获满满。此次展示的近百款覆盖全生命周期的健康食品，不少已无缝连接“双十一”，成为购物节的抢手货。

“达能已经连续五年参加进博会，这一平台让我们得以更好地参与中国大市场，并在实现商业成功的同时，助推社会进步。”达能全球执委会成员、中国及大洋洲总裁谢伟博说。早在本届进博会开展第二天，达能就与中国国际进口博览局正式签约第六届进博会，早早预定了明年的展位。

进博会六大展区历来各有特点，食品与农产品展区向来熙熙攘攘。而在汽车、装备制造等展区，新产品、新技术接连亮相，让人目不暇接。

德州仪器公司带来了TI AWR2944车载毫米波雷达传感器，可帮助车辆及司机进行更加快速准确的盲点检测和转角导航。“我们希望为中国客户提供更强大的本土支持，高效及时地响应客户需求，助力客户成功。”德州仪器公司副总裁、中国区总裁姜寒说。

中国的许多中小企业都是德州仪器公司的客户，该企业每年在中国有大量订单。“为了更好地服务客户，德州仪器去年在深圳设立全球第9个产品分拨中心，与今年完成自动化升级的上海产品分拨中心形成协同。”德州仪器深圳区总经理王凡说。

2022年以来，特斯拉已在广东建成开放多家服务门店。特斯拉公司副总裁陶琳表示，粤港澳大湾区是中国区域性技术创新的又一“大手笔”，必将助力中国制造出海。

多家采购商签下大单

本届进博会上，南航集团与14家全球航空服务领域的大型国际厂商、供应商签署了16个进口采购项目，成交金额共计7.06亿美元。其中，南航与国际发动机公司、国际航空发动机公司，分别签署的单项发动机零备件采购协议，金额共计6亿美元，是本次签约的民用航空采购重点订单。南航物流公司计划从加拿大进口超2 900万美元货值的龙虾，将海外优质生鲜产品引入中国，通过南航国际干线以及国内网络枢纽销往广州、上海、北京、无锡、成都等地，满足市场消费需求。

“此外，进博会期间，由空客A330飞机喷绘的南航“进博号”主题彩绘飞机将执飞上海虹桥至广州往返航线。”相关负责人透露。

粤电力与德国西门子能源签署燃机服务战略合作框架协议。西门子能源将为粤电力旗下两家项目公司的4台世界级的西门子能源F级燃气轮机提供长期维护服务。

“相信本次与粤电力的签约，将进一步巩固和深化双方长期合作关系，以长期优质的服务护航国际先进能源技术落地，为构建清洁低碳、安全高效的粤港澳大湾区能源体系提供支持。”西门子能源有限公司副总裁刘翔说。

首次亮相进博会的广东老字号也收获满满。“第一福珠宝向国际友人展示了原创珠宝的独特风采，展现了70年老字号品牌沉淀出的文化底蕴和匠心卓艺，收获了不少交流合作的机会，有联名合作、品牌合作、供应链合作等。”广州市大新文化创意发展有限公司党委书记、副董事长、总经理贺政国表示。

南沙进口平台吸引众多企业

全球优品分拨中心DSTP数字服务贸易平台入选服贸会全国优秀服务贸易案例，冷链物流分拨中心建成全国规模最大综合性物流分拨基地，全球飞机租赁中心已引进飞机231架，湾区粮食分拨中心已建成投产40.9万吨筒仓，国际汽车贸易综合服务枢纽汽车整体通过能力超180万辆，美酒美食分拨中心实现一体化协同操作并提供一站式增值服务……

本届进博会上，南沙六大百亿级进口平台也精彩亮相，展现南沙进口贸易促进创新示范区两周年建设成果，吸引了众多中外企业前来参观交流。在业内人士看来，进博会播撒的开放“种子”，在扩大南沙国际“朋友圈”的同时，也必将为南沙下一步外资外贸和引资引智打开新空间。无数机会因交流迸发。6天来，无数个“百闻不如一见”的故事在这里上演。

“我们将持续扩大包括拍卖及其他收藏形式在内的业务，积极开拓更多收藏品类及体验，助力中国艺术文化收藏领域的高质量发展。”全球艺术与奢侈品收藏平台苏富比中国区董事总经理钱进表示。

迅销集团全球执行董事、优衣库大中华区首席市场官吴品慧说，优衣库将集结全国900家直营门店的力量，助力进博会“展品变商品”，让全国各地消费者共享进博好物。

杨洁希望，进博会凭借国际化视野参与中国进一步融入全球化、制定国内国际经贸规则的工作，积极发挥外资企业联通国内国外两个市场的作用，提供高端要素资源支持，推动中国产业链与供应链水平不断提升，为中国经济高质量发展增添新动力。

资料来源 昌道励，邵一弘. 第五届进博会圆满闭幕，按年计意向成交比增3.9%［EB/OL］.［2022-11-11］. https：//news.southcn.com/node_4f17b9383d/e4a794f5a2.shtml.

问题：试论述第五届进博会的经济意义和社会意义。

□ 实践训练

第133届广交会线下展于2023年5月5日在广州圆满落幕，本届广交会现场出口成交216.9亿美元。常态化运营线上平台，4月15日至5月4日，线上出口成交34.2亿美元。本届广交会线上平台共优化141项功能。线上平台累计访问量3 061万次，访客数773万人，境外占比超过八成。参展企业店铺累计访问量超440万次，其中出口展参展企业店铺累计访问量约437万次，进口展参展企业店铺累计访问量3.4万次。参展企业累计连线展示6 127场次。

第1章
知识应用
答案提示

问题：从法律法规的角度谈谈线上平台的安全问题。

第2章

会展公司法

学习目标

☆ 了解公司、会展公司的概念和分类、公司的设立登记，公司的财务会计，了解公司的合并、分立、解散与清算，了解股份有限公司股份发行与转让等方面的知识；

☆ 了解外商投资会展公司的法律规定；

☆ 引导学生树立创业意识，厚植企业家精神。

思维导图

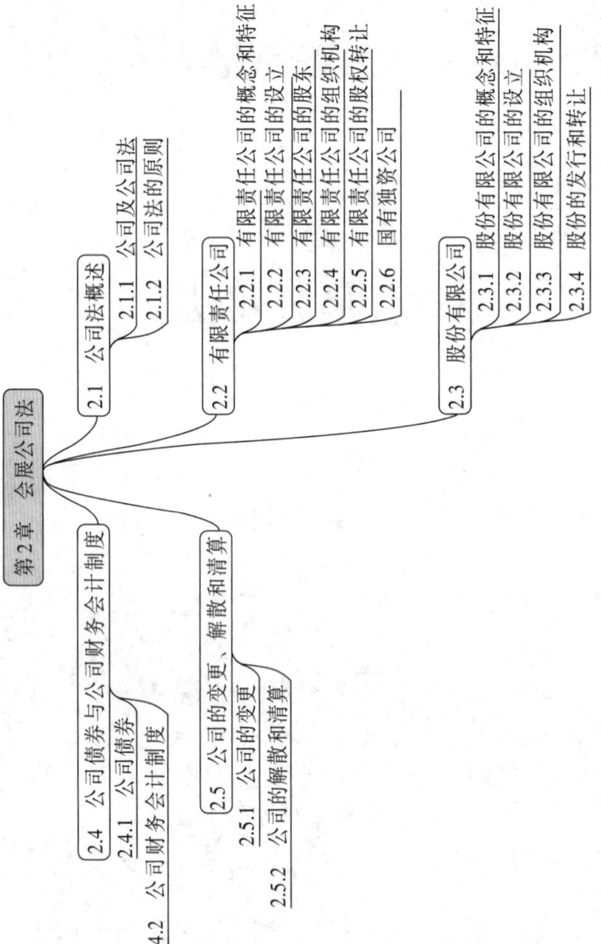
第2章 会展公司法
2.1 公司法概述
2.1.1 公司及公司法
2.1.2 公司法的原则
2.2 有限责任公司
2.2.1 有限责任公司的概念和特征
2.2.2 有限责任公司的设立
2.2.3 有限责任公司的股东
2.2.4 有限责任公司的组织机构
2.2.5 有限责任公司的股权转让
2.2.6 国有独资公司
2.3 股份有限公司
2.3.1 股份有限公司的概念和特征
2.3.2 股份有限公司的设立
2.3.3 股份有限公司的组织机构
2.3.4 股份的发行和转让
2.4 公司债券与公司财务会计制度
2.4.1 公司债券
2.4.2 公司财务会计制度
2.5 公司的变更、解散和清算
2.5.1 公司的变更
2.5.2 公司的解散和清算

引 例　**2022中国民营企业500强榜单发布**

2022年9月7日，全国工商联在北京发布了2022中国民营企业500强榜单。京东集团、阿里巴巴（中国）有限公司、恒力集团有限公司位列前三，位居前五的民营企业营业收入均超过6 000亿元。全国工商联还发布了中国民营企业500强调研分析报告，调研数据的时间范围为2021年1月1日至12月31日。报告显示，民营企业500强门槛为263.67亿元，比上年增加28.66亿元；19家500强企业营业收入超3 000亿元；资产总额超过千亿元规模的企业有88家。共有28家民营企业500强入围世界500强。

据悉，2022年是全国工商联连续组织开展的第二十四次上规模民营企业调研，共有8 602家年营业收入5亿元以上的企业参加。

资料来源　杨昊. 2022中国民营企业500强榜单发布［N］. 人民日报，2022-09-09（2）.

2.1　公司法概述

2.1.1　公司及公司法

1）公司的概念和特征

（1）公司的概念

在大陆法系与英美法系中，公司的定义有所不同。一些大陆法系国家传统上将公司定义为：依法设立的以从事经商行为或营利为目的的社团法人。在英美法系国家，所谓公司（Company或Corporation）有着极为广泛的含义，通常是指一些为共同目的而结合的法人团体。这种团体无论是否以营利为目的，都可以被称为公司。在我国，公司是指根据公司法设立的以营利为目的的企业法人。

（2）公司的特征

公司具有以下法律特征：

①公司是企业法人。首先，公司是企业的一种组织形式，企业可分为个人独资企业、合伙企业、公司制企业等，其次，公司是企业法人，企业可分为具有法人资格的企业和不具有法人资格的企业。我国的公司必须符合我国法律所规定的企业法人条件。

②公司以营利为目的。公司作为现代企业的一种组织形式，具有企业的一般特征，即以营利为设立企业的出发点和归宿，公司从事生产、经营活动或者提供劳务都是为了获取利润。公司的营利性特征使其既区别于以行政管理为目的的国家机关，又有别于不以营利为目的的公益社团法人。

③公司依照公司法设立。在我国，公司要取得公司法上的法人资格，不仅要满足《中华人民共和国民法典》规定的条件，而且还须按照公司法规定的条件和程序设立，否则就不是公司法上的公司。比如，我国公司法只明确规定了有限责任公司和股份有限公司这两种公司形式，那么就不得设立法律上未规定的无限公司、两合公司、股份两合公司等其他形式的公司。

以案说法 2-1

分公司不具有法人资格

2021年5月17日，郑某以分公司的名义与总公司签订一份合同，约定：分公司由郑某全权负责，实行独立核算，分公司的盈利和亏损均由郑某负责，分公司的业务与总公司无关。2023年3月，总公司因经济纠纷，被某省某法院强制执行，因总公司无财产可供执行，于是法院便冻结了分公司的账户，郑某向该法院提出执行异议被驳回。

以案说法 2-1

法律分析

问题：

（1）郑某以分公司名义与总公司签订的合同是否有效？

（2）分公司与总公司在法律上是什么关系？

（3）该法院的做法是否合法？

2）会展公司的概念

会展公司是指依法设立并以营利为目的，从事会展经营活动或会展服务的企业法人。会展公司作为企业法人，根据政府的有关规定主办或承办会展业务，是会展产品的主要销售者。近年来，会展公司越来越多，在会展业中发挥着重要的作用。

3）公司法的概念和适用范围

（1）公司法的概念

公司法是调整公司在其设立、经营、变更、终止过程中所发生的经济关系的法律规范的总称。《中华人民共和国公司法》于1993年12月29日第八届全国人民代表大会常务委员会第五次会议通过，自1994年7月1日起施行。1999年12月25日全国人民代表大会常务委员会对《中华人民共和国公司法》做了修正，2004年8月28日，第十届全国人民代表大会常务委员会第十一次会议对《中华人民共和国公司法》做了修正，2005年10月27日，第十届全国人民代表大会常务委员会第十八次会议对《中华人民共和国公司法》做了修正，2013年12月28日根据第十二届全国人民代表大会常务委员会第六次会议通过的《关于修改〈中华人民共和国海洋环境保护法〉等七部法律的决定》对《中华人民共和国公司法》做了修正，根据2018年10月26日第十三届全国人民代表大会常务委员会第六次会议通过的《关于修改〈中华人民共和国公司法〉的决定》对《中华人民共和国公司法》做了修正。《中华人民共和国公司法》（以下简称《公司法》）的制定和实施，是我国法治建设的一件大事。它对确定公司这一市场主体的法律地位，规范公司的组织和行为，建立现代企业制度，促进社会主义市场经济的健康发展，有着重要而深远的意义。

（2）公司法的适用范围

《公司法》第2条规定："本法所称公司是指依照本法在中国境内设立的有限责任公司和股份有限公司。"《公司法》只承认有限责任公司（含国有独资公司）和股份有限公司，不允许设立其他类型的公司。在我国，外商投资企业基本上都采取公司形式，我国制定的外商投资企业法在公司的设立、组织机构设置等方面与《公司法》的规定基本一致，但也有某些特殊规定。对此，《公司法》规定："外商投资的有限责任公司和股份有限公司适用本法；有关外商投资的法律另有规定的，适用其规定。"

2.1.2　公司法的原则

《公司法》贯彻了以下原则：

1）利益均衡原则

利益均衡原则是指公司的各种制度是基于现代市场经济条件下对影响公司及社会发展的多种利益关系进行分析、均衡的结果，是公司法的首要原则。公司法所设定的制度安排，是对股东、债权人、职工和其他社会公众的利益进行均衡的结果。公司制度的变化、发展也是围绕着各种利益关系进行妥协、平衡的结果，最终通过公司法的变化、发展表现出来。围绕公司这一市场经济主体，存在着股东、债权人、职工以及其他社会公众等不同的利益主体。公司作为各种利益交错作用的主体，由传统制度下仅代表股东、为股东服务，转变为多种利益关系的代表者，并逐渐具有相对独立的自身利益，也作为一种独立的主体而受到保护。

2）分权制衡原则

分权制衡原则是指公司有效运转的制度安排与实现，是以对公司各种权力合理分配、相互制衡为出发点而进行配置的结果。《公司法》规定，"公司实行权责分明、管理科学、激励和约束相结合的内部管理体制。"首先，公司的三种权力分别由三种机构独立行使，不受非法干预，形成内在的约束。其次，在制度层面明确规定股东及股东（大）会与董事会（执行董事）之间、董事会与监事（会）之间的制衡关系，为不同权力机构采取制衡措施提供明确的法律依据，避免公司内部权力的不当集中和滥用。

3）自治原则

自治原则是指出资人自己进行重大决策，依照公司章程自主经营、自负盈亏，不受非法干预。《公司法》第4条规定："公司股东依法享有资产受益、重大决策和选择管理者等权利。"自治原则是公司法的一项基本原则，在公司运行中防止了国家权力的过度渗入。

4）股东有限责任原则

股东有限责任原则是指股东以投资（出资额或者股份）为限对公司承担责任，并通过公司这个中间物对外承担责任。股东有限责任是现代公司法律的基石。《公司法》第3条规定：有限责任公司的股东以其认缴的出资额为限对公司承担责任。股份有限公司的股东以其认购的股份为限对公司承担责任。

2.2 有限责任公司

2.2.1 有限责任公司的概念和特征

1）有限责任公司的概念

有限责任公司也称有限公司，是指依照公司法的有关规定设立的，股东以其认缴的出资额为限对公司承担责任，公司以其全部资产对其债务承担责任的企业法人。

2）有限责任公司的特征

有限责任公司具有以下特征：

①股东人数的限定性。有限责任公司应由1个以上50个以下的股东组成。

②股东责任的有限性。股东仅以出资额为限对公司债务承担责任，公司的债权人不能要求股东在其出资额之外对公司债务负责。公司的债权人不得直接向股东主张债权或请求清偿。

③公司资本的封闭性。公司不能以发行股票的方式向社会募集资本。股东人数的有限性，决定了有限责任公司不能像股份有限公司那样向社会公开募集资本，其资本只能由股东全部认缴，而且公司只向股东签发出资证明书作为出资凭证，该凭证不得上市流通。

④转让出资的优先购买性。股东转让出资必须经全体股东过半数同意，而且在同等条件下，其他股东对所转让的出资有优先购买权。

⑤公司组织的简便性。《公司法》第50条、第51条规定，股东人数较少或者规模较小的有限责任公司，可以不设立董事会和监事会，只设1名执行董事和1至2名监事。在设立程序上，有限责任公司也较股份有限公司更为简便，一般只需订立章程、缴足资本、办理登记后即可成立。因此，有限责任公司是比较适于中小企业采用的组织形式。

⑥资合与人合的统一性。有限责任公司在本质上是一种资本的联合，但由于股东人数有上限的规定，资本又有封闭性的特点，股东之间具有人身信任关系，故具有人合的色彩。

2.2.2 有限责任公司的设立

1）设立条件

根据《公司法》的规定，设立有限责任公司应具备下列条件：

（1）股东符合法定人数

《公司法》第24条规定："有限责任公司由50个以下股东出资设立。"可以设立"一人公司"。国家授权投资的机构或国家授权的部门可以单独投资设立国有独资有限责任公司。股东可以是法人也可以是自然人。

（2）股东出资达到法定资本最低限额

《公司法》对有限责任公司法定资本的最低限额无明确规定，法律、行政法规对有限责任公司注册资本的最低限额有较高规定的，从其规定。

（3）股东共同制定公司章程

公司章程是关于公司组织及其活动的基本规则的重要法律文件。有限责任公司的章程由全体股东共同制定，所有股东都应当在公司章程上签名、盖章。有限责任公司的章程应当载明下列事项：①公司名称和住所；②公司经营范围；③公司注册资本；④股东的姓名或名称；⑤股东的出资方式、出资额和出资时间；⑥公司的机构及其产生办法、职权、议事规则；⑦公司的法定代表人；⑧公司的解散事项和清算办法；⑨股东会会议认为需要规定的其他事项。

（4）有公司名称和组织机构

公司名称是公司的标志，有限责任公司在设定自己的名称时，必须符合法律、法规的规定，必须在公司名称中标明"有限责任公司"或"有限公司"字样。

行业视窗2-1

公司名称

我国公司名称通常由四部分组成：第一部分是公司所在地名称，即公司所在地省或市、县的行政区划名称；第二部分是公司的具体字号，具体字号是公司名称的核心；第三部分是公司的行业或营业类型；第四部分是公司的种类，即应在公司名称中标明"有限责任公司"或"股份有限公司"字样。根据《企业名称登记管理规定》，公司名称中不得含有下列内容和文字：①有损于国家或社会公共利益的；②可能对公众造成欺骗或误解的；③外国国家（地区）名称、国际组织名称；④政党名称、党政机关名称、群众组织名称、社会团体名称以及部队番号；⑤汉语拼音字母（外文名称中使用的除外）、数字；⑥其他法律、行政法规禁止的。此外，根据《企业名称登记管理规定》及其他相关法规的规定，只有全国性公司、大型进出口公司、大型企业集团才可以在公司名称中使用"中国""中华""全国""国际"等文字；只有具有三个以上分支机构的公司才可以在名称中使用"总"字，只有私人企业、外商投资企业，才可以使用投资者的姓名作为名称。

（5）有公司住所

有限责任公司以其主要办事机构所在地为住所。

2）设立程序

按照《公司法》第二章第二节的有关规定，设立有限责任公司主要须经过以下程序：

（1）签订发起人协议

发起人协议是发起人之间就设立公司事项所达成的明确彼此之间权利义务关系的书面协议，目的是约束、规范发起人的行为，其性质类似合伙协议。

（2）订立公司章程

订立公司章程是公司设立的必经程序。

（3）报经主管部门审批

只有法律、法规规定必须报经审批的，才有此程序。

（4）股东缴纳出资

有限责任公司股东的出资方式可以是以货币出资，也可以用实物、知识产权、土地使用权等可以用货币估价并可以依法转让的非货币财产作价出资，并且应当将货币出资足额存入准备设立的有限责任公司在银行开设的账户。股东以非货币出资的，必须进行评估作价，核实财产，不得高估或者低估作价，并依法办理财产权的转移手续，股东若未按规定缴纳所认缴的出资，应当向已足额缴纳出资的股东承担违约责任。公司成立后，股东不得抽回出资。

（5）确定公司机构

公司机构是对内管理事务、对外代表公司的法定机构。

（6）申请设立登记

设立有限责任公司由全体股东指定的代表或者共同委托的代理人向公司登记机关申请设立登记，提交公司登记申请书、公司章程、验资证明以及股东的资格、身份证明等文件。公司登记机关对符合《公司法》规定条件的，予以登记，发给公司营业执照；对不符合《公司法》规定条件的，不予登记。公司营业执照签发日期为有限责任公司成立的日期。

2.2.3 有限责任公司的股东

1）有限责任公司股东的概念

有限责任公司的股东即向公司投入资金并对公司享有权利和承担义务的人。在我国，除法律有禁止或限制的特别规定外，公民、法人、国家以及外国投资者均可以成为有限责任公司的股东，但当国家成为股东时，其活动应通过国家授权投资的部门或机构进行。有限责任公司成立后，应当向股东签发出资证明书，同时置备股东名册。

2）有限责任公司股东的权利和义务

（1）股东的权利

《公司法》第4条规定："公司股东依法享有资产收益、参与重大决策和选择管理者等权利。"具体来讲，有限责任公司的股东享有以下各项权利：①出席或委托代理人出席股东会并行使表决权，但无表决权股除外；②查阅公司章程、股东会会议纪要、会议记录和会计报告，监督公司的经营，提出建议或质询；③选举和被选举为董事会成员、监事会成员；④按照出资比例分取红利，公司终止后，依法取得公司的剩余财产；⑤公司章程规定的其他权利。

为切实保障股东合法权利，某些大陆法系国家和英美法系国家的公司法还赋予股东个人诉权，即当董事、监事或职员对公司应负责任而公司未予追究时，可由股东为公司提起追究其责任的诉讼。此外，当股东会的召集程序及其决议内容或方法违法或违反章程时，股东亦可就此提起诉讼。对股东个人诉权的行使，有的国家赋予所有股东，如美国、法国等；有的国家则只允许持有一定股份（通常为持有公司股份的5%～10%）的少数股东行使。

（2）股东的义务

各国公司法对股东义务的规定大同小异，基本上都确认了股东应承担以下义务：

①向公司缴纳股款的义务。该义务称为出资义务，即股东应按其所承诺的出资额或所认购的股份金额，向公司缴纳股款。这一义务的履行，是认股人取得股东资格的前提条件。在认股人尚未履行这一义务前，他还不能成为公司股东；当他成为公司股东时，就表明他已经履行了缴纳股款的义务。因此，在不允许分期缴纳股款的情况下，该义务事实上只是认股人的义务，而非股东义务；在允许分期缴纳股款的情况下，认股人只要缴纳了首期出资，即取得了股东资格，他此后所负的出资义务则为股东义务。

②对公司债务承担责任的义务。有限责任公司的股东对公司的债务仅以其出资额为限承担责任，除此之外，不负其他财产责任。

③公司设立登记后，不得抽回出资的义务。

④公司章程规定的其他义务。

2.2.4　有限责任公司的组织机构

有限责任公司的组织机构主要包括股东会、董事会和监事会。其中，股东会是公司的最高权力机构，董事会是公司的经营管理执行机构，经理是董事会聘任的公司日常经营管理者，监事会是公司经营管理的监督机构。

1）股东会

有限责任公司的股东会由全体股东组成，是公司权力机构和最高决策机关，对公司的重大问题进行决策。

有限责任公司的股东会行使下列职权：①决定公司的经营方针和投资计划；②选择和更换非由职工代表担任的董事、监事，决定有关董事、监事的报酬事项；③审议批准董事会或执行董事的报告；④审议批准监事会或者监事的报告；⑤审议批准公司的年度财务预算、决算方案；⑥审议批准公司的利润分配方案和弥补亏损方案；⑦对公司增加或者减少注册资本做出决议；⑧对发行公司债券做出决议；⑨对公司合并、分立、解散和清算、变更公司形式等事项做出决议；⑩修改公司章程；⑪公司章程规定的其他职权。

有限责任公司股东会会议分为首次会议、定期会议和临时会议。有限责任公司股东会的首次会议由出资最多的股东召集和主持，并依《公司法》的规定行使职权。定期会议按照公司章程的规定按时召开，通常每年至少召开一次。临时会议是在公司章程规定的会议时间以外召开的会议。代表1/10以上表决权的股东以及1/3以上的董事、监事会或者不设监事会的公司的监事提议召开临时会议的，应当召开临时会议。股东会会议应当于会议召开15日以前通知全体股东。股东会应当把所议事项的决定做成会议记录，出席会议的股东应当在会议记录上签名。

股东会会议由股东按照出资比例行使表决权，一般事项只需由代表1/2以上表决权的股东通过。对某些涉及股东根本利益事项的表决，《公司法》做了特别规定，如股东会做出修改公司章程、增加或者减少注册资本，以及公司分立、合并、解散和变更公司形式的决议，必须经代表2/3以上表决权的股东通过。

2）董事会和经理

（1）董事会的性质及职权

董事会是公司股东会的执行机构，负责经营决策和日常经营管理活动，董事会一般由3～13人组成。董事会设董事长1人，可以设副董事长。董事长、副董事长的产生办法由公司章程规定。董事长为公司的法定代表人。董事任期由公司章程规定，但每届任期不得超过3年。董事任期届满，连选可以连任。《公司法》第51条规定，股东人数较少和规模较小的有限责任公司，可以设1名执行董事，不设董事会。执行董事可以兼任公司经理或公司的法定代表人。国有独资公司设立董事会，成员为3～9人，由国家授权投资的机构或者国家授权的部门按照董事会的任期委派或更换。两个以上的国有企业或者两个以上的其他国有投资主体投资设立的有限责任公司以及国有独资公司的董事会成员中应当有公司职工代表，职工代表由公司职工民主选举产生。

董事会行使下列职权：①召集股东会会议，并向股东会报告工作；②执行股东会的决议；③决定公司的经营计划和投资方案；④制订公司的年度财务预算、决算方案；⑤制订公司的利润分配方案和弥补亏损方案；⑥制订公司增加或者减少注册资本以及发行债券的方案；⑦拟订公司合并、分立、解散或变更公司形式的方案；⑧决定公司内部管理机构的设置；⑨决定聘任或者解聘公司经理及其报酬事项，并根据经理的提名决定聘任或者解聘公司副经理、财务负责人及其报酬事项；⑩制定公司的基本管理制度；⑪公司章程规定的其他职权。

（2）董事会会议

董事会会议由董事长召集和主持；董事长不能履行职务或不履行职务的，由副董事长或者其他董事召集和主持；副董事长不能履行职务或不履行职务的，由半数以上的董事共同推选1名董事召集和主持。董事会应当把所议事项的决定做成会议记录，出席会议的董事应当在会议记录上签名。董事会的议事方式和表决程序除《公司法》有规定的以外，由公司章程规定。董事会会议的表决实行一人一票制。

（3）经理的设立及职权

经理负责有限责任公司的日常经营管理工作，对董事会负责。经理由董事会聘任或者解聘，不设董事会的，执行董事可以兼任公司经理。

经理行使下列职权：①主持公司的生产经营管理工作，组织实施董事会决议；②组织实施公司年度经营计划和投资方案；③拟订公司的内部管理机构设置方案；④拟订公司的基本管理制度；⑤制定公司的具体规章；⑥提请聘任或者解聘公司副经理、财务负责人；⑦决定聘任或者解聘除应由董事会决定聘任或者解聘以外的负责管理人员；⑧董事会授予的其他职权。

行业视窗2-2

董事长和总经理的区别

一般来说，一个公司的董事长代表了公司董事会，也就是公司所有者的权益，是股东利益的最高代表，理论上讲是公司管理层所有权力的来源。董事长可能持有最大股份，也可能在公司中德高望重、拥有丰富的人脉关系。董事会由董事长召集，非例行的股东大会一般也只能由董事长召集。

而一个公司的总经理属于公司雇员范畴，由董事长经董事会通过任命，接受董事会监督，承担经营公司和执行董事会决策的重任。董事会拥有所有权、监督权和决策权，而总经理拥有经营权和部分决策权，掌握公司的日常行政权。总经理可由董事长兼任，总经理也可兼任董事会董事。

3）监事会、监事

（1）监事会的性质与组成

监事会是有限责任公司的内部监督机构，其成员不得少于3人。《公司法》规定，股东人数较少或者规模较小的有限责任公司可以只设1~2名监事，不设监事会。监事会由股东代表和适当比例的公司职工代表组成，具体比例由公司章程规定。监事会中的职工代表由公司职工民主选举产生。监事的任期为每届3年。监事任期届满，连选可以连任。董事、高级管理人员不得兼任监事。

（2）监事会、监事的职权

监事会、监事行使下列职权：①检查公司财务；②对董事、高级管理人员执行公司职务的行为进行监督，对违反法律、行政法规、公司章程或者股东会决议的董事、高级管理人员提出罢免的建议；③当董事、高级管理人员的行为损害了公司的利益时，要求董事、高级管理人员予以纠正；④提议召开临时股东会会议，在执行董事不履行《公司法》规定的召集和主持股东会会议职责时召集和主持股东会会议；⑤向股东会提出提案；⑥依照《公司法》的规定，对董事、高级管理人员提起诉讼；⑦公司章程规定的其他职权。

以案说法2-2

董事、高级管理人员兼任监事违法

昆明甲有限责任公司（简称甲公司）有股东3人，注册资本为80万元，从事野生菌的收购、加工、销售、科研等业务，有3个子公司。该公司在设立时认为公司股东人数少，不必设立监事会，决定只设1名监事，同时为了减少管理人员，决定由公司总经理秦某兼任监事。自该公司开业3年以来，秦某作为总经理兼公司监事从未检查过各董事的履行工作情况。董事钱某利用自己主管营销部的便利条件，侵占公司资产30万元。第5年公司经营发生亏损，为查明亏损原因，决定对公司财务状况进行彻底

以案说法 2-2

法律分析

清查。钱某怕事情败露，携款潜逃。当公司发现这件事时，损失已经难以挽回。

问题：

(1) 甲公司可以不设监事会吗？为什么？

(2) 秦某能兼任公司监事吗？为什么？

5）董事、监事、经理的资格和责任

(1) 董事、监事、经理的资格

有下列情形之一的，不得担任公司的董事、监事、经理：①无民事行为能力或者限制民事行为能力；②因犯有贪污、贿赂、侵占财产、挪用财产罪或者破坏社会经济秩序罪，被判处刑罚，执行期满未逾5年，或者因犯罪被剥夺政治权利，执行期满未逾5年；③担任因经营不善破产清算的公司、企业的董事或者厂长、经理，并对该公司、企业的破产负有个人责任的，自该公司、企业破产清算完结之日起未逾3年；④担任因违法被吊销营业执照、责令关闭的公司、企业的法定代表人，并负有个人责任的，自该公司、企业被吊销营业执照之日起未逾3年；⑤个人所负数额较大的债务到期未清偿。违反以上规定选举、委派董事、监事或者聘任经理的，该选举、委派或者聘任无效。

此外，国家公务员不得兼任公司的董事、监事和经理。

行业视窗 2-3

为什么国家公务员不得兼任公司董事、监事、经理？

公司是企业组织，以营利为目的，公司负责人包括公司董事、监事、经理，是受公司委派或者聘任，为实现公司的营利目的，在公司中从事经营管理的人员；而国家公务员是由国家选拔任用的，为国家利益和社会公共利益服务的国家机关工作人员。公司人员与公务员身份不同，公司组织与国家机关性质不同，国家机关与企业组织职责是要严格分开的，即政企职责分开，因此，国家公务员不应兼任公司的董事、监事、经理，不应从事营利性的活动，担任以营利为目的的公司组织的职务。

(2) 董事、监事、经理的责任

董事、监事、经理应当遵守公司章程，忠实履行职务，维护公司利益；除依照法律规定或者经股东会同意外，不得泄露公司秘密；执行公司职务时违反法律、行政法规或者公司章程的规定，给公司造成损害的，应当承担赔偿责任。

2.2.5 有限责任公司的股权转让

1）股权

股权亦称股东权，是指股东因向公司出资而享有的权利。《公司法》规定股东享有以下权利：①发给股票或其他股权证明请求权；②股份转让权；③股息红利分配请求权；④股东会临时召集请求权或自行召集权；⑤出席股东会并行使表决权；⑥对公司财务的监督检查权；⑦公司章程和股东大会记录的查阅权；⑧优先认购新股权；

⑨公司剩余财产分配权；⑩股东权利损害救济权；⑪公司重整申请权；⑫对公司经营的建议与质询权。

2）股权转让的程序

有限责任公司股权转让，分为股东之间的转让和向股东以外的人转让，股权转让本质属于权利的买卖，股权转让合同就是股权转让的基本形式。股权转让应当遵守合同法的一般规定，同时因为股权自身的特性还要受到公司法的调整。根据我国公司法律、法规的规定，有限责任公司的股权转让一般要经过如下程序：

①向股东以外的第三人转让股权的，由转让股权的股东向公司董事会提出申请，由董事会提交股东会讨论表决；股东之间转让股权的，不需经过股东会表决同意，只要通知公司及其他股东即可。

②双方签订股权转让协议，对转让股权的数额、价格、程序、双方的权利和义务做出具体规定，使其作为有效的法律文书来约束和规范双方的行为。股权转让合同应当遵守合同法的一般规定。

③在转让股权过程中，凡涉及国有资产的，为防止国有资产流失，根据国务院发布的《国有资产评估管理办法》第3条的规定，如对国有资产进行拍卖、转让以及企业兼并、出售等，都应进行资产评估。股权转让的价格一般不能低于该股权所含净资产的价值。

④对于中外合资或中外合作的有限公司股权转让的，根据现行《中华人民共和国中外合资经营企业法》《中华人民共和国中外合作经营企业法》的规定，要经中方股东的上级主管部门同意，并报原审批机关审批同意以后方可办理转让手续。

⑤收回原股东的出资证明，发给新股东出资证明，对公司股东名册进行变更登记，注销原股东名册，将新股东的姓名或名称、住所地及受让的出资额记载于股东名册，并相应修改公司章程。但出资证明书作为公司对股东履行出资义务和享有股权的证明，只是股东对抗公司的证明，并不足以产生对外公示的效力。

⑥将新修改的公司章程、股东及其出资变更等向市场监督管理部门进行变更登记。

至此，有限责任公司股权转让的法定程序才告完成。

2.2.6 国有独资公司

1）国有独资公司的概念和特征

国有独资公司，是指国家单独出资，由国务院或者地方人民政府委托本级人民政府国有资产监督管理机构履行出资人职责的有限责任公司。它具有以下特征：

①国有独资公司是特殊的一人公司；

②国有独资公司是特殊的有限责任公司。

国有独资公司主要涉足公路、钢铁、证券、石油、烟草、盐业、电信、金融、供热、自来水、煤气、电力、航空、铁路等行业。

2）国有独资公司的组织机构

（1）国有独资公司不设股东会，由国有资产监督管理机构代表国家履行出资人职责

国有资产监督管理机构可以授权公司董事会行使股东会的部分职权，决定公司的重大事项，但公司的合并、分立、解散、增减注册资本和发行公司债券，须由国有资产监督管理机构决定。其中，国有独资公司合并、分立、解散、申请破产等重要事项，应由国有资产监督管理机构审核后，报本级人民政府批准。

（2）董事会成员由国有资产监督管理机构委派

董事会成员中的职工代表由公司职工代表大会选举产生，董事每届任期不超过3年。董事会设董事长1人，可以设副董事长，董事长、副董事长由国有资产监督管理机构从董事会成员中指定。

（3）经理由董事会聘任或者解聘

经国有资产监督管理机构同意，董事会成员可以兼任经理。

（4）监事会成员不得少于5人

监事会应当由股东代表和适当比例的职工代表组成，其中职工代表不得少于1/3，具体比例由公司章程规定。监事会中的职工代表由公司职工通过职工代表大会选举产生。监事会设主席，由国有资产监督管理机构从监事会成员中指定。

2.3 股份有限公司

2.3.1 股份有限公司的概念和特征

1）股份有限公司的概念

股份有限公司是指全部资本划分为等额股份，股东以其所持有的股份为限对公司承担责任，公司以其全部资产对公司债务承担责任的公司。

2）股份有限公司的特征

股份有限公司与其他公司类型相比，具有以下特征：

（1）股东责任的有限性

股份有限公司的股东仅以其所认购的股份为限对公司负责。此外，对公司及公司的债权人不负任何财产上的责任，公司的债权人不能直接向股东提出清偿债务的要求，更不能要求用股东个人的财产清偿债务。股份有限公司股东责任的有限性，是它区别于有限责任公司的重要特征。

（2）资本募集的公开性

股份有限公司可以通过发行股票的方式来筹集资本，任何人只要愿意支付股金购买股票，就可以成为其股东。资本募集的公开性决定了公司股东的广泛性，同时，也决定了股份有限公司的账目必须公开，便于公司的股东了解公司的经营情况。正是因为股份有限公司具有这一特征，一些英美法系国家才称其是开放式公司。

（3）股东出资的股份性

这是股份有限公司与有限责任公司的又一区别。股份有限公司的股份要均分为等额的股份，每个股东所持有的股份数额可以不同，但每股的金额必须相同。公司资本的股份化，不仅便于集资，而且便于股权的行使和利润分配。而实行单一出资制的有限责任公司股东的出资，则不具备这一特点。

（4）公司股票的流通性

股份有限公司的股票可以作为交易标的，原则上可以自由买卖。股票交易有两种形式，一为上市交易，即在证券交易所挂牌交易，二为柜台交易，即在证券交易所的柜台直接交易，无论是上市交易还是柜台交易，都充分体现了股票的流通性。股票的流通性使股票的持有者有了更多的投资选择机会，使公司可以拥有众多的股东，同时也能导致股东的频繁变动。

（5）公司财产的独立性

股份有限公司股东的出资，构成了公司的独立财产，形成了公司法人所有权，使股份有限公司成为最典型的法人组织，股东向公司出资，使其对投入公司财产的所有权转化为股权，从而实现了股权与公司法人所有权的分离。对于股东与公司的财产关系，一般被表述为所有与经营的关系，并在这个意义上谈股份有限公司的所有权与经营权的分离。这种认识实际上肯定了股东对其投入公司的财产仍享有所有权，模糊了股权与所有权的界限，与公司法人所有权理论直接相悖。事实上，股东的股权既非所有权，亦非债权，而是一种综合性的权利。正是股权与所有权的分离，公司才有了独立于股东的财产，并形成了公司法人所有权。

2.3.2　股份有限公司的设立

1）股份有限公司设立的条件

（1）发起人符合法定人数

《公司法》规定，股份有限公司的发起人应当在2人以上200人以下，其中须有半数的发起人在中国境内有住所。

（2）发起人认购和募集的股本达到法定资本最低限额

股份有限公司的设立可以采取发起设立或者募集设立的方式。发起设立，是指由发起人认购公司应发行的全部股份而设立公司。募集设立，是指由发起人认购公司应发行股份的一部分，其余股份向社会公开募集或者向特定对象募集而设立公司。发起人也可以用实物、知识产权、土地使用权等可以用货币估价并可以依法转让的非货币财产作价出资，但应当依法办理其财产权的转移手续。

（3）股份发行、筹办事项符合法律规定

股份有限公司的发起人必须按照《公司法》的规定认购其应认购的股份，必须承担公司的筹办事务。

（4）发起人制定公司章程，并经创立大会通过

（5）有公司名称，建立符合股份有限公司要求的组织机构

设立股份有限公司必须选定公司的名称，必须在公司的名称中标明“股份有限公司”的字样，同时应依法建立法定的组织机构。

（6）有固定的生产经营场所和必要的生产经营条件

2）股份有限公司设立的程序

（1）发起设立程序

根据《公司法》及有关法律的规定，以发起方式设立的股份有限公司，应当经过如下法律程序：①发起人发起；②公司名称的预先核准；③制定公司章程，公司章程应当由全体发起人共同同意通过，并由全体发起人在章程上签名、盖章；④发起人认购股份；⑤缴纳股款及验资；⑥选举董事会和监事会成员；⑦申请设立登记；⑧登记机关签发营业执照。

（2）募集设立程序

根据《公司法》及有关法律的规定，以募集方式设立的股份有限公司，应当经过如下法律程序：①发起人发起；②公司名称的预先核准；③制定公司章程并经创立大会通过；④发起人认购股份；⑤向社会募集股份；⑥股份认购；⑦缴纳股款及验资；⑧召开创立大会；⑨申请设立登记；⑩登记机关签发营业执照。

2.3.3 股份有限公司的组织机构

1）股东大会

股东大会是由股份有限公司全体股东组成的、决定公司经营管理的重大事项的最高权力机构。

（1）股东大会的形式和召集

股份有限公司股东大会的形式分为股东大会年会和临时股东大会两种。股东大会年会即每年按时召开一次的大会；临时股东大会是指在年会以外遇有特殊情况依法召开的大会。《公司法》规定，有下列情形之一的，应当在两个月内召开临时股东大会：①董事人数不足《公司法》规定的人数或者公司章程所定人数的2/3时；②公司未弥补的亏损达股本总额的1/3时；③持有公司股份10%以上的股东请求时；④董事会认为必要时；⑤监事会提议召开时；⑥其他情形。

股份有限公司股东大会会议由董事会负责召集，董事长主持。董事长因特殊原因不能履行职务时由谁主持以及其程序等与前面有限责任公司的规定相同。召开股东大会，应当将会议审议的事项于会议召开20日前通知各股东，临时股东大会应当于会议召开15日以前通知各股东。

（2）股东大会的职权与表决

根据《公司法》的规定，股份有限公司股东大会行使与有限责任公司股东大会相同的职权。股东出席股东大会，所持每一股份有一票表决权。股东可以自己出席股东大会，也可以委托代理人出席股东大会。代理人受托出席股东大会时，应当向公司提交股东授权委托书，并只能在授权范围内行使表决权。股东大会应当将所议事项的决定做成会议记录。会议记录由出席会议的股东签名，并应当与现场出席股东的签名册及代理出席的委托书一并保存。

2）董事会和经理

（1）董事会的性质、组成及职权

股份有限公司的董事会是公司股东大会的执行机构，对公司股东大会负责。董事会由5～19人组成，设董事长1人，可以设副董事长。董事会成员中应有公司职工代表。根据《公司法》的规定，有限责任公司董事会职权的规定适用于股份有限公司董事会，这里不再列举。根据公司需要，董事会可以授权董事长在董事会闭会期间行使董事会的部分职权。董事会还可以决定由董事会成员兼任公司经理。

（2）董事、董事长、董事会会议

股份有限公司的董事由股东大会按照法律和公司章程规定的决议程序选举产生。董事任期由公司章程规定，但每届任期不得超过3年。董事任期届满，连选可以连任。董事在任期届满前，股东大会不得无故解除其职务。股份有限公司董事资格的限制以及董事的责任与义务，适用有限责任公司董事的有关规定。

股份有限公司董事会的董事长和副董事长由董事会以全体董事的过半数选举产生。董事长为公司的法定代表人，副董事长协助董事长工作。董事长不能履行职务时，由董事长指定的副董事长代行其职权。《公司法》规定，董事长行使下列职权：主持股东大会和召集、主持董事会会议；检查董事会决议的实施情况；签署公司股票、公司债券。

《公司法》规定，股份有限公司的董事会每年度至少召开两次会议。董事会还可以根据需要随时决定召开董事会会议。董事会会议由董事长召集并主持，董事长因特殊原因不能履行职权时，由董事长指定的副董事长召集、主持。召集董事会会议，应当于会议召开10日以前通知全体董事，但因紧急事项召开临时董事会会议的，可以另定召集董事会的通知方式和通知时限。董事会开会时，董事应亲自出席，董事因故不能亲自出席的，可以书面委托其他董事代为出席，委托书中应载明授权范围。董事会应当将会议所议事项做成会议记录，出席会议的董事应当在会议记录上签名。

《公司法》规定，股份有限公司的董事会须由1/2以上的董事出席方能举行。董事会决议必须经全体董事的过半数通过，董事应当对董事会的决议承担责任。董事会决议违反法律、行政法规或者公司章程，致使公司遭受严重损失的，参与决议的董事对公司负赔偿责任，但能证明在表决时曾表明异议并记载于会议记录的，该董事可以免除责任。

（3）经理

股份有限公司的经理由董事会聘任或者解聘。经理依据法律、行政法规和公司章程的规定，负责公司的日常经营管理工作。根据《公司法》的规定，经理对董事会负责，行使与有限责任公司经理相同的职权，这里不再说明。

3）监事会

（1）监事会的性质

股份有限公司的监事会是股份有限公司依照《公司法》以及公司章程设立的，是对公司各项事务进行监督的机构。设立监事会的目的就是对董事及经理的活动实施监督，保证董事和经理正当和诚信地履行职责。

（2）监事会的组成

《公司法》规定，股份有限公司监事会设主席1人，监事会成员不得少于3人，其产生程序及职工代表的比例、监事任期等与前面有限责任公司的要求相同。

（3）监事会的职权

监事会的职权与有限责任公司的相同。有关有限责任公司的法律规定中关于不得担任董事、经理、监事的规定以及董事、经理、监事的义务、责任的规定适用于股份有限公司的董事、经理、监事。

2.3.4 股份的发行和转让

1）股份与股票

股份有限公司的股份是指均分公司全部资本的、表示股东权利义务的最基本的计算单位。股份具有两种含义：一是指公司资本的组成单位，是公司全部资本划分成的均等份额，全部股份金额的总和即为公司资本总额；二是指股东权利义务产生的根据，股东权利义务的大小取决于其拥有的股份数额。股份有限公司签发的证明，股东所持有股份的凭证是股票，股份是股票的实质内容，股份常见的分类有以下几种：

（1）根据股东承担的风险和享有的权益大小不同，可将股份分为普通股和特别股

①普通股。普通股是股份有限公司设立的基础性股份，为任何股份公司发行股份时必须发行的股份。普通股股东在股份有限公司事务中具有平等的权利和相同的法律地位，如出席股东大会的权利、行使公司事务表决权和剩余财产分配权等。

②特别股。与普通股相对应的是特别股，包括两种股份，一是优先股，二是后配股。以普通股为基准，凡比普通股具有优先内容或优先权的股份为优先股；凡权利不及普通股权利者为后配股。后配股又称劣后股，是指公司盈余、公司剩余财产分配给普通股之后才能参加分配的股份。

与普通股相比，优先股具有以下三个特点：①可优先获得股息，且股息一般是固定的，它不受公司经营状况好坏的影响，在一定程度上表现出债权的性质，是股权债权化的典型表现。正因如此，优先股又被人形象地称为“旱涝保收股”。②可优先分配公司的财产。当公司破产或解散清算时，优先股的票面值将从公司的剩余财产中优先于普通股受偿。③优先股一般均无表决权，这实质上是它取得盈余分配方面优先权的一种代价，换言之，是以盈余分配方面的优先作为无表决权的补偿。

（2）根据股票票面上是否记载股东的姓名，可将股份分为记名股和无记名股

①记名股，是将股东的姓名或名称记载于股票的股份。记名股的权利只能由股东本人享有，非股东持有股票，无资格行使股权。记名股的转让必须由股东以背书形式进行，将受让人的姓名或名称记载于公司股票之上，并将受让人的姓名或名称记载于公司股东名册之中。否则，转让不产生效力。

②无记名股，是股票上不记载股东姓名或名称的股份。无记名股与股票不可分

离，凡持有股票者，即为公司股东，享有股东权利。在买卖无记名股票时，将股票交付给受让人，即发生转让的效力。

《公司法》规定，公司向发起人、国家授权投资的机构、法人发行的股票，应当为记名股票，并应当记载该发起人、机构或者法人的名称，不得另立户名或者以代表人的姓名记名。对社会公众发行的股票，可以为记名股票，也可以为无记名股票。

（3）根据股份是否以金额表示，可将股份分为额面股和无额面股

①额面股，是在股票票面上标明了一定金额的股份。额面股的每股金额必须一致，但具体数额多少，各国规定不一。一些国家仅规定了股票面额的最低限额，而未作高额限制，如德国规定股份最低面额为50马克，法国规定为100法郎，日本规定为500日元。有些国家则对股票面值没有最低限额的规定，我国对此迄今亦无规定，但在实践中以不低于人民币1元为限。额面股份的发行价格可以高于股份金额，即允许溢价发行，但不允许以低于股票面额的价格发行股份，其目的是防止造成公司资本的虚空。

②无额面股，又称比例股或部分股，即股票票面不表示一定金额，只表示其占公司资本总额的一定比例的股份。此种股份的价值随公司财产的增减而增减，其实际上占公司资产总额比例的价值也是一个变数。无额面股的好处在于当公司增资时，无须再发行或增加新的股份，只要实际上增加每股所代表的资本额即可。其弊端在于股份所代表的金额经常处于不确定状态之中，增加了股份转让和交易的难度。目前，允许发行无额面股的国家已为数不多，只有美国、日本、卢森堡等少数国家，且大都对无额面股的发行做出了种种限制性的规定。我国公司法禁止发行无面值股票（无额面股），只允许发行额面股。

（4）根据股份有无表决权，可将股份分为表决权股和无表决权股

①表决权股，即享有表决权的股份。表决权股的股东在任免董事人选等公司重大问题上，有权无条件地行使表决权。

②无表决权股，是依法或依据章程被剥夺了表决权的股份。依法被剥夺表决权的股份主要是公司的自有股份；依据章程自愿放弃表决权的股份，主要是享有特别分配利益的优先股。享有优先权的优先股股东，投资的目的是获取股利，而不是参与公司的管理。因此，这类股东按章程规定不享有表决权。此外，还有表决权受到公司章程限制的股份，即限制表决权股。例如，有的公司法规定，股东持有股份占公司资本总额一定比例（如3%）以上时，公司应以章程限制其表决权，目的是防止大股东对公司事务的控制与操纵。

2）股份的发行

股份的发行是指股份有限公司通过法定方式向社会发行公司股份的行为。由于股份必须采取股票的形式，因而股份的发行实际上就是股份有限公司股票的发行。股份的发行，实行公开、公平、公正的原则，必须同股同权，同股同利。同次发行的股票，每股的发行条件和价格应当相同。任何单位或个人所认购的股份，每股应支付相同价额。这是我国股份有限公司发行股份时应坚持的原则。

股票发行价格可以按票面金额也可以超过票面金额，但不得低于票面金额。公司向发起人、国家授权投资的机构、法人发行的股票应当为记名股票，对社会公众发行的股票，可以是记名股票，也可以是无记名股票。公司发行记名股票的，应置备股东名册，并作记载。发行无记名股票的，公司应记载其股票数量、编号及发行日期。

【育德启智2-1】

邓小平为什么送给纽交所董事长一张“小纸片”?

1986年11月，82岁的邓小平在北京接见全球最大证券交易所——纽交所董事长约翰·凡尔霖，后者向邓小平赠送了纽交所徽章，而邓小平回赠他的却是一张“小纸片”。事实上，这张“小纸片”是一张面值50元、签名“周芝石”的上海飞乐音响公司实物股票“小飞乐”。改革开放总设计师邓小平的这一特殊举动，让国际社会察觉到中国改革的强烈信号：股票市场非资本主义所专有，社会主义国家同样可以利用这一工具发展经济。

凡尔霖在拿到股票后异常高兴，作为证券业的行家，他随即问到股票上的名字是谁，在得知是时任中国人民银行上海市分行副行长周芝石后，凡尔霖做了个决定，他的股票不能是别人的名字，要亲自去上海过户。就这样，凡尔霖飞抵上海，来到中国工商银行上海信托投资公司静安证券业务部办理股票过户手续。在那里，证券部工作人员将改成凡尔霖英文名字、盖上印鉴的“小飞乐”股票和新开的股东卡递给他，他也因此成为中国上市公司第一位外国股东。

那时全国只有上海这一家股票交易柜台，交易中的股票仅有飞乐音响和延中实业，柜台设施简陋，成交价由客户口头协商后写在黑板上。交割、登记卡号、盖章、过户，所有程序都由手工完成，每天的平均交易量只有数十笔，曾被海外媒体称为“世界上最小的证券交易所”。中国现代资本市场的发展正是从这样的一个小柜台开始，而这背后是中国共产党在进行经济体制改革中展现的伟大魄力。

20世纪80年代初，刚刚开始改革开放的中国，要冲破计划经济藩篱的无形阻力并非易事，设立股份制公司、发行公司股票、成立股票交易所，都曾引发顾虑和争论。1984年10月，党的十二届三中全会通过了《中共中央关于经济体制改革的决定》，企业股份制改革开始试点，股份制公司在全国各地竞相出现，证券市场也在试点过程中萌动。作为试点城市的上海颁布了一个地方性法规《关于发行股票的暂行规定》，上海飞乐电声总厂抓住机遇，第一个“吃螃蟹”：1984年11月18日，飞乐音响以每股50元的价格发行了一万股股票，被认为是中国改革开放后第一张真正意义上的股票。从“小飞乐”股票的出现到A股上市公司突破4 000家，从简陋的交易柜台到全球第二大资本市场，在一批又一批改革者的探索下，中国资本市场从无到有、从小到大。

党的十八大以来，明晟、富时罗素、标普等国际知名指数先后纳入A股并提高纳入比例；彭博巴克莱、摩根大通、富时罗素全球三大主流债券指数也都已正式“拥抱”中国债券。

中国资本市场的改革脚步没有停歇。2019年，我国在上海证券交易所设立科创板并试点注册制，这一重大改革的平稳落地说明“硬科技”的示范效应初步显现。

2019年2月，在十九届中央政治局第十三次集体学习中，习近平总书记指出，要建设一个规范、透明、开放、有活力、有韧性的资本市场，完善资本市场基础性制度，把好市场入口和市场出口两道关，加强对交易的全程监管。

资料来源 夏宾. 邓小平为什么送给纽交所董事长一张“小纸片”?［EB/OL］.［2021-06-15］. http：//www.chinanews.com.cn/gn/2021/06-15/9499780.shtml.

思政元素：守正创新 制度自信

学有所悟：中国资本市场数十年蓬勃发展的核心动力，是中国共产党毫不动摇推进改革开放的坚定决心。未来资本市场改革发展将围绕支持科技创新、深化要素市场化配置、实现高水平对外开放等方面稳妥推进，继续为中国经济行稳致远贡献力量。

3）股份的转让

股份转让是指股份有限公司的股东依照一定的程序将自己的股份转让给他人，从而使他人成为公司股东的行为。《公司法》对股份有限公司的股份转让做了以下规定：

①股东转让股份，必须在依法设立的证券交易所或者以国务院规定的其他方式进行。

②记名股票，由股东以背书方式或者法律、行政法规规定的其他方式转让，转让后由公司将受让人的姓名或者名称及住所记载于股东名册。股东大会召开前20日内或者公司决定分配股利的基准日前5日内，不得进行记名股票转让引起的股东名册的变更登记。但是，法律对上市公司股东名册变更登记另有规定的，从其规定。

③无记名股票的转让，由股东将该股票交付给受让人后即发生转让的效力。

④发起人持有的本公司股份，自公司成立之日起1年内不得转让。公司公开发行股份前已发行的股份，自公司股票在证券交易所上市交易之日起1年内不得转让。

⑤公司董事、监事、高级管理人员应当向公司申报所持有的本公司的股份及其变动情况，在任职期间每年转让的股份不得超过其所持有本公司股份总数的25%；所持本公司股份自公司股票上市交易之日起1年内不得转让。上述人员离职后半年内，不得转让其所持有的本公司股份。

⑥公司不得收购本公司股份，但有下列情形之一的除外：减少公司注册资本；与其他持有本公司股份的公司合并；将股份奖励给本公司职工；股东对股东大会做出的公司合并、分立决议持异议，要求公司收购其股份。

⑦公司不得接受以本公司的股票作为质押权的标的。

2.4 公司债券与公司财务会计制度

2.4.1 公司债券

1）公司债券的概念

公司债券是指公司依法定程序发行的、约定在一定期限还本付息的有价证券。公司债券必须在债券上载明公司名称、债券票面金额、利率、偿还期限等事项，并由董事长签名、公司盖章。公司债券可分为：①记名公司债券和无记名公司债券。记名公司债券是指在公司债券上记载债权人姓名或者名称的债券。无记名公司债券是指在公司债券上不记载债权人姓名或者名称的债券。记名公司债券须背书转让，而无记名公司债券交付即发生转让的效力。②可转换公司债券与不可转换公司债券。可转换公司债券是指可以转换为公司股票的公司债券。不可转换公司债券是指不能转换为公司股票的公司债券。凡在发行债券时未做出转换约定的公司债券，均为不可转换公司债券。

2）公司债券的发行

（1）公司债券发行的条件

有限责任公司和股份有限公司均可依法发行公司债券。发行公司债券必须符合下列条件：①股份有限公司的净资产额不低于人民币3 000万元，有限责任公司的净资产额不低于人民币6 000万元；②累计债券总额不超过公司净资产额的40%；③最近3年平均可分配利润足以支付公司债券1年的利息；④筹集的资金投向符合国家产业政策；⑤债券的利率不得超过国务院限定的利率水平；⑥国务院规定的其他条件。发行公司债券筹集的资金，必须用于审批机关批准的用途，不得用于弥补亏损和非生产性支出。

（2）公司债券发行的程序

发行公司债券要经过以下程序：①董事会制订方案，股东会或股东大会做出决议，国有独资公司发行公司债券，由国家授权投资的机构或者国家授权的部门做出决定；②公司向国务院证券管理部门报请批准；③公告公司债券募集办法；④募集债款；⑤募集登记。

2.4.2 公司财务会计制度

公司应当依照法律、行政法规和国务院财政主管部门的规定建立本公司的财务会计制度。

1）财务会计报告

财务会计报告包括：①资产负债表；②利润表；③现金流量表；④所有者权益变动表；⑤财务报表附注。公司向外报送的年度会计报表必须依法经注册会计师验证，并由公司法定代表人、总会计师、会计机构负责人、会计主管人员签署。有限责任公司应按公司章程规定的期限将财务会计报告送交各股东。股份有限公司的财务会计报告应当在召开股东大会年会的20日以前置备于本公司，供股东查阅。以募集设立方式成立的股份有限公司必须公告其财务会计报告。

2）利润分配

利润是公司在一定时期（一年）内从事经营活动的财务成果，包括营业利润、投资净收益以及营业外收支净额。

利润分配的顺序如下：

①弥补以前年度的亏损，但不得超过税法规定的弥补年限。

②缴纳所得税。

③法定公积金不足以弥补以前年度公司亏损的，弥补亏损。

④依法提取法定公积金和公益金，公司应提取税后利润的10%列入公司的法定公积金，并提取利润的5%～10%列入公司的法定公益金，公司法定公积金累计额为公司注册资本的50%以上的，可不再提取。

⑤根据股东大会决议提取任意公积金。

⑥向股东分配利润。有限责任公司依股东出资比例进行分配，股份有限公司依股东持有的股份比例进行分配。

3）公积金和公益金

公司提取的公积金用于弥补亏损，扩大公司生产经营或者转为增加公司资本。公司提取的公益金用于本公司职工的集体福利。

2.5　公司的变更、解散和清算

2.5.1　公司的变更

1）公司的合并

公司的合并，是指两个以上的公司依照法定程序变为一个公司的行为。其形式有两种：一是吸收合并，二是新设合并。吸收合并是指吸收一个或一个以上的公司加入本公司，被吸收的公司解散。新设合并是指两个以上公司合并设立一个新的公司，合并各方解散。

行业视窗2-4

国际会展巨头扎堆大并购激活资本市场存量？

2023年3月，国际会展行业迎来“大并购”。两周内出现四大行业超级并购案，共计约62亿美元。3月9日，英国英富曼9.4亿美元并购塔苏斯的消息一公开，国际会展业界呈现“一石激起千层浪”之势。原因有三点：首先，英富曼跟塔苏斯进入我国的市场相对较早，是业界相对熟悉的国际展览企业；其次，它们是我国一系列会展并购学术研究中的“英系”企业代表；最后，英富曼与塔苏斯均是世界排名相对靠前的英国会展企业，此举联合让国际会展业界迅速回想起英富曼对另一家英国会展企业UBM的并购。

3月14日，美国规模最大的上市投资管理公司黑石集团宣布，以46亿美元收购会议管理技术行业巨头Cvent。我国会展科技领域对于国际标杆企业Cvent并不陌生。截至2022年底，Cvent在全球累计拥有2万多个客户，上线30多万家酒店和场馆并服务超过500万场会展活动，最为知名的莫过于其场馆的线上分销。黑石集团是世界知名的顶级投资公司，会展业界对该集团更为熟悉。事实上，黑石集团也深度参与会展国际投资，所涉领域覆盖主办（如英国Clarion Events）、场馆（如希尔顿酒店集团、英国最大会展场馆伯明翰国家会展中心、拉斯维加斯一系列赌场）、会展后勤（如会展视听领军企业Encore以及新成员数字化代表的CVENT）。

而当业界判断这将是本年度最后一个资本重仓会展行业的案例时，另一家长期活跃于世界各地媒体、娱乐、通信和信息产业投资的全球性私募股权投资公司——普罗维登斯股本合伙人公司（Providence Equity Partners）在随后一天（3月15日）宣布其3.2亿英镑（约3.8亿美元）并购Hyve展览集团的收购要约已被接受。普罗维登斯股本合伙人公司目前管理着约320亿美元的基金。

3月过半，一系列国际会展并购重磅交易此起彼伏。此次并购浪潮有几个特征：一是国际资本加注线下会展，“抱团”抄底，不乏业界耳熟能详的全球知名的投资公司；二是会展行业马太效应日益明显，强者愈强；三是资本操作下手快、准、狠，交易金额相对较以往庞大，行动亦较以往迅速。

资料来源　胡中华．国际会展巨头扎堆大并购激活资本市场存量？[N]．中国贸易报，2023-03-21（5）．

2）公司的分立

公司的分立是指一个公司依法分为两个以上的公司。公司分立有以下两种形式：一是新设分立，是指一个公司分解成两个或者两个以上的公司，原公司解散，新分立的公司成为新的公司法人。二是派生分立，是指一个公司分为一个或者几个部分，成立新的公司，新的公司取得法人资格，原公司继续存在。

3）公司合并或分立的程序

公司合并或分立，应当由公司的股东会做出决议，股份有限公司合并或分立必须经国务院授权的部门或者省级人民政府批准。公司合并，由合并各方签订合并协议；公司分立，其财产应作相应的分割。公司合并或分立，应编制资产负债表及财产清单。公司应当自做出合并或分立决议之日起10日内通知债权人，并于30日内在报纸上至少公告3次。债权人自接到通知书之日起30日内，未接到通知书的自第一次公告之日起45日内，有权要求公司清偿债务或者提供相应的担保，不清偿债务或者不提供相应的担保的，公司不得合并或分立。公司合并时，合并各方的债权、债务，应当由合并后存续的公司或者新设的公司承继。公司分立前的债务，按所达成的协议由分立后的公司承担。

2.5.2　公司的解散和清算

1）公司的解散是一种丧失法人资格的行为

这种行为的结果，是公司丧失了进行业务活动的能力。公司有以下情形之一的，依法解散：①因违反法律、行政法规被依法吊销营业执照、责令关闭或被撤销；②公司章程规定的营业期限届满或公司章程规定的解散事由出现；③股东大会决议解散；④因公司合并或分立需要解散；⑤人民法院依法予以解散。

2）公司解散的清算

公司解散时应依法成立清算组进行清算。清算组依照法定程序行使职权，在公司解散所进行的清算中，公司财产能够清偿公司债务的，分别支付清算费用、职工工资和劳动保险费用，缴纳所欠税款，清偿公司债务；在按照前述规定清偿后财产仍有剩余的，有限责任公司按照股东的出资比例，股份有限公司按照股东持有的股份比例，将剩余财产分配给股东。财产处分后，制作清算报告，并造具清算期内收支报表和各种财务账册，报送股东会或者有关主管机关确认，并报送公司登记机关，申请注销公司登记，公告公司终止。

知识掌握

第2章
知识掌握
答案提示

1）什么是有限责任公司与股份有限公司？它们的主要区别有哪些？

2）公司的董事、监事、经理具有什么资格？

3）股份有限公司的股份与股票的关系如何？

知识应用

□ 案例分析

某股份有限公司是一家在上海证券交易所上市的上市公司。该公司董事会于2022年1月3日召开董事会会议，该会议召开的情况以及讨论的有关要点如下：

（1）股份公司董事会由9名董事组成。出席该次会议的董事有林某、晋某、秦某、郑某和卢某；有2名董事到国外考察学习，未能出席该次会议；朱某在外地出差，电话委托董事会秘书黎某出席会议并行使表决权；由于董事长孙某生病，副董事长林某召集并主持了本次董事会会议。

（2）出席本次会议的董事经讨论一致决定，由于公司未弥补的亏损达实收股本总额的1/3，公司决定于2022年3月6日召开临时股东大会，除例行提交有关事项由该次股东大会审议通过外，还将就下列事项提交这次会议以普通表决审议通过，即：审议通过公司的弥补亏损方案；罢免原董事长的职务，改选林某为董事长；修改公司章程。

（3）出席本次董事会会议的董事讨论并一致同意，聘任冯某为公司的经理；董事会会议讨论了公司内部机构设置的方案，表决时，除董事郑某反对外，其他董事均表示同意。

（4）该次董事会会议记录由出席董事会会议的全体董事和列席会议的监事签名后存档。

资料来源　根据相关资料整理。

问题：1）根据本案要点（1）所提示的内容，出席该次董事会会议的董事人数是否符合规定？朱某委托他人出席该次董事会会议是否有效？副董事长林某能否召集和主持董事会会议？请分别说明理由。

2）指出本案要点（2）中不符合法律规定之处，并说明理由。

3）根据本案要点（3）所提示的内容，在董事会会议上所讨论的两项决议是否有效？请分别说明理由。

4）指出本案要点（4）中所提示内容中的不规范之处，并说明理由。（根据《公司法》第101、104、109、112、113条之规定进行回答）

□实践训练

某股份有限公司由4位发起人共同发起成立，成立后的股份有限公司的总股本为人民币6 000万元，其中4位发起人共认购4 000万元，剩余2 000万元拟向社会公开发行。公司章程规定：①公司成立后，由股东大会选举董事、董事长；②由董事长指定公司总会计师；③董事、监事都必须由股东担任；④董事长为公司法定代表人。

问题：根据以上材料，分析说明该公司设立过程及公司章程有哪些地方不符合《公司法》的规定。

第2章
知识应用
答案提示

第3章

会展业合同法律法规

学习目标

☆ 了解会展合同的主要类型、会展合同的内容；

☆ 明确会展合同的订立、合同的效力等相关规定；

☆ 熟知会展合同的履行、变更、转让、终止的相关规定及违约责任；

☆ 掌握承担违约责任的方式、处理合同争议的方法；

☆ 培养学生诚信精神，厚植法治价值观。

思维导图

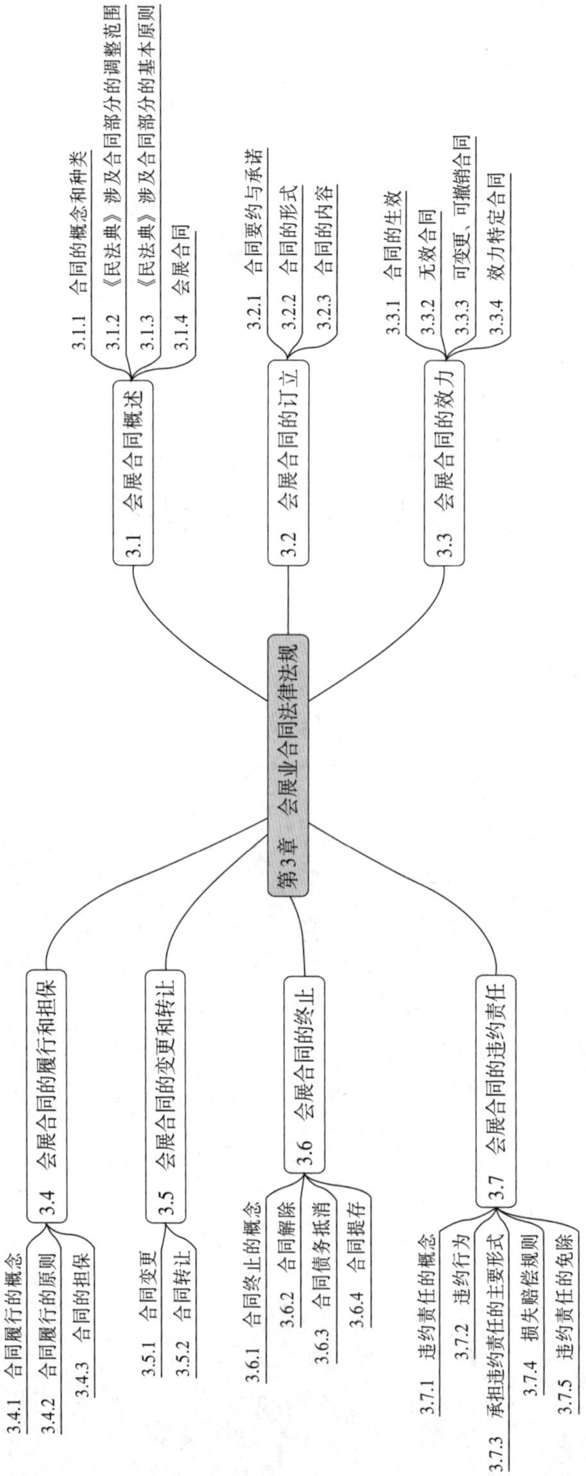
第3章 会展业合同法律法规
3.1 会展合同概述
3.1.1 合同的概念和种类
3.1.2 《民法典》涉及合同部分的调整范围
3.1.3 《民法典》涉及合同部分的基本原则
3.1.4 会展合同
3.2 会展合同的订立
3.2.1 合同要约与承诺
3.2.2 合同的形式
3.2.3 合同的内容
3.3 会展合同的效力
3.3.1 合同的生效
3.3.2 无效合同
3.3.3 可变更、可撤销合同
3.3.4 效力特定合同
3.4 会展合同的履行和担保
3.4.1 合同履行的概念
3.4.2 合同履行的原则
3.4.3 合同的担保
3.5 会展合同的变更和转让
3.5.1 合同变更
3.5.2 合同转让
3.6 会展合同的终止
3.6.1 合同终止的概念
3.6.2 合同解除
3.6.3 合同债务抵消
3.6.4 合同提存
3.7 会展合同的违约责任
3.7.1 违约责任的概念
3.7.2 违约行为
3.7.3 承担违约责任的主要形式
3.7.4 损失赔偿规则
3.7.5 违约责任的免除

引例　大湾区服贸大会首以“一会展两地”举办，澳门分论坛探大湾区会展业高质量发展之路

由广东省人民政府指导，广东省商务厅、珠海市人民政府、香港商务及经济发展局、澳门贸易投资促进局共同主办的“2022粤港澳大湾区服务贸易大会”于日前以“一会展两地”模式举办，主会场设在珠海，会展议题分论坛——“粤港澳大湾区会展高质量发展论坛”在澳门举行。

该分论坛主题为“湾区会展、共赢共享、出新出彩”，齐聚多位会展行业专家学者、业内精英等，共同探讨湾区会展行业前沿议题。

论坛上，珠海市人民政府副市长李翀致辞时表示，会展业是促进珠澳多领域经贸合作的重要载体，两地一直保持紧密的互动往来，实现了会展项目和资本的深入合作。未来珠海将继续携手澳门、横琴粤澳深度合作区，积极搭建集“产业发展、供应对接、投资促进”为一体的展会平台。

广东省商务厅二级巡视员赵尚群致辞时表示，会展业是国家现代服务业的重要组成部分，是“双循环”新发展格局背景下，促进企业开拓国内市场的重要力量。此次会展分论坛在澳举办，能更好感受澳门的人文特色、发展环境，更多了解澳门会展业的独特优势，更近地交流会展业的融合发展，为粤港澳会展业提供了很好的合作平台。

贸促局代主席余雨生致辞时表示，会展业在澳门经济适度多元化发展、横琴深合区建设都担当重要的角色。明年澳门综合休闲业进入新的发展机遇期，相关企业开展涉及休闲、文化、会展等非博彩项目的投资总额将超过一千亿元，部分企业提出新建会展设施等计划，相信为会展等不同行业带来更多发展。

还有多位演讲嘉宾提出发挥会展业促进实体经济高质量发展、科技创新和促进新技术转化、催化等作用，还指出要把握科技、文化、生态等赋能的新理念、新业态，共享大湾区叠加优势，也建议拓展“会展+旅游”“会展+体育”“会展+文化”等合作方式。同时，需完善设施、促进转型、增强能力、强化合作和规则引领等，推动大湾区的数字贸易与会展业的进一步发展。

有与会者指出本次活动体现了珠澳“一会展两地联动双赢”新模式，对大湾区会展业错位发展、优势互补寄予殷切希望，并认同本次联动珠澳两地举办，能让与会者了解两地会展发展优势，有助延伸拓展大湾区会展业，吸引国际客源，并为粤港澳三地以后的合作提供方向。

此外，在论坛举行前，贸促局组织与会嘉宾参观澳门最新会展设施、介绍澳门会展优势、相关支持及鼓励措施，吸引更多潜力会展组织者在澳门办展会。

另外，贸促局在“2022粤港澳大湾区服务贸易大会”展览会场设置90平方米的“澳门馆”，宣传展示澳门服务业发展情况，涉及中葡平台、大健康产业、现代金融、会展业、旅游业、文化创意产业等，现场亦设在线视频咨询，提供“会展竞投及支持‘一站式’服务”等办展详情。

“2022粤港澳大湾区服务贸易大会”是继“首届中国（澳门）国际高质量消费博览会暨横琴世界湾区论坛”后，再次以“一会展两地”形式举行，下一年将有多个澳琴相关项目举办。

资料来源　澳门贸易投资促进局．大湾区服贸大会首以“一会展两地”举办，澳门分论坛探大湾区会展业高质量发展之路［EB/OL］．［2022-12-28］．https：//finance.sina.com.cn/jjxw/2022-12-28/doc-imxyfqmk9415297.shtml.

3.1　会展合同概述

3.1.1　合同的概念和种类

1）合同的概念

合同又称契约，是指平等主体的自然人、法人、其他组织之间设立、变更、终止民事权利义务关系的协议。

2）合同的种类

《中华人民共和国民法典》（以下简称《民法典》）合同部分规定了19种有名合同：①买卖合同；②供用电、水、气、热力合同；③赠与合同；④借款合同；⑤租赁合同；⑥融资租赁合同；⑦承揽合同；⑧建设工程合同；⑨运输合同；⑩技术合同；⑪保管合同；⑫仓储合同；⑬委托合同；⑭行纪合同；⑮中介合同；⑯物业服务合同；⑰合伙合同；⑱保理合同；⑲保证合同。

除此以外，合同还包括《中华人民共和国海商法》《中华人民共和国保险法》《中华人民共和国劳动法》等单行法确认的合同，如海上货物运输合同、海上旅客运输合同、财产保险合同、人身保险合同、劳动合同等。

无名合同又称非典型合同，是指法律上尚未为其确定一定名称及具体调整规则的合同，如旅游合同、餐饮服务合同、住宿合同、储蓄合同、结算合同等。

3.1.2　《民法典》涉及合同部分的调整范围

合同法是调整平等主体之间合同关系的法律规范的总称。为了适应市场经济发展的需要，并与国际合同法接轨，1999年3月15日第九届全国人民代表大会第二次会议通过了《合同法》，自1999年10月1日起施行。2021年1月1日开始施行《民法典》，同时废止《合同法》。《民法典》的颁布实施标志着我国合同立法日臻完善，也标志着我国市场经济法律体系建设取得了实质性的进展。

《民法典》合同部分主要调整以下关系：

①调整的是平等主体之间的民事关系，政府因经济管理而签订的行政合同（比如综合治理、计划生育、环境保护等协议）属于行政管理关系，不是民事关系，不适用《民法典》；企业、单位内部的管理关系，不是平等主体间的关系，也不适用《民法典》。

②主要调整法人、其他组织之间的经济贸易合同关系，同时还包括自然人之间的买卖、租赁、借贷、赠与等合同关系。

③有关婚姻、收养、监护等身份关系的协议，不适用《民法典》的规定，由其他法律调整。

3.1.3 《民法典》涉及合同部分的基本原则

《民法典》涉及合同部分的基本原则是合同当事人在合同活动中应当遵守的基本准则，也是人民法院、仲裁机构在审理仲裁合同纠纷时应当遵循的原则。《民法典》中关于合同的订立、效力、履行、违约责任等的规定以及分则的内容，都是根据这些基本原则确定的。

1）平等原则

《民法典》第4条规定："民事主体在民事活动中的法律地位一律平等。"平等原则贯穿于合同的全过程，不论订立合同，还是履行合同或承担合同责任时，双方当事人法律地位都是平等的。比如市场监督管理局与企业签订合同时，双方的关系不同于市场监督管理局依法在维护市场秩序时与企业之间的管理与被管理的关系（此时地位不平等）。

2）自愿原则

《民法典》第5条规定："民事主体从事民事活动，应当遵循自愿原则，按照自己的意思设立、变更、终止民事法律关系。"这一原则具体包括：订不订合同自愿；与谁订合同自愿；合同内容由当事人在不违法的情况下自愿约定；在合同履行过程中，当事人可以协议补充、协议变更有关内容；双方可以协议解除合同；在发生争议时，当事人可以自愿选择解决争议的方式等。当然，自愿也不是绝对的，当事人订立、履行合同，应当遵守法律、行政法规，尊重社会公德，不得扰乱社会经济秩序、损害社会公共利益。

3）公平原则

《民法典》第6条规定："民事主体从事民事活动，应当遵循公平原则，合理确定各方的权利和义务。"公平原则要求合同当事人之间的权利和义务要公平合理，强调一方给付与对方给付之间的等值性，合同上的负担与风险的合理分配，以保证合同当事人利益的均衡。

4）诚实信用原则

《民法典》第7条规定："民事主体从事民事活动，应当遵循诚信原则，秉持诚实，恪守承诺。"诚实信用原则要求当事人在订立、履行合同，以及至合同终止的全过程中，都要心怀善意，要诚实、讲信用，相互协作，不得滥用权利。合同当事人在行使权利、履行义务时，禁止欺诈、胁迫、乘人之危，否则将导致合同被撤销。

5）遵守法律、社会公德原则

《民法典》第8条规定："民事主体从事民事活动，不得违反法律，不得违背公序良俗。"遵守法律、社会公德原则是对合同自愿原则的限制和补充。一般来讲，合同的订立和履行属于合同当事人之间的民事权利义务关系，主要涉及当事人的利益，国家一般不予干预，由当事人自主约定，采取自愿原则。但是，当事人在合同中彼此之间发生的权利义务关系，可能会影响社会公共利益、社会经济秩序，因此，合同自愿原则也不是绝对的，当事人必须对自己的行为有所约束。对于损害社会公共利益、扰乱社会经济秩序的行为，国家应当干预。国家干预要依法进行，通过法律、行政法规做出规定。

行业视窗 3-1

常见的损害社会公共利益行为的合同

常见的损害社会公共利益行为的合同如下：①危害国家公序行为的合同，如以从事犯罪或者帮助犯罪行为作为内容的合同、规避课税的合同等；②危害家庭关系行为的合同，如约定断绝亲子关系的合同、婚姻关系中的违约金条款等；③违反道德行为的合同，如对婚外同居人所做出的赠与和遗赠合同等；④射幸合同，此处所说的射幸合同为非法射幸合同，如赌博合同等；⑤违反人格和人格尊严行为的合同，如以债务人人身为抵押的约款、规定企业有权对顾客或者雇员搜身检查的合同条款等；⑥限制经济自由行为的合同，如限制职业自由的条款、行业自律合同等；⑦违反公平竞争行为的合同，如拍卖或者招标中的串通行为、以贿赂方法诱使对方的雇员或者代理人与自己订立的合同等；⑧侵犯消费者权益行为的合同，如利用欺诈性的交易方法致消费者重大损害的合同等；⑨侵犯劳动者权益行为的合同，如规定"工伤概不负责"及女雇员一旦结婚立即辞退等；⑩涉及暴利行为的合同。

资料来源 根据科普法律整理。

3.1.4 会展合同

1）会展合同的概念和特征

（1）会展合同的概念

会展合同是指会展组织者与会展商之间订立的，约定会展活动中双方权利义务关系的协议。会展合同在《民法典》中没有规定，属于无名合同。

（2）会展合同的特征

我国会展市场目前还没有统一的合同格式。会展合同作为一种规范经济活动的合同，具有不同于普通合同的如下特征：

①会展合同是无名合同。会展合同在《民法典》中还没有单列，在我国属于无名合同。会展合同只要不违反法律的禁止性规定和"公序良俗"，根据"合同自由"原则，它就为法律所认可。会展合同经过一定的实践发展，待其被广泛使用和理论上比较成熟后，就可以通过《民法典》予以调整，成为有名合同。

会展合同要适应《民法典》的一般规则，因其内容涉及有名合同的某些规则，还应当比照类似的有名合同的规则，参照合同目的及当事人的意思等进行处理。我国目前没有统一的会展法，相关领域内的法律如《消费者权益保护法》《著作权法》《商标法》等，还将起重要的调整作用。

②会展合同是双务有偿合同。双务有偿合同是当事人双方互负对等给付义务的合同，即一方当事人愿意履行义务，旨在使他方当事人因此负有对等履行的义务，或者说一方当事人所享有的权利即为他方当事人所承担的义务。在会展合同中约定会展组织者为参展商提供服务，包括寻找场地，划分展台，展品运输、保管，提供交易机会、招徕观众等，参展商因此给付会展组织者参展费、展台租赁费等。

③会展合同是诺成合同。所谓诺成合同，即合同成立后，无须交付标的物即可生效的合同。在会展合同中，会展组织者和参展商只要达成合意，参展商无须将参展的商品、信息等在会展举办前交付给会展组织者。会展合同一经生效，即对双方有法定约束力，一旦一方违约，则要承担民事责任。

④会展合同是要式合同。要式合同是指必须具备特定的形式和手续才能成立或生效的合同。我国对会展活动的管理采取审批制，需要主办者提交相关的申请文件，经过批准后对该会展予以登记。可见，会展合同并非只要双方当事人达成了合意，即可成为有效的合同。会展合同是涉及面很广的合同，其参与主体也非常多，相互之间的关系十分复杂，订立书面合同还是很有必要的。

2）会展合同的种类

目前，我国常见的会展合同有以下6种：

（1）展会展位申请合同

只有参展商的申请得到会展主办方的同意，参展商才能参加会展，这类合同的当事人双方是参展商与会展主办方。

（2）展会展位租赁合同

在会展活动中，参展商必须以自己所租赁的展位为依托展览自己的商品，这类合同的当事人双方是参展商与会展主办方。

（3）展览设备购买合同

无论是参展商还是会展主办方，都需要展览设备来为会展服务，这类合同的当事人双方是参展商与展览设备提供商或会展主办方与展览设备提供商。

（4）会展服务合同

会展主办方除了向参展商租赁展位，还要为参展商提供其他服务，这关系到参展商在会展上能否取得成果及整个会展能否成功。这类合同的当事人双方是参展商与会展主办方。

行业视窗3-2

会展服务合同纠纷呈现三大特点

上海市相关法院对近年来受理的涉及会展服务的合同纠纷案件进行专题分析，发现该类案件呈现三个特点：（1）服务合同权利义务约定不明。会展服务合同标的金额一般较小，合同文本提供方通常是提供服务的企业。签约时，接受服务的企业和提供服务的企业一般对合同的具体内容不做沟通，也很少详细约定服务的细节内容，从而造成双方权利义务不对等或不明确。(2) 服务履行是否存在瑕疵认识不同。由于双方当事人对服务质量有不同的认识标准，导致双方对服务合同是否恰当履行存在不同意见。例如演唱会主办方以音响、灯光设备没有达到预期效果为由拒绝支付相应费用，服务提供方则认为设备不存在导致演唱会无法正常进行及超出观众合理忍受范围的瑕疵等。(3) 违约责任范围如何界定存在争议。会展活动是企业展示自身形象的平台，一旦出现瑕疵，会展主办方可能同时遭受重大的直接损失和间接损失，故其往往在诉讼时将直接损失和间接损失一并主张，有时间接损失可能会超过直接损失。但服务提供方则根据《民法典》的有关规定，仅愿意承担直接损失。

资料来源　根据上海物流展会港务律师的博客整理。

（5）会展买卖合同

在展会上参展商与购买者的交易是会展活动的中心环节，其当事人双方是参展商与购买者。

（6）会展物流服务合同

会展物流是指展销产品从参展商经由会展中转流向购买者的物理运动过程，它是展销活动供需双方以外的第三方组织者提供的一种具有后勤保障功能的服务，是由会展组织者在整合会展现场多个供需方的要求后，统一指挥、统一安排、统一协调的会展物资流通体系。由此可见，会展物流服务合同的当事人双方是会展主办者一方与参展商和购买者共同的一方。

3.2　会展合同的订立

3.2.1　合同要约与承诺

合同订立的一般程序，从法律上可分为要约与承诺两个阶段。

1）要约

要约是指一方当事人向他人做出的以一定条件订立合同的意思表示。前者称为要约人，后者称为受要约人。

（1）要约的成立条件

①要约必须是特定人的意思表示。②要约必须是向相对人发出的意思表示。③要约的内容必须具体确定。内容具体确定是指须具备成立合同的必备条款，一般至少包括标的、数量和价款。④要约必须以缔结合同为目的，要约必须表明经受要约人承诺，要约人即受该意思表示的约束。

（2）要约的方式

要约可以以书面形式做出，也可以以对话形式做出，书面形式包括信函、电报、传真、电子邮件等函件。

（3）要约的法律效力

《民法典》规定，要约到达受要约人时生效。①对话形式的要约，自受要约人了解时发生效力。②书面形式的要约自到达受要约人时发生效力。③采取数据电文形式进行的要约，收件人指定特定系统接收数据电文的，该数据电文进入该特定系统时，视为到达时间，即要约生效时间；未指定特定系统的，该数据电文进入收件人的任何系统的首次时间，视为到达时间，即要约生效时间。

行业视窗3-3

要约邀请

要约邀请也称要约引诱，是指行为人邀请他人向其提出要约。现实生活中价目表的寄送、拍卖广告、招标公告、招股说明书、商品广告（符合要约规定的除外）等，均属于要约邀请。要约对要约人具有约束力，而要约邀请是订立合同的预备行为，对行为人不具有约束力。

2）承诺

承诺是受要约人同意接受要约的全部条件而缔结合同的意思表示。

（1）承诺的成立条件

①承诺须由受要约人做出，受要约人以外的第三人没有承诺的权利；承诺权不能继承，也不能随意转让；承诺必须明确，不能含糊；承诺中出现的“原则上同意”“基本上接受”等都会影响承诺的成立。②承诺必须在有效期内做出。③承诺必须与要约的内容一致。④承诺须向要约人做出。

以案说法3-1

北京甲于3月1日发一要约信函给广州乙，写明乙务必于3月10日前承诺。信函3月5日到达乙处，乙于3月11日做出承诺，以特快专递邮出，3月12日到达甲处，甲未置可否。

问题：甲、乙之间的合同是否成立?

以案说法3-1

法律分析

（2）承诺的方式

承诺的方式原则上应该符合要约的规定。如果要约没有对承诺方式做出特别规定，承诺的表示一般应以通知的方式做出。根据交易习惯或要约表明可以通过行为做出承诺的，行为亦可作为承诺的表示方式。

（3）承诺的生效时间

《民法典》规定，承诺通知到达要约人时生效。承诺不需要通知的，根据交易习惯或者要约要求做出承诺的行为时生效。采用数据电文形式订立的合同，收件人指定特定系统接收数据电文的，该数据电文进入该特定系统的时间为承诺生效时间；未指定特定系统的，该数据电文进入收件人的任何系统的首次时间，即为承诺生效时间。

3.2.2 合同的形式

根据《民法典》的规定，合同的形式主要有：

1）口头形式

这是指当事人只用语言不用文字为意思表示订立合同。凡当事人无约定或法律未规定特定合同形式的合同，均可采用口头形式。口头合同比较简便、迅速，缺点是发生纠纷时难以取证，不易分清责任，所以不即时清结和较重要的合同不宜采用口头形式。

2）书面形式

《民法典》规定，法律、行政法规规定采用书面形式的合同，应当采用书面形式，当事人约定采用书面形式的，应当采用书面形式。书面形式虽没有口头形式迅速、简便，但由于有据可查，有利于保障交易安全、减少纠纷，发生纠纷时也易于分清责任。在实践中，书面形式是当事人普遍采用的一种合同约定形式。书面形式是当事人以书面文字表达协议内容订立合同的形式，包括合同书、信件和数据电文（电报、电传、传真、电子数据交换和电子邮件）等可以有形地表现所载内容的形式。它还包括特殊的书面形式，如公证形式、鉴证形式、批准形式、登记形式等。会展合同中的入场合同，往往通过入场券或门票的方式体现。

3）其他形式

此外，合同还有其他形式，如推定形式和默示形式等。所谓推定形式，是以默认的方式对合同表示认可。

以案说法3-2

以案说法3-2

法律分析

甲、乙双方签订的会展场地提供合同2023年3月到期，乙方在2023年3月底仍接收了甲方支付的2023年4月份的租金。

问题：甲、乙之间的合同成立并有效吗？

3.2.3 合同的内容

合同的内容是指合同当事人在合同关系中所享有的权利和履行的义务，具体表现为合同的条款。根据《民法典》第470条的规定，合同的内容由当事人约定。

1）合同条款

（1）当事人的名称（姓名）和住所

当事人的名称（姓名）和住所是每个合同必须具备的条款。当事人是合同法律关系的主体，合同中如果不写明当事人，就无法确定权利的享受者和义务的承担者。因此，订立合同时，不仅要把当事人都写到合同中去，而且要把各方当事人名称（姓名）和住所都写得准确、清楚，最好通过签订合同了解清楚对方银行账号、身份证号码等信息。

（2）标的

标的是合同法律关系的客体，是当事人权利义务共同指向的对象。合同标的分为物和行为两大类。所谓物，是指为人类所能控制并能满足人们一定需要、有一定经济价值的物质客体。所谓行为，是指人的活动。法律禁止的行为或禁止转让的物不得成为合同的标的。合同对标的的规定应当清楚明白、准确无误。对于名称、型号、规格、品种、等级、花色等都应规定得细致、准确、清楚，防止出现差错。特别是对于不易确定的无形财产、劳务、工作成果等，更要尽可能地描述准确、清楚。

（3）数量

数量是以数字和计量单位来衡量标的的尺度。在大多数合同中，数量是必备条款。标的数量要确切：首先应选择双方共同接受的计量单位；其次要确定双方认可的计量方法；最后应允许规定合理的磅差和尾差。

（4）质量

质量是标的的内在素质和外观形态的综合，包括标的名称、品种、规格、等级、标准、技术要求。能够依国家质量标准进行约定的，则按国家质量标准进行约定；没有国家质量标准的，也可按"凭样品"来规定质量条款。当事人可以约定质量检验的方法、质量责任的期限和条件、对质量提出异议的条件与期限等。

（5）价款或者报酬

价款是取得标的物所应支付的代价，如买卖合同中的货款、租赁合同中的租金。报酬是获得服务所应支付的代价，如保管合同中的保管费、仓储合同中的仓储费、运输合同中的票款或者运费等。价款或者报酬作为主要条款，在合同中应明确规定其数额、计算标准、结算方式和程序。

以案说法3-3

以案说法3-3

法律分析

甲会展公司与乙会议中心签订了场地租用合同，合同约定租用费为3 000元，承租期为3年。

问题：该合同条款是否有问题？

（6）履行期限、地点和方式

①履行期限是指享有权利的一方要求对方履行义务的时间，可以规定为即时履行，也可以规定为定时履行，还可以规定为在一定期限内履行。如果是分期履行，应写明每期的准确时间。②履行地点是确定验收地点的依据，也是确定运输费用由谁负担、风险由谁承担的依据，有时还是确定标的物所有权是否转移、何时转移的依据。③履行方式是指当事人采用什么办法来履行合同的义务。

（7）违约责任

违约责任是指违反合同义务应当承担的民事责任，可以在合同中明确规定违约责任条款，如约定定金或违约金、约定赔偿金额以及赔偿金的计算方法等。合同中还应明确规定违约致损的计算方法、赔偿范围等。

（8）解决争议的方法

解决争议的方法是指合同当事人对合同的履行发生争议时解决的途径和方式。解决争议的方法主要有：当事人协商和解、第三人调解、仲裁、诉讼。解决争议的方法的选择对于纠纷发生后当事人利益的保护是非常重要的，应慎重对待。如果选择诉讼解决争议，可以不进行约定。如果选择仲裁方式解决，则要经过事先或者事后约定，还要明确选择的是哪一个仲裁机构，否则将无法确定仲裁条款的效力。

2）格式条款合同

格式条款合同又称格式合同、格式条款，是当事人为了重复使用而预先拟定，并在订立合同时未与对方协商的条款。在合同实务中，一些法律上和事实上垄断经营的行业均使用格式合同。采用格式条款订立合同，在会展业中也时常见到。例如在国外，一个运作成熟的展览会往往会发布一个章程，对展览会中所涉及的事项一一予以说明，参展商参加展会，必须同意该章程的规定。这种章程类的规定，可以认为是会展合同的格式合同。采用格式条款订立合同有利于提高交易效率、减少交易成本等。但是，采用格式条款订立合同也会产生一些问题，主要表现为格式条款的提供者在拟定格式条款时更多地考虑自己的利益，在格式条款中列入了一些不公平的条款，使合同实际上违背了公平原则。

采用格式条款订立合同的，提供格式条款的一方应当遵循公平原则确定当事人之间的权利和义务，并采取合理的方式提请对方注意免除或者限制其责任的条款，按照对方的要求，对该条款予以说明。否则，该免责条款无效。合同双方当事人对格式条款合同的条款发生争议的，应按照通常理解予以解释；对格式条款有两种以上解释的，应做出不利于提供格式条款一方的解释。另外，提供格式条款一方免除自身责任、加重对方责任、排除对方主要权利的，该条款无效。

以案说法3-4

疫情导致展会延期，参展公司能否要求解除合同？

a公司是一家从事国际贸易的企业，为了扩大产品的销售范围、提升企业影响力，与提供参展服务的b公司签订参展服务合同，通过b公司申请参加定于2020年3月的国外某著名工业展，并由b公司负责参展过程中的所有事项。受疫情影响，该工业展无法按预定时间进行，并推迟到2022年9月举行。

由于经营策略的调整等原因，到2022年，a公司已不再生产和经营将于展会中展出的相关产品，参加工业展对a公司来说已经失去原有的商业价值。因此，a公司决定不再参加展会，在与b公司协商无果后，遂起诉到法院要求解除双方之间的参展服务合同，并要求b公司退还已经支付的全部费用。

b公司辩称：第一，该工业展只是延期，并非取消，a公司可以继续参加，b公司也可以继续为原告服务，故不同意解除参展服务合同，合同应继续履行。第二，a公司支付的费用均已支付给展会举办方或用于订购机票等，无法退还；如果退还b公司

以案说法3-4

法律分析

将承担相应的损失，而损失全部由b公司承担有失公平。

资料来源　韩亮. 疫情导致展会延期，参展公司能否要求解除合同？[EB/OL]. [2022-09-16]. https：//sghexport.shobserver.com/html/baijiahao/2022/09/16/855833.html.

问题：接受服务方的参展公司能否要求解除合同？已经支付的费用能否退还？

3）会展合同的内容

我国目前的会展市场上，会展组织者和参展商都不太重视会展合同，即便订立合同，也极其简单，合同仅仅约定展品的种类、展览的起止日期、展位价格等基本要素。很多会展的组织者和参展商之间的约定，就是一张“参展通知书”而已。除遵守《民法典》的一般规定外，会展合同还有自己的特点，会展合同应当是许多约定的综合体，合同里需要写明与会展相关的各种事项，分清权利和义务。出现争议时，法庭将按合同中双方意见一致的条款，按有利的方式保护利益受损方。会展合同的内容一般应包括：展览会管理；符合条件的展品；责任范围；展位高度、招商；样品；服饰；零售、防火、标志；标志副本；灯饰；展位代表；入场；参展商代表的责任等。此外，会展组织者除提供必要的服务设施外，还应该对参展商负有其他的义务和责任。比如在《关于在各类对外经济贸易展览会期间加强商标管理工作的通知》中规定，展览会期间发生的商标侵权行为，主办单位应及时协助商标所有者予以制止，并将商标侵权行为、商标纠纷发生及处理情况通知有关组团单位；对于不能认真履行或推卸商标管理责任、玩忽职守的主办单位或组团单位，参展企业可随时向相关主管部门反映。

总而言之，目前我国会展合同订立的水平还不够高，考虑的问题还不够细致，很多问题没有事先做出约定，这往往导致会展合同纠纷数量增多。

行业视窗3-4

会展合同范文

展会合作合同

甲方：　　　　　　　　　　　　乙方：

地址：　　　　　　　　　　　　地址：

甲乙双方就关于　　年　　月　　日至　　月　　日在　　　举办　　　的　　　，经友好协商，本着“优势互补、互相宣传、服务行业、合作双赢”的原则，达成如下合作协议：

一、甲方责任

1.负责本次展览会经济投入、展览场地的租用等相关手续的办理。

2.负责本次展览会的策划、组织、宣传、服务等详细工作。

3.承担本次展览会的风险及相关的责任与义务。

4.在展览会会刊上赠送乙方整版彩页广告一版，菲林（胶片）由乙方提供。（尺寸：　　mm×　　mm）

5.提供给乙方一个或一个以上的展位。

6.在网上宣传中将　　　　　　　　列入此次展会支持媒体，并在会刊支持单位、合作单位或合作媒体中注明　　　　　　　　。

二、乙方责任

1.建立独立的网上展厅，在会展中心为其进行文字和LOGO的宣传，展厅内容为展会介绍、展会支持、展览日程、参展范围、展位规格及费用、展会宣传、会刊广告、参展程序、提供服务、下载参展表、联系方式。

2.为每个参展商制作独立的网上展厅，展厅内容包括企业介绍、产品介绍、联系方式。

3.将展会向　　　　　　　　的会员进行宣传。

三、其他

未尽事宜，由甲乙双方协商解决，本协议一式两份，甲乙双方各执一份，双方签字后生效。传真件具有同等效力。

甲方：　　　　　　　　　　　　乙方：

代表（签字盖章）：　　　　　　代表（签字盖章）：

年　月　日　　　　　　　　　　年　月　日

资料来源　根据网络资料整理。

3.3　会展合同的效力

合同的效力是指合同是否有效。有效合同对当事人具有法律约束力，国家法律予以保护，无效合同不具有法律约束力。《民法典》对合同的效力规定了四种情况：一是依法成立的合同即有效合同；二是无效合同；三是可变更、可撤销合同；四是效力待定合同。

3.3.1　合同的生效

依法成立的合同，自成立时生效。法律、行政法规规定应当办理批准、登记等手续生效的，依照其规定。

当事人对合同的效力可以约定附条件。附生效条件的合同，自条件成就时生效。附解除条件的合同，自条件成就时失效。当事人为自己的利益不正当地阻止条件成就的，视为条件已成就；不正当地促成条件成就的，视为条件不成就。

当事人对合同的效力可以约定附期限。附生效期限的合同，自期限届满时生效；附终止期限的合同，自期限届满时失效。

3.3.2　无效合同

1）无效合同的概念

无效合同是指因违反法律、法规要求，国家不予承认和保护的，不发生法律效力的合同。

2）无效合同的种类

根据《民法典》的规定，下列合同无效：

①一方以欺诈、胁迫手段订立的合同；

②恶意串通，损害国家、集体或者第三人利益的合同；

③以合法形式掩盖非法目的的合同，如订立赠与合同，目的在于逃避法院的强制执行；

④损害社会公共利益的合同；

⑤违反法律、行政法规的强制性规定订立的合同。

3.3.3　可变更、可撤销合同

1）可变更、可撤销合同的概念

可变更、可撤销合同是指欠缺合同有效要件，存在可变更、可撤销原因的合同。对可变更、可撤销合同，当事人可请求人民法院或者仲裁机构变更或撤销。

2）可变更、可撤销合同的种类

根据《民法典》的规定，可变更、可撤销合同的种类有：

①因重大误解订立的合同；

②显失公平的合同；

③一方以欺诈、胁迫手段或者乘人之危订立的合同。

具有撤销权的当事人应在自知道或者应当知道撤销事由之日起1年内行使撤销权，当事人在这期间没有行使撤销权的，撤销权消灭。具有撤销权的当事人知道撤销事由后明确表示或者以自己的行为放弃撤销权的，撤销权也随之消灭。

以案说法3-5

2022年9月10日，某主办单位与某会展中心签订了一份会展物业合同，合同约定该主办单位于2022年10月1日至2022年10月31日租用该会展中心的一至三层展室，并约定租金为10 000元。在签订合同时，由于双方疏漏，误将租金10 000元写成1 000元并签字盖章，后会展中心发现要求更改，主办单位认为白纸黑字，合同一签订就具有了法律效力，因此不同意更改，双方诉至法院。

问题：本案应如何处理？

以案说法3-5

法律分析

3.3.4　效力待定合同

1）效力待定合同的概念

效力待定合同是指合同欠缺有效要件，能否发生当事人预期的法律效力尚未确定，只有经过权利人的追认，才能化欠缺有效要件为符合有效要件，发生当事人预期的法律效力；权利人在一定期限内不予追认，合同归于无效。

2）效力待定合同的类型

（1）限制民事行为能力人订立的合同

限制民事行为能力人订立的合同，相对人可以催告法定代理人在1个月内予以追认。法定代理人未作表示的，视为拒绝追认。合同被追认之前，善意相对人有撤销的权利。撤销应当以通知的方式做出。

（2）无代理权人以他人名义订立的合同

行为人没有代理权、超越代理权或者代理权终止后以被代理人名义订立的合同，未经被代理人追认，对被代理人不发生效力，由行为人承担责任。但相对人有理由相信行为人有代理权的，该代理行为有效。例如，相对人见到行为人所持的有效的某法人的介绍信，则应认定行为人与该单位之间的代理关系有效。相对人可以催告被代理人在1个月内予以追认。被代理人未作表示的，视为拒绝追认。合同被追认之前，善意相对人有撤销的权利。撤销应当以通知的方式做出，法人或其他组织的法定代表人、负责人超越权限订立的合同，除相对人知道或者应当知道其超越权限的以外，该代表行为有效。

（3）无处分权人处分他人财产的合同

无处分权人处分他人财产，经权利人追认或者无处分权人订立合同后取得处分权的，该合同有效。

3.4　会展合同的履行和担保

3.4.1　合同履行的概念

合同的履行，是指合同生效后，双方当事人按照合同规定的各项条款，完成各自承担的义务和实现各自享有的权利，使双方当事人的合同目的得以实现的行为。

3.4.2　合同履行的原则

1）合同当事人就有关合同内容约定不明确时的确定规则

合同生效后，当事人就质量、价款或者报酬、履行地点等内容没有进行约定或者约定不明确的，可以协议补充，不能达成补充协议的，按照合同有关条款或者交易习惯确定，仍不能确定的，按下列规则确定：

①质量要求不明确的，按照国家标准、行业标准履行；没有国家标准、行业标准的，按照通常标准或者符合合同目的的特定标准履行。

②价款或者报酬不明确的，按照订立合同时履行地的市场价格履行；依法应当执行政府定价或者政府指导价的，按照规定履行。

③履行地点不明确的，给付货币的，在接受货币一方所在地履行；交付不动产的，在不动产所在地履行；其他标的，在履行义务一方所在地履行。

④履行期限不明确的，债务人可以随时履行，债权人也可以随时要求履行，但应

给对方必要的准备时间。

⑤履行方式不明确的，按照有利于实现合同目的的方式履行。

⑥履行费用的负担不明确的，由履行义务一方负担。

2）执行政府定价或者政府指导价的合同的价格履行规则

执行政府定价或者政府指导价的，在合同约定的交付期限内政府价格调整时，按照交付时的价格计价。逾期交付标的物的，遇价格上涨时，按照原价格执行；价格下降时，按照新价格执行。逾期提取标的物或者逾期付款的，遇价格上涨时，按照新价格执行；价格下降时，按照原价格执行。

3.4.3　合同的担保

合同的担保，是指当事人为确保合同的切实履行，依照法律规定或者当事人约定而采取的具有法律约束力的保证措施。合同的担保一经依法确立，就具有法律效力，任何一方当事人不得擅自变更或者要求撤销担保。要求提前解除或变更担保法律关系，必须经对方当事人的同意。

依据《中华人民共和国担保法》的规定，合同主要的担保形式有：

1）定金

《民法典》第586条规定："当事人可以约定一方向对方给付定金作为债权的担保。定金合同自实际交付定金时成立。定金的数额由当事人约定；但是，不得超过主合同标的额的20%，超过部分不产生定金的效力。实际交付的定金数额多于或者少于约定数额的，视为变更约定的定金数额。"一般来说，定金应以书面形式约定，定金合同自实际支付定金之日起生效。定金的数额由当事人约定，但不得超过主体合同标的额的20%。

在会展业务中，经常采用的是以定金方式保证合同的履行。需要注意的是定金和预付款有相似之处，即如果双方均履行了合同，该笔款项就充作价款。但它和一般预付款又有本质的不同。预付款的交付属于履行债务的行为，没有担保作用，定金的交付则是为了保证债务的履行；在当事人违约时，只要如数退还预付款并承担该款项的利息即可，定金则或者加倍返还，或者无权要求返还。因此，当事人在订立会展合同时，必须明确支付的货币是定金还是预付款，凡没有明确约定的，都应视为预付款。

2）保证

保证，是指第三人和债权人约定，当债务人不履行合同规定的债务时，第三人按照合同约定履行合同义务或承担责任的一种担保方式。保证是人的保证，保证人必须是主合同以外的第三人，债务人不得为自己的债务担保。债务人不履行债务，债权人向法院提起诉讼时，保证人和债务人可被列为共同被告。保证人应具备清偿能力，具有足以承担保证责任的财产。保证人根据保证方式承担法律责任。

3）抵押

抵押，是指债务人或者第三人不转移对特定财产的占有，而将该财产作为债权的担保，当合同的债务人不履行债务时，债权人有权依法以该抵押物折价或者拍卖、变卖该财产的价款优先受偿的法律行为。抵押担保是一种物的担保形式。抵押合同一般须经登记才产生法律效力。

4）质押

质押，是指债务人或者第三人将一定的动产或载明权利的票证、凭证作为质押物交债权人占有，当合同的债务人不履行债务时，债权人有权依法以该质押物折价或者拍卖、变卖该质押物的价款优先受偿的法律行为。

5）留置

留置，是指债权人按照合同约定占有债务人的动产，债务人不按合同约定的期限履行债务时，债权人依法扣留并处置该财产。

3.5 会展合同的变更和转让

3.5.1 合同变更

1）合同变更的概念

合同依法成立后，即具有法律效力。合同的变更是指合同依法成立之后至履行完毕之前，当事人双方对合同进行的修改、删除和补充。当事人协商一致的，可以变更合同。法律、行政法规规定变更合同应当办理批准、登记等手续的，依照其规定。当事人对合同变更的内容约定不明确的，推定为未变更。

2）合同变更的原则

（1）协商一致原则

协商一致，是合同当事人各方就已订立的合同的内容进行变更，经过协商，各方意思表示一致，这也是合同变更的基本条件。

（2）法定事由原则

法定事由原则，是指一方当事人因出现了法定事由，主要是合同中存在欺诈、胁迫、重大误解、显失公平等情形，导致合同权利义务对一方当事人不合理、不公正。基于此，一方当事人可以依法请求对方当事人协商变更合同，或者行使合同变更权，请求法院或仲裁机构裁定变更合同。

3.5.2 合同转让

1）合同转让的概念

合同转让是指合同权利人或义务人将其权利或义务的全部或部分，或者合同权利义务一并让与合同外第三人的行为。

2）合同转让的形式

（1）权利转让

权利转让是指合同债权人将合同权利全部或部分转让给第三人。《民法典》第545条规定，债权人可以将合同的权利全部或部分转让给第三人，但有下列情形之一的除外：①根据合同性质不得转让的；②按照当事人约定不得转让的；③依照法律规定不得转让的。

（2）义务转移

义务转移是指合同债务人将合同义务全部或部分转移给第三人。义务转移应当经债权人同意，如甲欠乙3万元货款，经乙同意，甲将债务转移给丙，那么丙即成为乙的债务人，承担清偿债务的责任。

（3）权利义务概括转让

它是指合同当事人一方经过对方同意，将其合同权利义务一并转让给第三人。

3）合同转让的限制

合同转让的限制，是指转让合同的各种制约条件的总和。这些限制包括：

①合同具有不可转让的特定属性，主要是指与人身有密切关系的合同，一般不宜转让；

②当事人约定不得转让的合同，不能转让；

③法律规定不得转让的合同。

3.6　会展合同的终止

3.6.1　合同终止的概念

合同的终止又称合同的消灭，是指因某种原因而引起合同关系不复存在。合同终止的原因主要有合同解除、合同债务抵消、合同提存。

3.6.2　合同解除

合同成立以后，可以因解除而终止。合同解除有两种方式，即约定解除和法定解除。

1）约定解除

约定解除是当事人通过行使约定的解除权或者双方协商决定而进行的合同解除。

2）法定解除

有下列情形之一的，当事人可依法解除合同：

①因不可抗力致使不能实现合同目的；

②在履行期限届满之前，当事人一方明确表示或者以自己的行为表明不履行主要债务；

③当事人一方迟延履行主要债务，经催告后在合理期限内仍未履行；

④当事人一方迟延履行债务或者有其他违法行为致使不能实现合同目的；

⑤法律规定的其他情形。

3.6.3 合同债务抵消

抵消有法定抵消和约定抵消两种。

1）法定抵消

法定抵消是指当事人互负到期债务，该债务的标的物种类、品质相同的，任何一方可以将自己的债务与对方的债务抵消，但依照法律规定或者按照合同性质不得抵消的除外。抵消不得附条件或者附期限，因为附条件或者附期限将使抵消的效力不确定，有损对方当事人的利益。抵消权人只要通知对方，抵消即发生效力。

2）约定抵消

约定抵消因当事人双方协商一致而发生，即若当事人互负债务，标的物种类、品质不相同的，经双方协商一致，也可以抵消。

3.6.4 合同提存

合同提存是指债务人将无法清偿的标的物交有关部门保存以消灭合同关系的行为。我国的提存机关为公证机关，提存地无提存部门的，当事人可以向当地基层人民法院提存。有下列情形之一，难以履行债务的，债务人可以将标的物提存：

①债权人无正当理由拒绝受领。

②债权人下落不明。

③债权人死亡未确定继承人或者丧失民事行为能力未确定监护人。

④法律规定的其他情形。标的物不适于提存或者提存费用过高的，债务人可以依法拍卖或者变卖标的物，提存所得价款。

3.7 会展合同的违约责任

3.7.1 违约责任的概念

违约责任即违反合同的民事责任，是指合同当事人一方不履行合同义务或者履行合同义务不符合约定时，依照法律规定或者合同约定所承担的法律责任。当事人双方都违反合同的，应当各自承担相应的责任。

3.7.2 违约行为

1）预期违约

预期违约是在合同履行期到来之前，一方当事人向另一方明确表示将不履行合同或以自己的行为或客观事实表明将不履行合同的行为。预期违约包括明示预期违约和默示预期违约两种情形。

2）不履行

不履行是指当事人根本未履行任何合同义务的违约情形。

3）迟延履行

迟延履行是指在履行期之后的履行，或者说是违反履行期的违约行为，包括债权人迟延和债务人迟延两种情形。

4）不适当履行

不适当履行是指虽有履行但履行质量不符合合同约定或法律规定的违约情形。

3.7.3　承担违约责任的主要形式

根据《民法典》的规定，违约的当事人承担违约责任的主要形式有：继续履行、采取补救措施、赔偿损失、约定违约金和定金等。具体适用哪种违约责任，由当事人根据自己的要求加以选择。

1）继续履行

订立合同的目的是实现合同的约定，即实际履行合同。继续履行合同，既是为了实现合同目的，也是为了承担违约责任。当事人一方违反合同约定，不履行或者履行不符合约定，对方当事人有权要求其继续履行，以维护自己的合法权益。

根据《民法典》的规定，当事人一方未支付价款或者报酬的，对方可以要求其支付价款或报酬。当事人一方不履行非金钱债务或者履行非金钱债务不符合约定的，对方可以要求履行，但有下列情形之一的除外：①法律上或者事实上不能履行；②债务的标的不适于强制履行或者履行费用过高；③债权人在合理期限内未要求履行。

2）采取补救措施

根据《民法典》的规定，质量不符合约定的，应当按照约定承担违约责任；对违约责任没有约定或者约定不明确的，当事人可以协议补充或者按照合同有关条款或者交易习惯确定；仍不能确定的，受损害方根据标的性质以及损失的大小，可以合理选择要求对方承担修理、更换、重做、退货、减少价款或者报酬等违约责任。

3）赔偿损失

当事人一方不履行合同义务或者履行合同义务不符合约定的，在履行义务或者采取补救措施后，对方还有其他损失的，应当赔偿损失。

当事人一方不履行合同义务或者履行合同义务不符合约定，给对方造成损失的，损失赔偿额应当相当于因违约所造成的损失，包括合同履行后可以获得的利益，但不得超过违反合同一方订立合同时可预见到或者应当预见到的因违反合同可能造成的损失。

当事人一方违约后，对方应当采取适当措施防止损失的扩大；没有采取适当措施致使损失扩大的，不得就扩大的损失要求赔偿。当事人因防止损失扩大而支出的合理费用，由违约方承担。

4）支付违约金

为了保证合同的履行，保护自己的利益不受损失，合同当事人可以约定一方违约时应当根据情况向对方支付一定数额的违约金，也可以约定因违约产生的损失赔偿额的计算方法。

违约金，是指合同当事人一方由于不履行合同或者履行不符合约定时，按照合同的约定，向对方支付的一定数额的货币。违约金是对不能履行或者不能完全履行合同行为的一种带有惩罚性质的经济补偿手段，不论违约的当事人一方是否已给对方造成损失，都应当支付。

约定的违约金低于所造成的损失的，当事人可以请求人民法院或者仲裁机构予以增加；约定的违约金过分高于造成的损失的，当事人可以请求人民法院或者仲裁机构予以适当减少。当事人迟延履行约定违约金的，违约方支付违约金后，还应当履行债务。

3.7.4 损失赔偿规则

损失赔偿规则，是指赔偿损失数额的确定规则。依据《民法典》的规定，损失赔偿规则主要有以下几种：

1）等额赔偿规则

违约责任是一种补偿性的违约责任，《民法典》第583条规定："当事人一方不履行合同义务或者履行合同义务不符合约定，在履行义务或者采取补救措施后，对方还有其他损失的，应当赔偿损失。"

2）赔偿限制规则

《民法典》第584条规定："当事人一方不履行合同义务或者履行合同义务不符合约定，造成对方损失的，损失赔偿额应当相当于因违约所造成的损失，包括合同履行后可以获得的利益；但是，不得超过违约一方订立合同时预见到或者应当预见到的因违约可能造成的损失。"这一规定说明，应当赔偿的损失是合理预见到的损失。合理预见要具备以下条件：①预见的主体是合同的违约方；②预见的时间应当在订立合同时；③预见的内容是有可能发生的损失的种类及其各种损失的具体大小。

3）经营欺诈惩罚赔偿规则

依照《中华人民共和国消费者权益保护法》的规定承担损害赔偿责任。该法规定，经营者对消费者提供商品或者服务有欺诈行为的，应当按照消费者的要求增加赔偿其受到的损失，增加赔偿的金额为消费者购买商品的价款或者服务的费用的一倍。

育德启智3-1

发挥会展先导性功能　助力经济高质量发展

2023年3月13日，党的二十大后召开的第一次全国两会胜利闭幕。2023年两会政府工作报告全面总结了过去一年、过去五年中国经济社会发展取得的成就，特别指出，过去一年是党和国家历史上最为重要的一年；过去五年极不寻常，极不平凡。报告还提出了今年经济社会发展总体要求和主要预期目标。政府工作报告高度评价会展在经济社会发展中的功能和作用，在扩大开放和中国特色大国外交等部分特别指出，发挥进博会、广交会、服贸会、消博会等展会作用，成功举办上合组织青岛峰会、金砖国家领导人会晤、全球发展高层对话会、"一带一路"国际合作高峰论坛、中非合作论坛北京峰会等多场重大主场外交活动。

会展活动被誉为国民经济的"晴雨表"、"风向标"和"助推器"。全面推动会展业复苏、复兴、繁荣，有利于增强会展行业发展信心，稳定会展产业链就业，保障会展企业正常运转。更重要的是，有助于提振经济信心，疏通投资、贸易、消费通道，助推国民经济的全面复苏和市场繁荣，稳增长、稳信心、稳预期具有特别重要的现实意义。

2023年中国会展业开局良好，显示出强劲复苏势头。上海会展释放回暖强音，截至2月，上海主要场馆计划举办展会300场，展览面积超过1 400万平方米，其中10万平方米以上展览会38个，展览面积700万平方米，达到2019年的八成以上。北京1万平方米以上展览馆上半年承接展会项目数量和展出面积分别达到2019年的93%和85%。根据已公布信息，广州一季度50多场展会涉及工业、汽车、家居、美容、医疗、设计、食品、动漫等，领域众多且规模大、影响大，广州设计周展览18万平方米，美博会20万平方米，中国国际家博会更是家居行业全题材、全产业链、全球规模最大，品质影响力俱佳的大型展览会。2023年是深圳朝着建设国际会展之都目标全速发力的奋进之年，深圳会展中心、深圳国际会展中心、深圳坪山燕子湖国际会展中心三大专业展馆办展面积预计同比增长2.6倍，展览数量预计同比增长3.6倍，创历史新高，深圳会展业迎来强劲复苏。

中国出展恢复势头良好。继浙江、江苏组织企业境外参展找回订单后，众多省市推出境外展会活动计划。福建省商务厅组团出海抢市场，发布的2023年"福品销全球"行动出境参展拓市场首批名单上有197个境外展会，3 000多家福建省企业已表达意向。江苏开展"江苏优品·畅行全球"系列贸易促进活动，重点支持企业参加206个境外线下展会。2023年陕西省重点支持的境外展会活动计划参加境外展会达100个。美国纽约第二十四届纽约纺织服装展有20个国家和地区的300多家展商参展，中国展商占比过半。法兰克福春季消费品博览会时隔3年首次线下举行，共吸引4 561家参展商和来自170多个国家和地区的15.4万名专业买家参与，400多家来自中国的企业参展这一信息受到与会者的广泛关注。

资料来源　储祥银. 发挥会展先导性功能　助力经济高质量发展［N］. 中国贸易报，2023-03-16（A5）.

思政元素：守正创新　踔厉奋发

学有所悟：新征程，新使命。面对复杂多变的国际形势，我们应当不忘初心，坚定信心，提高站位，找准定位，秉承服务国家战略，服务主体产业，服务城市发展的理念，不断创新，奋力进取，踔厉前行，再创辉煌，不断为中国式现代化建设、经济社会高质量发展、现代化产业体系建设以及产业链、供应链、价值链强链延链升链做出更大的贡献。

3.7.5　违约责任的免除

一般来说，在合同订立之后，如果一方当事人没有履行合同或者履行合同不符合约定，不论是自己的原因，还是第三人的原因，都应当向对方承担违约责任。但是，如果当事人一方违约是由于某些无法防止的客观原因造成的，则可以根据情况免除违约方的违约责任。

根据《民法典》的规定，因不可抗力不能履行合同的，根据不可抗力的影响，部分或者全部免除责任，但法律另有规定的除外。当事人迟延履行后发生不可抗力的，不能免除责任。《民法典》所称不可抗力，是指不能预见、不能避免并不能克服的客观情况。它通常可分为自然现象和社会现象。自然现象有地震、台风、洪水等，即自然灾害；社会现象有罢工、战争、政治骚乱以及某些政府行为等。当事人一方因不可抗力不能履行合同的，应当及时通知对方，以减轻可能给对方造成的损失，并应当在合同期限内提供证明。

以案说法 3-6

2019 大理国际马拉松赛比赛日期变更的公告

根据国务院办公厅下发的通知，2019 年劳动节放假安排重新进行了调整，为使广大参赛选手获得更好的参赛体验，组委会经过与各相关单位积极协调后，现将原定的 2019 年 5 月 5 日比赛时间调整为 2019 年 5 月 19 日（星期日）。中梁 2019 大理国际马拉松赛积极倡导低碳环保，促进全民健身。此次赛事将使跑友跑过古城、看过苍山、赏过洱海，我们诚挚欢迎每一位跑友的到来，前期给广大跑友带来的不便敬请谅解！感谢您对赛事的支持！

以案说法 3-6 法律分析

资料来源　根据大理国际马拉松官网相关内容整理。

问题：比赛日期的更改算主办方的合同违约责任吗？

知识掌握

第 3 章 知识掌握 答案提示

1）简述《民法典》的基本原则。

2）简述合同无效的种类。

3）违约责任的承担形式有哪些？

4）合同的形式有哪些？合同一般包含哪些内容？

5）我国有哪些会展合同常见的种类？

知识应用

□ 案例分析

因突发性异常事件而解除的合同

2019 年 9 月 20 日，某主办单位与某会展中心签订了一份会展物业合同，合同约定该主办单位于 2020 年 4 月 25 日至 2020 年 4 月 29 日租用该会展中心的一至三层展厅，并支付 2 000 元定金。2020 年 4 月，该会展中心所在城市出现了传染性疫情。4 月下旬，该市人民政府发出公告，要求市民避免大型集会以及人群聚集，以免使疫情传染、传播。于是该主办单位在 4 月 22 日提出解除合同，要求返还定金，但遭到拒绝。会展中心拒绝的理由为其已为该展会投入一定经费，因此定金无法返还。双方经调解不成后向法院起诉。

问题：该合同能否解除？定金是否应返还？

□ 实践训练

2022年5月，甲企业与乙企业达成口头协议，由乙企业在半年之内向甲企业供应50吨钢材。3个月后，乙企业以原定钢材价格过低为由要求加价，并提出如果甲企业表示同意，双方立即签订书面合同，否则，乙企业将不能按期供货。甲企业表示反对，并声称，如乙企业到期不履行协议，将向法院起诉。

问题：此案中，双方当事人的口头协议有无法律效力？为什么？

第3章
知识应用

答案提示

第4章

会展市场法律法规

学习目标

☆ 了解税收立法概况、税法的构成要素、税收征管的主要内容，增强纳税意识；

☆ 明确《反不正当竞争法》的立法概况、基本原则和作用；

☆ 熟知不正当竞争行为的概念和特征；

☆ 掌握不正当竞争行为的表现及法律责任；

☆ 培养学生的法治意识，坚定制度自信。

思维导图

- 第4章　会展市场法律法规
  - 4.1　会展税务法律制度
    - 4.1.1　会展税收及税法概述
    - 4.1.2　我国会展税收基本制度
    - 4.1.3　会展税收征收管理的法律规定
  - 4.2　会展反不正当竞争法
    - 4.2.1　会展反不正当竞争法概述
    - 4.2.2　《反不正当竞争法》在会展业中的作用
    - 4.2.3　《反不正当竞争法》的基本原则
    - 4.2.4　反不正当竞争行为
    - 4.2.5　不正当竞争行为的监督检查

引 例　　**福建晋江发力五大国际展会赛事**

福建晋江政府相关人员在北京举办的2023年重点经贸活动推介会上透露，三大国际行业展会和两大体育赛事将横跨全年、轮番登场，推动晋江经济持续稳健增长。

据晋江市市长王明元介绍，4月起，晋江将陆续举办第二十四届中国（晋江）国际鞋业暨第七届国际体育产业博览会、第五届中国（晋江）国际家装建材博览会、第七届海峡两岸食品交易会暨第十届闽台（泉州）食品交易会、第二届国际大体联足球世界杯、2023年晋江国际马拉松等活动，助力晋江发挥实体产业优势，壮大展会经济和赛事经济，推动晋江经济创新发展。

据了解，鞋服产业作为晋江的支柱产业，2022年产值达到3 073亿元，占晋江全市工业体量的41.6%。今年的鞋博会展览面积达6万平方米，设置2 400个国际标准展位，规划鞋类成品/体育用品、鞋纺材料、机械设备三大主体展区，同时设立文体旅城市形象馆、“一带一路”国际馆等10多个特色主题馆。

王明元称，本次展会已经吸引近80个国家和地区的展商。展会还将设置跨境电商专区，发起成立“中国智鞋产业跨境联盟”，助推中国鞋企跨境出海。

除了三大国际行业展会助力晋江本土企业开拓海外市场外，晋江2023年将重启国际大体联世界杯和马拉松等赛事，邀请全球体育爱好者相聚晋江。晋江市副市长丁鸿雨表示，目前各项赛事筹备工作在有条不紊地进行，晋江希望继续通过“体育城市”这张名片推动体育产业转型升级，加快创新型品质城市建设，进一步提升晋江的国际知名度。

资料来源　宗赫. 福建晋江发力五大国际展会赛事 [N]. 中国贸易报，2023-03-23（5）.

4.1　会展税务法律制度

4.1.1　会展税收及税法概述

1）税收的概念和特征

（1）税收的概念

税收是国家为实现其职能，凭借政治权力，按照法律规定，强制地、无偿地征收货币或实物的一种经济活动。它是国家参与社会产品分配和再分配的重要手段，是国家据以进行宏观调控的重要工具，是国家取得财政收入以实现其职能的必要方式。

（2）税收的特征

①强制性。税收是国家通过法律规定征收的，法律的强制力形成了税收的强制性。

②无偿性。税收是国家将征收的税款归国家所有，不再偿还给纳税人，且无任何代价交换，是一种无偿取得。

③固定性。税收是国家按照法律预先规定的范围、标准和环节进行征收的，具有

相对稳定性。

2）税法的概念

税法是指国家制定的调整税务关系的法律规范的总称。其调整对象是税收分配关系和税收征收管理关系。

3）税法的构成要素

税法是由一系列单行的税收法规组成的。每个单行的税收法规都是对一定的税种做出的具体规定，内容虽然各有不同，但在结构上都有一些共同的要素。税收法规的构成要素包括：纳税主体、征税客体、税率、纳税环节、纳税期限、减免税、违法处理。

（1）纳税主体

纳税主体亦称纳税人，是指税法规定直接负有纳税义务的社会组织和个人。

（2）征税客体

征税客体又称征税对象，是指税法规定的课税目的物，它是区分不同税种的主要标志。

（3）税率

税率是指应纳税额与计税金额（或数量单位）之间的比例，是计算税额的尺度。我国现行税法规定的税率有比例税率、累进税率、定额税率三种基本形式。比例税率是指对同一征税对象不论数额大小，都按同一比例征税的税率。累进税率是指根据征税对象款额的大小不同，划分不同的等级，对每一等级规定逐级上升的征税比例的税率。累进税率可分为全额累进税率、超额累进税率和超率累进税率三种。目前我国税收法律制度中已不采用全额累进税率。定额税率又称固定税额，是指对单位征税对象直接规定固定的征税数额的一种税率。

（4）纳税环节

纳税环节是指应税商品在整个流转过程中，税法规定应当缴纳税款的环节。

（5）纳税期限

纳税期限是指税法规定纳税人缴纳税款的具体期限。纳税期限是税收固定性在时间上的体现。

（6）减免税

减免税是指税法对特定的纳税人或征税对象予以鼓励和照顾，减轻或免除一定的税收负担。

（7）违法处理

违法处理即规定对各种违反税法的行为适用的罚则以及相应的处理程序。

4.1.2 我国会展税收基本制度

我国现行税收种类按征税对象的不同大致可分为五类：一是流转税，包括增值税、消费税、关税。二是资源税，指对在我国境内从事资源开发，因资源条件差异形成级差收入而征收的一种税，包括城填土地使用税、耕地占用税等。三是所得税，包括企业所得税、个人所得税等。四是特定行为税，指对特定行为所征收的税，包括印花税、屠宰税等。五是财产税，指以财产的价值额为征税对象所征收的税，包括房产税、车船税等。下面对几个主要税种作简要的介绍：

1）增值税

增值税是对在中华人民共和国境内销售货物或者提供加工、修理修配劳务以及进口货物的单位和个人，就其取得的货物或应税劳务销售额以及进口货物金额计算税款，并实行税收抵扣的一种流转税。其中制造业等行业增值税税率为13%，交通运输业、建筑业等行业增值税税率为9%，生产、生活性服务业增值税税率为6%，出口货物增值税税率为0。

2）消费税

消费税是对在中国境内生产、委托加工和进口税法规定的消费品的单位和个人，就其消费品的销售额或销售数量征收的一种税。凡在中国境内生产、委托加工和进口税法规定的消费品（以下称应税消费品）的单位和个人，为消费税的纳税义务人。消费税实行价内税，只在应税消费品的生产、委托加工和进口环节缴纳。征收消费税的消费品包括：烟、酒、高档化妆品、贵重首饰及珠宝玉石、鞭炮和焰火、成品油、小汽车、摩托车、高尔夫球及球具、高档手表、游艇、木制一次性筷子、实木地板、电池、涂料等，共15个税目，有的税目还进一步划分为若干子税目，根据不同的税目或子税目确定相应的税率或单位税额。消费税实行从价定率和从量定额两种办法计算应纳税额。

3）企业所得税

企业所得税是对我国内资企业和经营单位的生产经营所得和其他所得征收的一种税。企业的生产经营所得和其他所得，包括来源于中国境内、境外的所得，应纳税所得额是计算企业所得税的依据。税法规定，纳税人每一纳税年度的收入总额减去准予扣除项目后的余额为应纳税所得额。企业所得税法规定法定税率为25%，国内企业和外资企业一致，国家需要重点扶持的高新技术企业为15%，小型微利企业为20%，非居民企业为20%。

4）会展企业应缴纳的税种及税率

（1）提供会展服务的应根据企业情况缴纳增值税。

（2）城市维护建设税按缴纳的增值税和消费税的7%缴纳。

（3）教育费附加按缴纳的增值税和消费税的3%缴纳，地方教育附加按缴纳的增值税和消费税的1%缴纳，合计是4%。

（4）房产税，如果是公司租房经营的，按租金的12%缴纳房产税，这个应由出租方缴纳，如出租方不缴纳，则由使用人或承租人缴纳。

（5）城镇土地使用税按实际占用平方米数乘以规定的单位税额缴纳，单位税额由税务局作具体划定。

（6）个人所得税由拟办公司代扣代缴，在工资里扣除后上交税务部门，起征点为5 000元/月，实行7级超额累进税率。

（7）印花税，对合同、产权转移书和记载资金的账簿按比例税率计算应纳税额。印花税的比例税率有四档，即1‰、0.5‰、0.3‰、0.05‰。对于权利许可证照，按件定额计征，每件5元。

行业视窗4-1

宣传政策 提供咨询 落实优惠

税收助厦门会展业汇信心展实力

2020海峡两岸汽车博览会、厦门工业博览会、中国（厦门）全球跨境电商博览会、国际投资贸易洽谈会，一个个大型会展陆续推出，标志着“会展名城”厦门的会展业正在强势复苏。

大型会展期间，国家税务总局厦门市税务局派出税务服务小分队，在会场宣传税费优惠政策，发放税收宣传资料，解答参会企业的涉税疑问，为会展业复苏鼓劲加油。

“会展名城”成鹭岛新名片

2020年是厦门经济特区成立40周年。自1980年厦门经济特区成立起，厦门就着力推动会展业发展。近10年来，厦门凭借区位优势举办了一系列会展活动，会展行业积聚了丰富的内生动能，行业规模稳步增长。从厦门市会展业新登记纳税人户数来看，2019年，厦门与会展业相关的新创企业新登记158户。

会展行业的蓬勃发展，离不开厦门市政府的大力支持，也离不开良好的税收营商环境。据厦门市思明区税务局第二税务所所长吴真宝介绍，营改增前，厦门会展业相关新创企业年均登记28户。2012年营改增改革将会展业纳入增值税抵扣链条，解决了制造业与服务业之间重复征税的问题。营改增后，新创企业数量快速增长，年均登记179户，较营改增前增长约5.4倍。

最近2年，厦门将品牌化作为全市会展业发展战略，会展业总体经济效益保持年均7.31%的增长，2019年总体经济效益达450.94亿元，较2016年增长了23.39%。“会展名城”成为鹭岛又一张闪亮的名片。

税收助力会展行业发展

9月11日，为期4天的“2020厦门国际投资贸易洽谈会暨丝路投资大会”落幕。本届厦洽会吸引了英国、德国、日本等42个国家和地区参展。厦洽会期间，签约项目达2 300个，协议总投资额超8 000亿元。展会期间，税务干部在会场向与会企业宣传跨境税收优惠政策，提供政策咨询，共发放宣传资料320余份，现场解答涉税咨询数百次。

记者了解到，由于厦门每年都举办大量展览会，厦门市税务局已形成了服务展览会的长效机制。每当有大型商贸展会时，厦门市税务局的税务服务小分队就会入驻会场，提供税收服务，宣传税收优惠政策。“今年，国家和厦门市发布了一系列支持企业复工复产、稳外贸稳外资的税费优惠政策，这些政策是我们向参会企业宣传的重点内容。”小分队成员、思明区税务局干部侯高琪说。

厦门会展集团股份有限公司负责人潘子万向记者介绍，2020年有许多展会项目取消、延期，会展业面临前所未有的困难。为进一步支持会展业复工复展，2020年4月，厦门市多部门联合颁布公告，针对符合条件的企业参照性执行失业保险稳岗返还等政策。“目前，我们集团已累计享受社保费减免近百万元，稳岗补贴300多万元。”潘子万说，“一系列减税降费政策为企业缓解了资金压力，给厦门会展业的复苏带来希望。”

“云”上会展不落幕

“云”上办展发展迅速。云展示、云对接、云洽谈、云研讨、云签约……本届厦洽会首次在“云端”与线下同步办会，为境内37个成员单位及38个国家和地区设置了云展馆和3D展厅，共发布境内外各类招商项目超过1.6万个，开展了18场视频会议和会议直播活动。

来自厦门市思明区的云现场科技有限公司，在本届厦洽会多场会议直播中，为组委会以及各主办单位带来了方便快捷的线上线下一体化服务体验。

云现场科技有限公司的负责人陈铎介绍，他选择在厦门创业正是被厦门良好的营商环境所吸引。“我们是一家年轻的公司，公司的快速成长离不开税务部门的保驾护航。”陈铎说，“每当新政策出台，税务部门总是第一时间告知我们，还帮我们梳理出政策的变化、适用条件等，提醒我们及时享受政策红利。今年以来，税务部门已帮助公司申请减免增值税3.8万元、社保费2.7万元，第4季度预计还可以减免社保费1万余元，这些资金为公司降低成本提供了切实帮助。”

厦门市税务局党委书记、局长张曙东表示，厦门是国内最早重视会展业带动作用，并着力推动会展业发展的城市之一。该局将以特区成立40周年为新起点，进一步发挥税收服务社会、服务企业的作用，提高业务办理速度，提供更加高效优质的服务，切实落实减税降费政策，为厦门会展业不断做大做强贡献税务力量。

资料来源　段国莎．宣传政策　提供咨询　落实优惠　税收助厦门会展业汇信心展实力[N]．中国税务报，2020-09-25.

4.1.3　会展税收征收管理的法律规定

税收征收管理法，是国家制定的调整税收征收管理活动中征纳双方权利义务关系的法律规范的总称。它能够保证税法得以实施并促进税收活动法治化。《中华人民共和国税收征收管理法》（以下简称《税收征管法》）由第七届全国人大常委会第二十七次会议于1992年9月4日审议通过，并于1993年1月1日起施行，1995年进行了修正，2013年进行了第二次修正，2015年4月24日第十二届全国人民代表大会常务委员会第十四次会议通过了《全国人民代表大会常务委员会关于修改〈中华人民共和国港口法〉等七部法律的决定》，对其进行了第三次修正。2002年9月7日中华人民共和国国务院令第362号公布了《中华人民共和国税收征收管理法实施细则》，并分别于2013年和2016年进行了修正。

1）适用范围

对于《税收征管法》的适用范围，在其第2条中有所规定："凡依法由税务机关征收的各种税收的征收管理，均适用本法。"不论是外商投资企业和外国企业，华侨、外籍、我国港澳地区人员，还是国有、集体、私营企业等经济实体或者个体工商户及一切纳税个人，其缴纳的税收凡是由税务部门征收的，有关征收管理的事项都依照《税收征管法》的规定执行。

2）税款征收

（1）税款征收方式

根据《税收征管法》及其实施细则的规定，税款征收方式有以下五种：

①查账征收。查账征收，是指纳税人依据账簿记载，先自行计算缴纳税费，事后经税务机关查账核实，如有不符时，可多退少补。这种征收方式主要对已建立会计账册、会计记录完整的单位适用。采用查账征收方式的单位由税务机关确定。

②查定征收。查定征收，是指由税务机关根据纳税人的生产设备等情况，以及正常条件下的生产销售情况，对其生产的应税产品查定产量和销售额，然后依率征收的一种征收方式。这种方式主要对生产不固定、账册不健全的单位适用。

③查验征收。查验征收，是指由税务机关派人员对某些难以进行源泉控制的征收对象，通过查验证、照和实物，据以征税而采取的一种征收方式。这种方式主要对生产和出售应税农、林、牧、水产品和农村手工业品以及经营小百货和单项品种的纳税人适用。

④定期定额征收。定期定额征收，是指先由纳税人自报生产经营情况和应纳税款，然后由同行业或者有关经济组织民主评议，再由税务机关对纳税人核定一定时期的税款征收率或征收额，实行增值税和所得税一并征收的一种征收方式。这种方式主要对一些营业额、所得额难以准确计算的小型纳税人适用。

⑤其他征收方式。这包括代扣代缴、代收代缴、委托代征、邮寄申报纳税等。

（2）税款征收措施

为了保证税款征收的顺利进行，《税收征管法》赋予了税务机关在税款征收中可以根据不同情况采取必要的措施和手段的权力。

①延期纳税。纳税人、扣缴义务人应当按照法律、行政法规规定或者税务机关依照法律、行政法规的规定确定的期限缴纳或解缴税款。纳税人有特殊困难，不能按期缴纳税款的，经县以上税务局（分局）批准，可以延期缴纳税款，但最长不得超过3个月。

②加收滞纳金。纳税人、扣缴义务人没有按照规定的纳税期限缴纳或者解缴税款的，税务机关除责令限期缴纳外，从滞纳税款之日起，按日加收滞纳税款的0.05%作为滞纳金。

③核定应纳税额。纳税人有下列情形之一的，税务机关有权核定其应纳税额：按税法规定可以不设置账簿的；按税法规定应当设置但未设置账簿的；虽设置账簿，但账目混乱或者成本资料、收入凭证、费用凭证残缺不全，难以查账的；发生

纳税义务，未按照规定的期限办理纳税申报，经税务机关责令限期申报，逾期仍不申报的。

④税收保全措施。税务机关有根据认为从事生产、经营的纳税人有逃避纳税义务行为的，可以在规定的纳税期之前，责令其限期缴纳应纳税款；在限期内发现纳税人有明显转移、隐匿其应纳税的商品、货物以及其他财产或者应纳税的收入的迹象的，税务机关可以责成纳税人提供纳税担保。如果纳税人不能提供纳税担保，经县以上税务局（分局）局长批准，税务机关可以采取下列税收保全措施：一是书面通知纳税人开户银行或者其他金融机构暂停支付纳税人的金额相当于应纳税款的存款；二是扣押、查封纳税人的价值相当于应纳税款的商品、货物或者其他财产。

纳税人在规定的期限内缴纳税款的，税务机关必须立即解除税收保全措施；限期期满仍未缴纳税款的，经县以上税务局（分局）局长批准，税务机关可以书面通知纳税人开户银行或者其他金融机构从其暂停支付的存款中扣缴税款，或者拍卖所扣押、查封的商品、货物或者其他财产，以拍卖所得抵缴税款。

⑤强制执行措施。从事生产、经营的纳税人、扣缴义务人未按照规定的期限缴纳或者解缴税款，纳税担保人未按照规定的期限缴纳所担保的税款，由税务机关责令限期缴纳，逾期仍未缴纳的，经县以上税务局（分局）局长批准，税务机关可以采取下列强制执行措施：一是书面通知其开户银行或者其他金融机构从其存款中扣缴税款；二是扣押、查封、拍卖其价值相当于应纳税款的商品、货物或者其他财产，以拍卖所得抵缴税款。税务机关采取强制执行措施时，对上述纳税人、扣缴义务人、纳税担保人未缴纳的滞纳金同时强制执行。

⑥其他行政措施。例如，欠缴税款的纳税人需要出境的，应当在出境前向税务机关结清应纳税款或者提供担保，否则，税务机关可以通知出境管理机关阻止其出境。税务机关扣押商品、货物或者其他财产时，必须开付收据；查封商品、货物或者其他财产时，必须开付清单。

行业视窗4-2

财政部 海关总署 税务总局关于2023年中国进出口商品交易会展期内销售的进口展品税收优惠政策的通知

财关税〔2023〕5号

广东省财政厅，海关总署广东分署、广州海关，国家税务总局广东省税务局，中国对外贸易中心：

为支持办好中国进出口商品交易会（以下简称广交会），经国务院批准，现就有关税收政策通知如下：

一、对2023年举办的广交会在商务部确定的展期内销售的免税额度内的进口展品免征进口关税、进口环节增值税和消费税。每个展商在本年度展会展期内累计享受税收优惠的展品类别、销售数量或金额上限按附件规定执行。

二、享受税收优惠的展品不包括国家禁止进口商品，濒危动植物及其产品，烟、酒、汽车以及列入《进口不予免税的重大技术装备和产品目录》的商品。

三、对每个展商展期内销售的超出享受税收优惠政策的展品清单类别范围或销售额度的展品，以及展期内未销售且在展期结束后又不复运出境的展品，按照国家有关规定照章征税。

四、展商名单及展期内销售的进口展品清单，由承办单位中国对外贸易中心或中国对外贸易中心集团有限公司向广州海关统一报送。

五、对享受政策的展期内销售进口展品，海关不再按特定减免税货物进行后续监管。

六、每届展会结束后6个月内，中国对外贸易中心应向财政部、海关总署、国家税务总局报送政策实施情况。

附件：2023年中国进出口商品交易会（广交会）享受税收优惠政策的进口展品清单

财政部　海关总署　国家税务总局

2023年4月15日

3）税务检查

税务检查的主要内容是检查纳税人的纳税情况，检查纳税人遵守财务会计制度的情况，检查税务人员执行税收征管制度的情况，了解纳税人的生产经营情况。税务机关有权对纳税人的账簿、记账凭证、报表和有关资料以及生产、经营情况进行检查；有权责成纳税人、扣缴义务人提供有关文件、证明材料和资料，询问其有关情况和问题；有权到有关部门检查纳税人托运、邮寄应纳税商品、货物或者其他财产的有关单据、凭证和资料；经县以上税务局（分局）局长批准，凭检查存款账户许可证明，查核纳税人、扣缴义务人在银行或者其他金融机构的存款账户。

4）法律责任

（1）违反税法的行为

①纳税人未按规定办理税务登记、变更或者注销登记，未按规定设置、保管账簿或保管记账凭证和有关资料，未按规定将财务、会计制度或财务、会计处理办法报送税务机关备查；扣缴义务人未按规定设置、保管代扣代缴、代收代缴税款账簿或者保管有关税款记账凭证及有关资料；纳税人未按规定期限办理纳税申报或者向税务机关报送代扣代缴、代收代缴税款报告表。

②欠税行为。欠税是纳税人、扣缴义务人超过规定的期限不缴或者少缴应纳或者应解缴税款的行为。

③偷税行为。偷税是纳税主体故意违反税法，采取欺骗、隐瞒等手段逃避纳税的行为，如纳税人采取仿造、变造、隐匿、擅自销毁账簿或记账凭证，在账簿上多列支出或者不列、少列收入，或者以虚假的纳税申报手段，不缴或者少缴应纳税款的行为。

④抗税行为。抗税是指纳税人公然违反税法，拒绝履行纳税义务的行为，如以暴

力、威胁方法拒不缴纳税款的行为。

⑤税务人员利用职务之便，收受或索取财物、玩忽职守、滥用职权的行为。

（2）对违反税法的行为的处理

①经济制裁。这是对违反税法的自然人或法人，在强制其补偿国家经济损失的基础上，对其实施的经济惩罚。对违反税法的纳税人和扣缴义务人给予经济制裁，一般有加收滞纳金和罚款两种。加收滞纳金是指从滞纳税款之日起，按日加收应纳税款的滞纳金，这是对拖欠应纳税款行为的制裁。罚款有两种形式：一种是处以一定数额的罚款。例如，纳税人未按规定的期限办理纳税申报的，税务机关责令限期改正，可以处以2 000元以下的罚款；逾期不改正的，可以处以2 000元以上1万元以下的罚款。另一种是处以若干倍的罚款。例如，以暴力、威胁方法拒不缴纳税款的是抗税，情节轻微，未构成犯罪的，由税务机关追缴其拒缴的税款、滞纳金，并处拒缴税款一倍以上五倍以下的罚款。

②行政制裁。这是对违反税法的纳税人、扣缴义务人及其他有关责任人员，由税务机关或由税务机关提请有关部门，依照行政处罚程序给予行政处分，如书面通知未按规定期限缴纳或者解缴税款的纳税人、扣缴义务人的开户银行或者其他金融机构从其存款中扣缴税款；对违法单位进行批评警告、停业整顿或吊销营业执照；对直接责任人员给予警告、记过、撤职或开除公职等处分。

③刑事制裁。这是对违反税法情节严重、触犯刑律、构成犯罪、需要追究刑事责任的人员，由司法机关依法给予刑事处罚。

以案说法4-1

单位偷逃税领导需承担法律责任

某会展中心自2019年至2022年偷逃国家税款达8万元，案发后除单位被处以罚金外，单位主管领导及财会人员被人民法院判处有期徒刑2年。

问题：单位偷逃税，领导需承担什么责任？

以案说法4-1

法律分析

4.2　会展反不正当竞争法

4.2.1　会展反不正当竞争法概述

1）反不正当竞争法的概念

反不正当竞争法是调整在维护公平竞争秩序、制止生产经营活动中发生的不正当竞争行为的法律规范的总称。在社会经济发展中，不正当竞争行为严重扰乱了社会经济秩序，损害了其他经营者和消费者的合法权益。为保障社会主义市场经济健康发展，鼓励和保护公平竞争，保护经营者和消费者的合法权益，第八届全国人大常委会第三次会议于1993年9月2日通过了《中华人民共和国反不正当竞争法》（以下简称

《反不正当竞争法》），自1993年12月1日起施行；2017年11月4日第十二届全国人民代表大会常务委员会第三十次会议对《反不正当竞争法》进行了修订；根据2019年4月23日第十三届全国人民代表大会常务委员会第十次会议《关于修改〈中华人民共和国建筑法〉等八部法律的决定》，进行了修正。2022年3月17日，《最高人民法院关于适用〈中华人民共和国反不正当竞争法〉若干问题的解释》发布，自2022年3月20日起施行。《解释》共29条，根据修订后的反不正当竞争法，重点对反不正当竞争法第二条、仿冒混淆、虚假宣传、网络不正当竞争行为等问题做出了细化规定。

2）《反不正当竞争法》的调整对象

《反不正当竞争法》的调整对象是在市场经济活动中，经营者进行不正当竞争活动所引起的社会关系。其中包括：

①不正当竞争行为的受害人与不正当竞争行为人之间发生的请求赔偿的关系；

②各级人民政府在保护公平竞争、制止不正当竞争行为过程中的权责关系；

③单位和个人在对不正当竞争行为进行监督时，与不正当竞争行为主管机关之间所发生的奖励和保护关系；

④竞争主管机关在行使查处不正当竞争行为职权时与不正当竞争行为人之间发生的关系。

4.2.2 《反不正当竞争法》在会展业中的作用

随着我国市场经济的发展，市场竞争日趋激烈，会展经济同样存在竞争问题。国内会展业发展之初，由于门槛低、利润高，一时间千军万马涌入会展业，全国各地涌现出上万家展览搭建企业。展览搭建企业数量多、规模小，同时缺乏应有的行业标准，因此造就了会展业混乱、无序、竞争激烈的状态。行业的发展必然要经历从“乱”到“治”的阶段。从世界展览强国的发展轨迹来看，展览搭建企业多是通过自由竞争、优胜劣汰，最终走向规范化的。随着我国会展业的不断发展，规范化已经成为大势所趋，同时参展企业对展览会的认识日趋成熟，价格不再是参展企业做出选择的唯一参考标准，展览搭建企业也从单一的价格竞争进入多元化的竞争。据了解，近年来除了为数不多的比较大的企业保持一贯的水准外，国内多数展览搭建企业经营困难，有些企业甚至一年只能接到一单生意。《反不正当竞争法》为制止不正当竞争行为、保障会展市场的健康有序发展提供了有力保障。

4.2.3 《反不正当竞争法》的基本原则

《反不正当竞争法》遵循了以下几项基本原则：

1）自愿、平等、公平竞争的原则

经营者在经济活动中，不论其经济实力强弱、所有制形式如何都应当遵循自愿、平等、公平的原则，合法地进行竞争。经营者有权决定是否参加竞争，参加何种竞争，其他任何主体都无权进行干涉。经营者在市场交易中的法律地位一律平等，都依法平等地享有权利、承担义务，不允许以大欺小、以强凌弱、以富压贫。经营者应当依据社会公认的公平观念展开竞争，竞争对手的机会均等；经营者在享受权利和承担义务上不能显失公平，承担民事责任应当合理。

2）诚实信用，遵守公认的商业道德的原则

经营者在市场交易中应当严格依据法律的规定和合同的约定行事，尊重实际情况，讲求商业信誉，应以善意的方式进行交易，不得采取虚假欺诈手段。不正当竞争行为的本质特征就是违背了诚实信用的商业竞争规则。《反不正当竞争法》很难囊括所有不正当竞争行为，判断某种竞争行为是否正当，应根据行为人是否出于诚实信用的动机，是否符合公认的商业道德。

3）参照国际惯例、国际条约的原则

随着我国加入WTO和对外开放的扩大，不正当竞争也愈来愈多地涉及对外经济贸易领域。《反不正当竞争法》理应体现国际条约、国际惯例的有关规定，如《保护工业产权巴黎公约》等，以适应处理不正当竞争案件的实际工作需要。

4.2.4　反不正当竞争行为

《反不正当竞争法》第2条第2款规定："本法所称的不正当竞争行为，是指经营者在生产经营活动中，违反本法规定，扰乱市场竞争秩序，损害其他经营者或者消费者的合法权益的行为。" 该定义是对本法所调整的不正当竞争行为的范围及其本质特征的基本概括，具体表现为以下11种：

1）假名冒牌行为

假名冒牌行为是指经营者假借和冒充其他经营者或商品的名称、商标、质量和产地标志等，以使人混淆产生误解的行为，这种不正当竞争行为主要表现在以下四个方面：

①假冒他人的注册商标；

②擅自使用知名商品特有的名称、包装、装潢，或使用与知名商品近似的名称、包装、装潢，造成和他人的知名商品相混淆，使购买者误认为是该知名商品；

③擅自使用他人的企业名称或者姓名，使人误认为是他人的商品；

④在商品上伪造或者冒用认证标志、名优标志等质量标志，伪造产地，对商品质量作引人误解的虚假表示。

以案说法4-2

"老干妈"花3 000万元打假，你见过哪些山寨商标?

"老干妈"近年来每年都要安排两三千万元用来"打假 "的专项资金，"老干妈"陶华碧是打假最为坚决的一位企业代表。据了解，她对带"干"字的辣椒酱都要打假，更是把与"老干妈"相近的"老干爹""老干娘"等商标都申请了注册商标。

你有没有吃过"康帅博"方便面，喝过"椰对"椰汁、"云碧"、"白事"可乐、

以案说法4-2

法律分析

“豪牛”酸酸乳，穿过“PUNA”“HIKE”“KOPPA”……这些山寨货，只有做不到，没有想不到，“脉动”——“脉劫”，“奥利奥”——“粤利粤”……这不是开玩笑，在部分地区的火车站和长途汽车站附近多的是，有的都快成山寨一条街了。

资料来源 根据相关资料整理。

问题：如何应对山寨商标？

2）限购排挤行为

限购排挤行为，是指公用企业或者其他依法具有独占地位的经营者，限定他人购买其指定的经营者的商品，以排挤其他经营者的公平竞争。“公用企业”是指城镇中为适应公众的生活需要而经营的具有公共利益性质的企业组织，如提供自来水、电力、煤气或天然气等公用事业服务，电话、电报等通信服务，城市公共交通以及公共道路、住宅等服务的企业，主要涉及公路、钢铁、证券、石油、烟草、盐业、电信、金融、供热、自来水、煤气、电力、航空、铁路等行业，这些公用企业常具有垄断的性质。“其他依法具有独占地位的经营者”是指除上述“公用企业”外，法律、行政法规规定的、具有独占地位的经营者。这种行为一方面给其他经营者制造了困难，妨碍了其他经营者的公平竞争；另一方面也是变相扩大垄断的行为。

3）滥用行政权力行为

该行为是指政府及其所属部门滥用行政权力，限定他人购买其指定的经营者的商品，限制其他经营者正当的经营活动，以及限制外地商品进入本地市场或者本地商品流向外地市场。政府及其所属部门凭借行政权力，参与市场经营活动，限定专购，是破坏公平竞争的行为。政府及所属部门凭借权力干扰市场经济活动，搞“地区封锁”，即为了保护本地区的经济利益，违反国家法律、政策的统一规定，采取行政、经济手段对本地区与其他地区之间的经济贸易活动加以限制，不准外地商品进入本地区销售，也不准企业向外地先进单位购货和订货，强制商业、物资等部门收购、销售本地产品。上述行为妨碍了竞争的正常开展，阻挠了统一市场的建立，也是地方发展市场经济的“绊脚石”。

以案说法4-3

以案说法4-3

法律分析

滥用行政权力的行为违法

某地方政府为扶持当地的茶叶行业，规定辖区所属的公务员每人必须在茶叶博览会期间到会展中心购买一盒当地生产的茶叶。

问题：该行为是否合法？

4）商业贿赂行为

该行为是指经营者采用财物或其他手段进行贿赂以销售或购买商品。商业贿赂的形式除了金钱回扣之外，还有提供免费度假、国内外旅游、房屋装修、高档宴席以及赠送昂贵物品、解决子女或亲属入学或就业等许多方式。

经营者采用贿赂手段推销或购买商品违背了诚实信用的商业道德，对于正派、诚实的经营者来说是一种打击，是不公正的。《反不正当竞争法》规定：“经营者不得采用财物或者其他手段进行贿赂以销售或者购买商品。在账外暗中给予对方单位或者个人回扣的，以行贿论处；对方单位或者个人在账外暗中收受回扣的，以受贿论处。”因此，商业贿赂的主要表现形式是回扣。经营者在销售或者购买商品时，可以以明示的方式给对方折扣，给中间人佣金，但买卖双方，包括中间人必须如实入账。国家鼓励经营者采取多种形式促销和购买，同时要求这些方式必须在法律、法规规定以及政策许可的范围内进行。

5）虚假的广告宣传行为

该行为是指经营者利用广告或其他方法，对商品的质量、成分、性能、用途、生产者、有效期限、产地等作引人误解的虚假宣传，以及广告的经营者在明知或应知的情况下，代理、设计、制作、发布虚假广告。

广告是极有效的促销手段，其职能在于向用户和消费者介绍某种商品或服务，诱发人们的需求欲望并产生商业交易行为，但广告的内容必须真实、健康、清楚、明白。广告不得以任何形式弄虚作假，蒙蔽或者欺骗消费者。

6）侵犯商业秘密的行为

商业秘密是指不为公众所知悉，但能为权利人带来经济利益、具有实用性并经权利人采取保密措施的技术信息和经营信息。商业秘密是一种与知识产权最相近的财产权，它可以给商业秘密所有人或使用人带来竞争优势和经济利益。用不正当的手段侵犯他人的商业秘密也是一种法律所禁止的不正当竞争行为。《反不正当竞争法》第9条规定，经营者不得采用下列手段侵犯商业秘密：

①以盗窃、贿赂、欺诈、胁迫、电子侵入或者其他不正当手段获取权利人的商业秘密；

②披露、使用或者允许他人使用以前项手段获取的权利人的商业秘密；

③违反保密义务或者违反权利人有关保守商业秘密的要求，披露、使用或者允许他人使用其所掌握的商业秘密；

④教唆、引诱、帮助他人违反保密义务或者违反权利人有关保守商业秘密的要求，获取、披露、使用或者允许他人使用权利人的商业秘密。

7）降价排挤行为

降价排挤行为，是指经营者为了排挤竞争对手而采用在一定的市场上和一定的时期内，以低于成本的价格销售商品的行为。其目的是排挤竞争对手，占领进而垄断市场。但有下列情形之一的，不属于不正当竞争行为：

①销售鲜活商品；

②处理有效期限即将到期的商品或者其他积压的商品；

③季节性降价；

④因清偿债务、转产、歇业降价销售商品。

8）搭售行为

搭售行为即经营者利用其在经济、技术方面的优势地位，在交易中违背购买者意愿，强迫其购买交易物之外的商品，或者附加其他不合理的条件。

交易物之外的商品搭售行为是指经营者用具有市场优势的商品搭售市场地位较低、销路较差、不受消费者欢迎的商品，通过这种手段扩大销售量。这种行为不仅损害了消费者的利益，而且破坏了公平竞争，对社会经济秩序造成了破坏，因此是不正当竞争行为。

其他不合理的条件包括不正当排他条件，如不准购买他人的商品；不正当的约束条件，如转让技术时限制产品产量、销售价格等。

9）违法的有奖销售行为

有奖销售行为是指经营者以附带提供物品、金钱，或者其他利益的方式来销售商品或提供服务。有奖销售必须依法进行，违反规定则构成不正当竞争行为。正当的有奖销售，法律是允许的。不正当竞争的有奖销售行为表现形式有以下三种：

①所设奖项的种类、兑奖条件、奖金金额或者奖品等有奖销售信息不明确，影响兑奖；

②采用谎称有奖或者故意让内定人员中奖的欺骗方式进行有奖销售；

③抽奖式的有奖销售，最高奖的金额超过五万元。

10）诋毁商誉行为

诋毁商誉行为是指经营者以竞争为目的，捏造、散布虚假陈述，损害竞争对手商业信誉的行为。商业信誉是企业的生命，需经过长时间的艰苦努力才能建立，它可以使企业拥有广大的市场和顾客，并具有强大的市场竞争优势。如果某个经营者出于竞争的目的，不是通过诚实劳动提高自己的商业信誉和竞争能力，而是通过制造谣言的方式损害竞争对手长期建立的商业信誉，在广大购买者不知情的情况下，就有可能使竞争对手遭受难以挽回的巨大损失并扰乱正常的市场竞争秩序。因此《反不正当竞争法》规定："经营者不得捏造、散布虚假事实，损害竞争对手的商业信誉、商业声誉。"

11）通谋招投标的行为

通谋招投标的行为是指投标者和招标者为排挤对手，相互勾结、串通投标，故意抬高或压低标价的不正当竞争行为。所谓招标，就是买方通过公告或寄招标单的形式，说明交易条件，邀请供货人或承包人前来承卖或承包工程的行为。投标是指卖方（供货人或承包人）按招标人的要求，报出竞争条件，争取达成交易的行为。《反不正当竞争法》规定："投标者不得串通投标，抬高标价或者压低标价。投标者和招标者不得相互勾结，以排挤竞争对手的公平竞争。"

4.2.5 不正当竞争行为的监督检查

1）监督检查部门

我国对不正当竞争行为进行的监督检查，分为专门机构的监督检查、其他组织和公民个人进行的社会监督。

《反不正当竞争法》第4条规定："县级以上人民政府履行市场监督管理职责的部门对不正当竞争行为进行查处；法律、行政法规规定由其他部门查处的，依照其规定。”可见，我国对不正当竞争行为进行监督检查的部门主要是县级以上的市场监督管理部门。此外，也包括法律、行政法规规定的有权进行监督检查的其他部门。

监督检查部门的监督检查是法定的行政职责，有别于一切组织和个人对不正当竞争行为进行的社会监督，《反不正当竞争法》第5条规定：“国家鼓励、支持和保护一切组织和个人对不正当竞争行为进行社会监督；同时法律要求国家机关工作人员不得支持、包庇不正当竞争行为。”《反不正当竞争法》第30条规定：“监督检查部门的工作人员滥用职权、玩忽职守、徇私舞弊或者泄露调查过程中知悉的商业秘密的，依法给予处分。”《反不正当竞争法》第31条规定：“违反本法规定，构成犯罪的，依法追究刑事责任。”

2）监督检查部门的职权

县级以上监督检查部门对不正当竞争行为，可以进行监督检查。监督检查部门在监督检查不正当竞争行为时，有权行使下列职权：

（1）询问权

监督检查部门有权按照规定程序询问被检查的经营者、利害关系人、证明人，并要求其提供证明材料或者与不正当竞争行为有关的其他材料，被询问的人应当如实提供。

（2）查询复制权

监督检查部门有权查询、复制与不正当竞争行为有关的协议、账册、单据、文件、记录、业务函电和其他资料。

（3）检查权

监督检查部门有权对与上述的假名冒牌行为有关的财物进行检查，必要时可以责令被检查的经营者说明该商品的来源和数量，也可以责令其暂停销售，听候检查，不得转移、隐匿、销毁该财物。

育德启智4-1

推动会展业高质量发展　打造国际会展之都

在建设国际会展之都的背景下，深圳会展业的高质量发展既要依托城市产业特色，亦要结合互联网时代的环境特点，形成特色化的发展路径。

一、完善三重保障，为会展业夯实发展基础

第一，良好的政策环境有利于展会的引入与培育。早在2005年，深圳就出台了每年2 000万元的会展专项资金政策，2009年将资助额度提高到5 000万元。2023年5月，深圳市商务局官网发布《〈关于建设国际会展之都的若干措施〉实施细则（修订）》，进一步优化各项政策措施的适用对象、申报条件、支持标准等，将重新引进国内外知名品牌展会、培育专业展会、支持本地展会做大做强、支持展会参加认定认证、支持举办国际性会议、支持组团参加市外国内展会等六大方面给予“真金白银”的扶持和奖励。以上举措充分说明深圳对会展业的高度支持，并且通过政策的不断调整，更好地实现公平与效率的平衡。

除了资金支持外，深圳还应该健全会展业监管体系。制定行业标准和市场规范，规范行业行为，维护公平竞争；协调各方关系，维护各方合法权益；注重知识产权保护，维护市场秩序，促进有序竞争。此外，要构建畅通高效的物流网络，打造联通国际、覆盖全国、服务区域的对外物流枢纽，巩固世界级集装箱枢纽港地位，为展品流动提供便利条件。

第二，完善的设施设备为会展业高质量发展提供基础条件。在办展硬件条件方面，深圳具备国际一流的通信、物流、机场、港口等基础设施。目前深圳会展场馆主要为深圳国际会展中心、深圳会展中心。深圳国际会展中心是深圳市政府投资建设的重大项目，是集展览、会议、活动（赛事、演艺等）、餐饮、商业等于一体的超大型会展综合体，一期室内展览面积40万平方米，整体建成后室内展览总面积达50万平方米，为展览、会议的举办提供了设备先进的场地空间，随着周边配套设施的进一步完备，将进一步成为深圳大规模展览的承接地。深圳会展中心虽然室内展览面积为10.5万平方米，但位于市中心优越的地理位置，这意味着更加便捷、高效的服务配置，高端住宿、餐饮、购物等设施设备齐全。为促进会展业的发展，未来应该形成多元化的会展场馆体系，实现空间布局合理化、功能定位特色化。

第三，专业的组织服务是会展业高质量发展的必备条件。其一，人文关怀是会展服务设计的新趋向，体现在会展现场设计、餐饮设计、数字网络服务等方面。比如现场设计注重与主题的相符程度，为参与者营造有利于交易和互动的氛围。其二，为到访的展会参与者提供便捷的配套服务。目前，在高交会和文博会期间，参展商、观众及相关人群均可持展览有效证件和免费乘车券通过公共交通到达会展中心。未来可以向更多品牌展会推广，并且可以使用技术手段实现刷证进入，实现展览服务模式的创新。其三，加快会展专业人才的本地化培养与多元化引进。会展业高质量发展需要更具现代化的创新思维、拥有全球化视野的复合型人才队伍。其四，各展会主办方与相关会展服务企业要紧密结合，提供展前、展中、展后的全过程标准化与定制化服务。

二、优化四条路径，推动会展业高质量发展

第一，紧密结合深圳“20+8”产业集群，推动“产业+会展”的深度融合。专业展览会的成功依托于产业基础，同时也会促进相关产业的发展。展览会不仅是聚集产业上、中、下游的重要平台，而且在知识扩散机制下，行业知识得以高效传播，从而促进行业创新。2022年，深圳市围绕以先进制造业为主体的20个战略性新兴产业集群和8大未来产业进行布局，提出“一产业一集群一展会”。在展会主题的选择上，应该围绕深圳“20+8”产业集群战略部署，引进或培育相关产业的品牌展会，结合高品质且具有影响力的会议、论坛等形式，将会展经济的辐射力延伸至各产业上下游企业。深圳会展业的高质量发展应该致力于为产业发展提供更多的展示途径，搭建更好的产品展示、信息传递的平台。

第二，充分发挥市场作用，推动品牌展会的发展。通过加强与UFI、IAEE、ICCA等国际会展组织的沟通交流，推动深圳本地会展企业、展会项目、会展场馆等争取国际机构认证，提升深圳会展业的国际知名度。同时应建立退出机制，培育一批具有深圳特色、服务产业行业发展的展会。增强现有规模展会的国际影响力，比如高交会、文博会、慈展会、国际人才交流大会、海博会、农交会和世界数字农业博览会等，提升专业品牌展会的国际化水平，如安博会、工业展、光博会、家具展、医疗器械展、珠宝展等。此外，还应聚焦战略性新兴产业和未来产业，着重引进和培育国际知名品牌展会项目。

第三，以绿色会展为取向，实现“更可持续”的目标。尽管会展业一直被称为“无烟”产业，但是展会举办产生大量废弃物的事实不容忽视。废弃物所含的有害物质不仅会对环境产生污染，同时也给展会与城市增加了高昂的垃圾处理成本。2021年2月，《国务院关于加快建立健全绿色低碳循环发展经济体系的指导意见》发布，其中明确提出，“推进会展业绿色发展、指导制定行业相关绿色标准、推动办展设施循环使用”。深圳会展业的绿色举措具体可以从绿色展位、绿色展品、绿色出行、绿色场馆等多个方面着手。在绿色展位的搭建方面，对展位搭建从设计方案与材料选取的源头，到展览固体废弃物处理进行全流程的严格控制。为了改善展会期间大量人流与物流产生的交通超负荷运载以及二氧化碳排放问题，鼓励参与者使用公共交通。深圳国际会展中心秉承一流的运营理念，大力推动智慧展馆、绿色展馆、廉洁展馆的发展，持续提升深圳国际会展中心的管理水平和影响力，为其他展馆提供了可行的方法参考。

第四，创新数字技术与展会融合的模式。信息技术、网络技术等科学技术的快速发展为全球展览经济的发展注入了新活力。数字经济与会展经济的交汇融合正成为趋势，大数据将有力推动业态模式和管理服务创新，AI等新技术将赋能会展业高质量发展。具体而言，一是要探索数字技术在会展服务中的应用，比如展馆管理的数字化将推动客商有效对接；二是要研发新型展会解决方案，积极探索“数字+会展+X”“线上+线下”新模式，培育智慧化、创新型特色展会。在数字技术的应用中，要注意甄别不同阶段企业对于数字应用的需求，保障信息安全，推动安全、高效、切实可行的方案运行。

资料来源 靳文敏. 推动会展业高质量发展 打造国际会展之都［EB/OL］.［2023-05-30］. http: //k.sina.com.cn/article_1893278624_70d923a0020014ide.html.

思政元素：高质量发展 制度自信

学有所悟：会展业作为现代服务业的重要组成部分，时空聚集性使其成为扩大内需、促成国内外贸易合作的重要平台，其展览、营销和网络功能联动了相关产业的上下游供应链，成为城市经济发展的重要推动力。品牌影响力较大的会展活动可以为举办城市带来巨大的经济效益，推动周边配套产业的发展，带动城市形象的提升，助力城市营销。党的二十大报告指出：“高质量发展是全面建设社会主义现代化国家的首要任务。”推动经济高质量发展，要注重提升全社会创造力和发展活力，努力实现“更高质量、更有效率、更加公平、更可持续、更为安全”的发展目标。会展业应当发挥好搭建平台、提供服务的功效与作用，围绕上述发展目标进行顶层设计。

知识掌握

第4章
知识掌握
答案提示

1）流转税和所得税各包括哪些税种？

2）违反税法的行为有哪些？

3）试述不正当竞争行为的种类。

知识应用

□ 案例分析

不正当竞争行为侵犯商业秘密

2019年7月至8月，A旅行社以不正当手段诱使B旅行社10余名员工在未办理调动手续的情况下，相继携带工作中使用、保管的客户档案投奔A旅行社。A旅行社为这些人员组建了新机构，并凭借这些人员掌握的客户档案与国外客户联系，致使B旅行社国外客户在一周时间内取消了原预订的2018年8月至12月的旅游团队151个，占原预订团队总数的2/3，减少计划收入2 186.4万元，利润损失达353万元。B旅行社因此请求法院制止A旅行社的不正当竞争行为，要求A旅行社归还其客户档案，赔偿经济损失300万元。

问题：A旅行社的行为是否属于不正当竞争行为？为什么？

□ 实践训练

南方某城市举办夏季商品展销会，某经销公司在展销会上推销凉席。为了销售积压的凉席，收回资金，该公司经理决定用折扣的方法来促销凉席，将凉席价格的10%让利给购买者。恰在此时，某企业招待所的采购员李某来到该公司购买凉席100张。双方经协商达成协议：李某所买凉席货款的10%系该公司给李某的奖励，对于这部分"奖励"双方均不入财务账，库存凉席很快销售一空。

第4章
知识应用
答案提示

问题：请分析上述行为是否属于商业贿赂行为。

第5章

会展知识产权法律法规

学习目标

☆ 了解著作权管理法律制度、专利权管理法律制度和商标管理法律制度；

☆ 明确有关知识产权方面的基本知识；

☆ 熟知专利侵权纠纷解决的途径；

☆ 掌握会展期间的商标管理的主要内容；

☆ 培养学生诚信价值观，引导守正创新意识。

思维导图

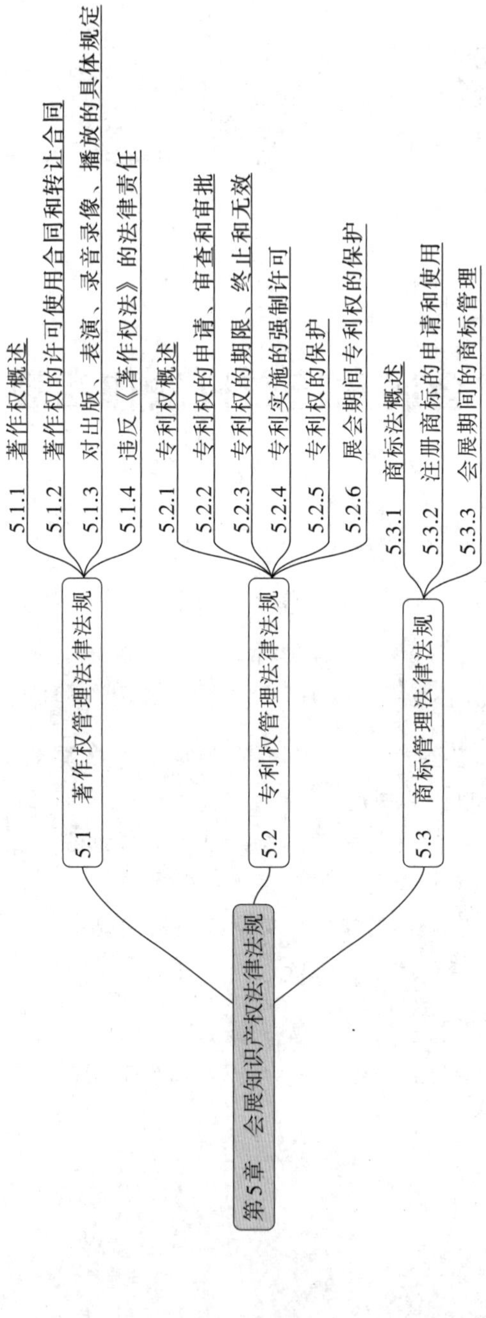

第5章 会展知识产权法律法规
5.1 著作权管理法律法规
5.1.1 著作权概述
5.1.2 著作权的许可使用合同和转让合同
5.1.3 对出版、表演、录音录像、播放的具体规定
5.1.4 违反《著作权法》的法律责任
5.2 专利权管理法律法规
5.2.1 专利权概述
5.2.2 专利权的申请、审查和审批
5.2.3 专利权的期限、终止和无效
5.2.4 专利实施的强制许可
5.2.5 专利权的保护
5.2.6 展会期间专利权的保护
5.3 商标管理法律法规
5.3.1 商标法概述
5.3.2 注册商标的申请和使用
5.3.3 会展期间的商标管理

引 例 **国家知识产权局发布《展会知识产权保护指引》**

2022年7月，国家知识产权局发布了《展会知识产权保护指引》（以下简称《指引》）。

《指引》指出，在展前保护中，展会举办地知识产权管理部门应加强展会知识产权保护宣传，提供知识产权保护法律和相关技术咨询，帮助参展方提升知识产权保护意识。展会举办地知识产权管理部门应对参展合同中知识产权保护相关条款加强指导，推动相关方在约定条款中明确：参展商自觉遵守展会知识产权保护规则的承诺；参展展品、展品包装、展位设计及展位的其他展示部分等参展项目未侵犯他人知识产权的承诺；参展商主动公开参展项目权利证明、配合查验等义务；根据展会知识产权保护工作实际需要约定的其他条款。

《指引》强调，在展中保护中，展会举办地知识产权管理部门应当指导展会主办方建立知识产权信息公示制度，将展会投诉途径、投诉方式等信息予以公布。展会中对涉嫌侵犯知识产权商品或行为的现场投诉，可以由工作站受理。

《指引》提出，对于展后保护及其他管理事项，展会举办地知识产权管理部门可以根据投诉处理情况，将相关材料移送参展商注册地的知识产权管理部门进行处理。展会举办地知识产权管理部门应当指导展会主办方对展会知识产权信息进行统计，对展会知识产权投诉、纠纷处理情况等进行统计，并于展会结束后10个工作日内报送展会举办地知识产权管理部门。

《指引》适用于在境内举办的各类线上线下经济技术贸易展览会、展销会、博览会、交易会、展示会等活动中有关知识产权的保护。

资料来源 佚名. 国家知识产权局发布《展会知识产权保护指引》[EB/OL]. [2022-07-26]. https://www.ssxjd.com/news/20220726/165882731014216.html.

5.1 著作权管理法律法规

5.1.1 著作权概述

1）著作权的保护范围

著作权是法律赋予公民、法人或者其他组织因创作文学、艺术和自然科学、社会科学、工程技术等作品，而在一定时期内所享有的专有权利。1990年9月7日第七届全国人民代表大会常务委员会第十五次会议通过了《中华人民共和国著作权法》（以下简称《著作权法》），根据2020年11月11日第十三届全国人民代表大会常务委员会第二十三次会议《关于修改〈中华人民共和国著作权法〉的决定》第三次修正。该法对著作权的保护范围做了如下规定：

①中国公民、法人或者非法人组织的作品，不论是否发表，依照本法享有著作权。外国人、无国籍人的作品根据其作者所属国或者经常居住地国同中国签订的协议

或者共同参加的国际条约享有的著作权，受本法保护。外国人、无国籍人的作品首先在中国境内出版的，依照本法享有著作权。未与中国签订协议或者共同参加国际条约的国家的作者以及无国籍人的作品首次在中国参加的国际条约的成员国出版的，或者在成员国和非成员国同时出版的，受本法保护。

②《著作权法》所称的作品，是指文学、艺术和科学领域内具有独创性并能以一定形式表现的智力成果，包括：文字作品；口述作品；音乐、戏剧、曲艺、舞蹈、杂技艺术作品；美术、建筑作品；摄影作品；视听作品；工程设计图、产品设计图、地图、示意图等图形作品和模型作品；计算机软件；符合作品特征的其他智力成果。

2）著作权的性质

著作权是权利主体所享有的一种专有民事权利。著作权受保护的主体是依法享有其作品著作权的著作权人。而著作权又分为人身权和财产权。因此，著作权具有“一体两权”的性质。

①著作权具有人身权的性质。由于著作权所指的作品是具有特定身份的当事人的智力成果，所以人身权是基于作品与特定身份的当事人（作者）的身份紧密联系在一起不能分离的，永远属于作者。

②著作权具有财产权的性质。著作权具有财产权的性质是因为作品被社会利用和传播可以给著作权人带来经济利益。著作权的财产权总是与作品被使用的形式联系在一起的，而且多种多样。

根据《著作权法》第10条的规定，著作权包括下列人身权和财产权：

①发表权，即决定作品是否公之于众的权利；

②署名权，即表明作者身份，在作品上署名的权利；

③修改权，即修改或者授权他人修改作品的权利；

④保护作品完整权，即保护作品不受歪曲、篡改的权利；

⑤复制权，即以印刷、复印、拓印、录音、录像、翻录、翻拍、数字化等方式将作品制作一份或者多份的权利；

⑥发行权，即以出售或者赠与方式向公众提供作品的原件或者复制件的权利；

⑦出租权，即有偿许可他人临时使用视听作品、计算机软件的原件或者复制件的权利，计算机软件不是出租的主要标的的除外；

⑧展览权，即公开陈列美术作品、摄影作品的原件或者复制件的权利；

⑨表演权，即公开表演作品，以及用各种手段公开播送作品的表演的权利；

⑩放映权，即通过放映机、幻灯机等技术设备公开再现美术、摄影、视听作品等的权利；

⑪广播权，即以有线或者无线方式公开传播或者转播作品，以及通过扩音器或者其他传送符号、声音、图像的类似工具向公众传播广播的作品的权利，但不包括本款第十二项规定的权利；

⑫信息网络传播权，即以有线或者无线方式向公众提供，使公众可以在其选定的时间和地点获得作品的权利；

⑬摄制权，即以摄制视听作品的方法将作品固定在载体上的权利；
⑭改编权，即改编作品，创作出具有独创性的新作品的权利；
⑮翻译权，即将作品从一种语言文字转换成另一种语言文字的权利；
⑯汇编权，即将作品或者作品的片段通过选择或者编排，汇集成新作品的权利；
⑰应当由著作权人享有的其他权利。

3）著作权的形式

著作权属于作者。创作作品的自然人是作者。由法人或者非法人组织主持，代表法人或者非法人组织的意志创作，并由法人或者非法人组织承担责任的作品，法人或者其他组织视为作者。

改编、翻译、注释、整理已有作品而产生的作品，其著作权由改编、翻译、注释、整理人享有，但行使著作权时不得侵犯原作品的著作权。

两人以上合作创作的作品，著作权由合作作者共同享有。没有参加创作的人，不能成为合作作者。合作作品可以分割使用的，作者对各自创作的部分可以单独享有著作权，但行使著作权时不得侵犯合作作品整体的著作权。

汇编若干作品、作品的片段或者不构成作品的数据或者其他材料，对其内容的选择或者编排体现独创性的作品为汇编作品，其著作权由汇编人享有，但行使著作权时，不得侵犯原作品的著作权。

电影作品和以类似摄制电影的方法创作的作品的著作权由制作者享有，但编剧、导演、摄影、作词、作曲等作者享有署名权，并有权按照与制作者签订的合同获得报酬。电影作品和以类似摄制电影的方法创作的作品中的剧本、音乐等可以单独使用的作品的作者有权单独行使其著作权。

受委托创作的作品，著作权的归属由委托人和受托人通过合同约定。合同未作明确约定或者没有订立合同的，著作权属于受托人。美术等作品原件所有权的转移，不视为作品著作权的转移，但美术作品原件的展览权由原件所有人享有。

行业视窗5-1

如何建设互联网版权新生态　专家学者提出版权保护新方案

2023年6月8日，2023文化强国建设高峰论坛“共建互联网版权新生态分论坛”在深圳举办。

新时代新征程，深入推进文化数字化发展，建设社会主义文化强国，呼唤版权发挥更大作用，特别是以“共建共治共享”为价值理念，加强互联网版权保护与运用，构建健康的互联网版权新生态，为文化数字化高质量发展赋能。一是要优化治理，加强保护。进一步健全版权社会服务体制机制，积极布局推进版权确权、授权和交易机制，挖掘版权市场价值，完善交易规则、保护及服务机制。二是要鼓励创新，激发活力。大力推动数字文艺作品版权的创造、运用、保护、管理和服务。引导鼓励正能量的优秀作品，以版权激发文化创新创造活力。三是要加强研究，前瞻布局。加强对大数据、区块链等新业态、领域版权保护问题的调查研究，提高面向互联网开展版权治理和服务的水平。四是要对外开放，交流合作。统筹推进互联网版权领域的国际合作和竞争，积极参与互联网版权领域国际规则和标准的制定，提出中国方案，贡献中国智慧。

会上，来自数字文化、互联网科技、版权及相关领域的专家学者、企业代表等，围绕互联网版权最前沿理论观点、技术创新与实践应用展示成果、交流经验，以数据确权为基础支撑文化数字化战略，助力培育文化数字化新业态、催生文化消费新场景，为打造自信繁荣的数字文化，推进中国特色社会主义文化建设，建设中华民族现代文明提供互联网版权保护的中国式解决方案。

论坛中，华为云数字人“云笙”与保利数字人“皮克”携手亮相，共同为现场观众赠送了由中国版权保护中心、保利文化集团、华为云专门为本次论坛定制的限量数字纪念品，展示了数字人及数字纪念品在数字空间中拥有的独一无二的“身份标识”——DCI。据了解，DCI作为数字版权唯一标识符描述了数字空间与现实世界一一映射的权属关系，支撑数字空间内数字内容价值进一步释放，助力国家文化数字化战略实施，推动数字文化产业高质量发展。

此次论坛上，中宣部授予南通市、潍坊市、佛山市及长沙市4个城市“全国版权示范城市”称号。全国版权示范城市打造将不断激发文化创新创造活力，让版权助力城市高质量发展，助推人民生活更加美好。

资料来源　温维娜. 如何建设互联网版权新生态 专家学者提出版权保护新方案［EB/OL］.［2023-06-08］. https：//t.cj.sina.com.cn/articles/view/1726918143/66eeadff02001hlnr.

5.1.2　著作权的许可使用合同和转让合同

1）著作权的许可使用合同

使用他人作品应当同著作权人订立许可使用合同。许可使用合同包括下列主要内容：

①许可使用的权利种类；

②许可使用的权利是专有使用权还是非专有使用权；

③许可使用的地域范围、期间；

④付酬标准和办法；

⑤违约责任；

⑥双方认为需要约定的其他内容。

合同中著作权人未明确许可的权利，未经著作权人许可，另一方当事人不得行使。合同的有效期限不超过10年，合同期满可以续订。

2）著作权的转让合同

权利转让合同包括下列主要内容：

①作品的名称；

②转让的权利种类、地域范围；

③转让价金；

④交付转让价金的日期和方式；

⑤违约责任；

⑥双方认为需要约定的其他内容。

5.1.3　对出版、表演、录音录像、播放的具体规定

1）对图书和报刊出版的具体规定

（1）著作权人的权利和义务

著作权人与图书出版者订立出版合同后，有权获得报酬；图书脱销后，图书出版者拒绝重印、再版的，著作权人有权终止合同；著作权人向报社、期刊社投稿的，自稿件发出之日起15日内未收到报社通知决定刊登的，或者自稿件发出之日起30日内未收到期刊社通知决定刊登的，可以将同一作品向其他报社、期刊社投稿，双方另有约定的除外；著作权人应当按照合同约定的期限交付作品。

（2）出版者的权利和义务

图书出版者对著作权人交付出版的作品，按照合同约定享有的专有出版权受法律保护，他人不得出版该作品；出版者有权许可或者禁止他人使用其出版的图书、期刊的版式设计；图书出版者出版图书应当和著作权人订立出版合同，并支付报酬；图书出版者应当按照合同约定的出版质量、期限出版图书；图书出版者不按照合同约定期限出版，应当依照《著作权法》的有关规定承担民事责任；作品刊登后，除著作权人声明不得转载、摘编的外，其他报刊可以转载或者作为文摘、资料刊登，但应当按照规定向著作权人支付报酬；图书出版者经作者许可，可以对作品进行修改、删节，报社、期刊社可以对作品作文字性修改、删节，对内容的修改，应当经作者许可；图书出版者重印、再版作品的，应当通知著作权人，并支付报酬；出版改编、翻译、注释、整理、汇编已有作品而产生的作品，应当取得改编、翻译、注释、整理、汇编作品的著作权人和原作品的著作权人许可，并支付报酬。

这里阐述的权利的保护期为10年，即截止到使用该版式设计的图书、期刊首次出版后第10年的12月31日。

2）对表演的具体规定

使用他人作品演出，表演者（演员、演出单位）应当取得著作权人许可，并支付报酬；演出组织者组织演出，由该组织者取得著作权人许可，并支付报酬；使用改编、翻译、注释、整理已有作品而产生的作品进行演出，应当取得改编、翻译、注释、整理作品的著作权人和原作品的著作权人许可，并支付报酬。

表演者对其表演享有下列权利：

①表明表演者身份；

②保护表演形象不受歪曲；

③许可他人从现场直播和公开传送其现场表演，并获得报酬；

④许可他人录音录像，并获得报酬；

⑤许可他人复制、发行、出租录有其表演的录音录像制品，并获得报酬；

⑥许可他人通过信息网络向公众传播其表演，并获得报酬。

3）对录音录像的具体规定

录音录像制作者使用他人作品制作录音录像制品，应当取得著作权人许可，并支付报酬。录音录像制作者使用改编、翻译、注释、整理已有作品而产生的作品，应当取得改编、翻译、注释、整理作品的著作权人和原作品著作权人许可，并支付报酬。录音制作者使用他人已经合法录制为录音制品的音乐作品制作录音制品，可以不经著作权人许可，但应当按照规定支付报酬；著作权人声明不许使用的不得使用。

录音录像制作者制作录音录像制品，应当同表演者订立合同，并支付报酬。录音录像制作者对其制作的录音录像制品，享有许可他人复制、发行、出租、通过信息网络向公众传播并获得报酬的权利，这一权利的保护期为50年，即截止到该制品首次制作完成后第50年的12月31日。被许可人复制、发行、通过信息网络向公众传播录音录像制品，还应当取得著作权人、表演者许可，并支付报酬。

4）对广播电台、电视台播放的具体规定

广播电台、电视台播放他人未发表的作品，应当取得著作权人许可，并支付报酬；广播电台、电视台播放他人已发表的作品，可以不经著作权人许可，但应当支付报酬；广播电台、电视台播放已经出版的录音制品，可以不经著作权人许可，但应当支付报酬，当事人另有约定的除外。电视台播放他人的电影作品和以类似摄制电影的方法创作的作品、录像制品，应当取得制片者或者录像制作者许可，并支付报酬；播放他人的录像制品，还应当取得著作权人许可，并支付报酬。

广播电台、电视台有权禁止未经其许可的下列行为：将其播放的广播、电视转播；将其播放的广播、电视录制在音像载体上以及复制音像载体；将其插放的广播、电视通过信息网络向公众传播。这一权利的保护期为50年，即截止到该广播、电视首次播放后第50年的12月31日。

以案说法5-1

爱奇艺诉某知名平台短视频侵权案——首例算法推荐生效判决

一段时间以来，短视频平台对影视作品的剪辑、传播的合法性问题引起了广泛社会关注。未经授权剪辑、传播影视作品的行为侵害了作品信息网络传播权并无争议，争议主要集中于推送用户发布侵权视频的短视频平台，是否应当承担侵权责任，是否可以利用“避风港”原则免责。随着数字技术的发展，短视频平台已不再是传统的信息网络空间存储服务提供者，使用者通常都会发现平台App比自己更“懂自己”，原因在于短视频平台的算法推荐服务。

2022年3月，无锡市滨湖区人民法院对北京爱奇艺科技有限公司诉北京某科技有限公司、北京某信息技术有限公司、中国某通信有限公司无锡市分公司侵害作品信息网络传播权纠纷一案做出判决，对短视频平台的算法推荐注意义务，以及提供基础网络接入、自动传输、自动存储的网络服务提供者的侵权责任等进行明确认定，对相关案件的审理具有指导、参考意义。

案情简介

爱奇艺公司诉称：其是知名新媒体平台“爱奇艺”的经营者，享有电视剧《老九门》在境内的独占信息网络传播权。经调查发现，某知名短视频平台APP中存在大量关于电视剧《老九门》的侵权视频片段，该平台明知、应知涉案侵权内容，仍通过各类推荐行为向用户提供涉案侵权视频的在线播放及下载服务。

经查，北京某科技有限公司（以下简称某短视频平台公司）、北京某信息技术有限公司（以下简称某信息技术公司）系短视频APP的经营者，该APP中的涉案侵权视频储存于中国某通信有限公司无锡市分公司（以下简称无锡某通信公司）的网络服务器中。某短视频平台公司、某信息技术公司的上述行为分流了“爱奇艺”平台的观看用户，严重侵害其合法权益。请求判令：第一，某短视频平台公司、某信息技术公司立即删除某短视频平台APP中的被诉侵权视频；第二，无锡某通信公司立即停止侵权，在网络服务器中删除被诉侵权视频；第三，某短视频平台公司、某信息技术公司、无锡某通信公司赔偿经济损失及为制止侵权支付的合理费用共计195万元。

某短视频平台公司辩称：其未实施侵权行为，被诉侵权视频系用户自行上传，其未对视频内容进行编辑。某短视频平台公司日均活跃用户上亿，其作为视频分享平台难以审核海量视频中是否包含作品侵权内容。此外，爱奇艺公司主张的赔偿金额过高。

某信息技术公司辩称：其不是某短视频平台APP的经营者，仅提供信息存储服务，不构成侵权。

无锡某通信公司辩称：其作为网络接入服务提供者，不应当承担“通知+删除”责任，亦无法针对性地删除或断开某些特定视频链接。

裁判结果

法院审理认为：某短视频平台App中出现的《老九门》短视频，并非剧评，而是对电视剧《老九门》的具体情节进行浓缩讲解，已超出合理使用范畴，系侵权视频。无锡某通信公司、某信息技术公司为某短视频平台App中的视频内容提供基础网络接入、自动传输、自动存储，其对被诉侵权行为无主观过错，不应承担共同侵权责任。

某短视频平台公司将各类热播影视作品按照主题、内容主动进行选择、整理、分类推荐，并通过设置视频分类、智能索引、话题编辑等方式推荐涉案侵权视频，虽然侵权视频上传时间多在2020年，但并非处于热播期的影视剧才算“热播影视作品”，电视剧《老九门》具有相当高的知名度，何况国家版权局发布的《2016年度第五批重点作品预警名单》中包括涉案电视剧《老九门》，可认定某短视频平台公司构成“应知”。爱奇艺公司在证据保全公证前已多次通知某短视频平台公司删除涉案侵权作品，并提供初步权属证据与侵权作品明细，某短视频平台公司仍未予以删除，可认定某短视频平台公司构成“明知”。因此，某短视频平台公司存在主观过错，对被诉侵权视频的信息网络传播起到帮助作用，应当承担侵权责任。

以案说法5-1

法律分析

资料来源　江苏省无锡市滨湖区人民法院. 爱奇艺诉某知名平台短视频侵权案——首例算法推荐生效判决［EB/OL］.［2022-09-02］http：//bh.wxfy.gov.cn/article/detail/2022/09/id/6901960.shtml.

问题：如何看待网络平台流媒体的知识产权保护？

5.1.4 违反《著作权法》的法律责任

1）民事责任

有下列侵权行为的，应当根据情况，承担停止侵害、消除影响、赔礼道歉、赔偿损失等民事责任：

①未经著作权人许可，发表其作品的；

②未经合作作者许可，将与他人合作创作的作品当作自己单独创作的作品发表的；

③没有参加创作，为牟取个人名利，在他人作品上署名的；

④歪曲、篡改他人作品的；

⑤剽窃他人作品的；

⑥未经著作权人许可，以展览、摄制视听作品的方法使用作品，或者以改编、翻译、注释等方式使用作品的，《著作权法》另有规定的除外；

⑦使用他人作品，应当支付报酬而未支付的；

⑧未经视听作品、计算机软件、录音录像制品的著作权人、表演者或者录音录像制作者许可，出租其作品或者录音录像制品的原件或者复制件的，本法另有规定的除外；

⑨未经出版者许可，使用其出版的图书、期刊的版式设计的；

⑩未经表演者许可，从现场直播或者公开传送其现场表演，或录制其表演的；

⑪其他侵犯著作权以及与著作权有关的权利的行为。

2）刑事责任

有下列侵权行为的，应当根据情况，承担停止侵害、消除影响、赔礼道歉、赔偿损失等民事责任；同时损害公共利益的，可以由著作权行政管理部门责令停止侵权行为，予以警告，没收违法所得，没收、无害化销毁处理侵权复制品等，并可处以罚款；情节严重的，著作权行政管理部门还可以没收主要用于制作侵权复制品的材料、工具、设备等；构成犯罪的，依法追究刑事责任。

①未经著作权人许可，复制、发行、表演、放映、广播、汇编、通过信息网络向公众传播其作品的，《著作权法》另有规定的除外；

②出版他人享有专有出版权的图书的；

③未经表演者许可，复制、发行录有其表演的录音录像制品，或者通过信息网络向公众传播其表演的，《著作权法》另有规定的除外；

④未经录音录像制作者许可，复制、发行、通过信息网络向公众传播其制作的录音录像制品的，《著作权法》另有规定的除外；

⑤未经许可，播放或者复制广播、电视的，《著作权法》另有规定的除外；

⑥未经著作权人或者与著作权有关的权利人许可，故意避开或者破坏技术措施的，法律、行政法规另有规定的除外；

⑦未经著作权人或者与著作权有关的权利人许可，故意删除或者改变作品、录音

录像制品等的权利管理电子信息的，法律、行政法规另有规定的除外；

⑧制作、出售假冒他人署名的作品的。

此外，侵犯著作权或者与著作权有关的权利的，侵权人应当按照权利人的实际损失给予赔偿；实际损失难以计算的，可以按照侵权人的违法所得给予赔偿。赔偿数额还应当包括权利人为制止侵权行为所支付的合理开支。权利人的实际损失或者侵权人的违法所得不能确定的，由人民法院根据侵权行为的情节，判决给予人民币50万元以下的赔偿。

5.2　专利权管理法律法规

5.2.1　专利权概述

1）专利权的概念

专利权是指国家主管专利的行政部门依法授予发明者在一定时期内对其发明创造拥有的一种专有权或独占权。

现代专利制度要求发明创造者在获取专利之前，必须首先向专利主管机关提出申请，由专利主管机关将该项申请向社会公布。然后，由专利主管机关审查决定是否批准该项申请。申请被批准后，发明创造者就获得该项发明创造的专利，享有专有权或独占权。专利权所有者即为专利权人。

我国为保护发明创造专利权，鼓励发明创造，有利于发明创造的推广应用，促进科学技术进步和创新，适应社会主义现代化建设的需要，于1984年3月12日第六届全国人民代表大会常务委员会第四次会议通过了《中华人民共和国专利法》（以下简称《专利法》），根据2020年10月17日第十三届全国人民代表大会常务委员会第二十二次会议《关于修改〈中华人民共和国专利法〉的决定》第四次修正。依据《专利法》第3条的规定，国务院专利行政部门负责管理全国的专利工作，统一受理和审查专利申请，依法授予专利权；省、自治区、直辖市人民政府管理专利工作的部门负责本行政区域内的专利管理工作。

2）专利权的种类

专利权中的发明创造是指发明、实用新型和外观设计，因此专利可以分为发明专利、实用新型专利和外观设计专利三类。其中前两类为技术类专利，后一类为装饰类专利。

发明是指对产品和制造方法所提出的一种技术上的新解决方案，它是利用自然法则在技术思想上的高度创造。需要指出的是，利用自然法则才算发明，发现自然法则则不能作为发明，所以科学发现不能作为发明而申请专利。发明分为：物的发明，如一件新的产品、机器、设备等；方法的发明，如一种新的制造方法和测试方法等。

实用新型是指对产品的形状、构成或其组合做出革新设计。从实质上说它也是一种发明，只是技术要求比发明低，研究方法简单些，而且实用新型专利指的产品形状，是指产品所具有的、可以从外部观察到的确定的空间形状。无确定形状的产品，如气态、液态、粉末状、颗粒状的物质或材料，其形状不能作为实用新型产品的形状特征。

外观设计专利是指对产品的形状、图案、色彩或其结合所做出的具有美感并适于工业上应用的新设计的专利。外观设计专利与发明专利、实用新型专利的区别，在于它只涉及产品的外表，不涉及制造技术。

3）专利权的特点

专利权是一种无形财产，其特点主要表现在以下三个方面：

（1）独占性

专利权是一项独占权，对于同一发明只能授予一个专利，而不能授予几个专利，这是专利权最重要和最本质的特征。在实践中往往有这种情况，同一发明是由两个或两个以上的人分别独立完成的，他们都提出了各自的专利申请，这就产生了应将此项发明的专利权授予谁的问题。对此，目前世界上大多数国家都采取谁先申请谁先获得的原则，即“先申请原则”。我国也采用这一原则。专利权的独占性还表现在只有专利权人才有权享用该项权利，其他人如欲使用，必须事先获得专利权人的同意，否则就构成侵权行为。

（2）地域性

专利权是一种有地域范围限制的权利，技术发明在哪个国家申请专利即由哪个国家授予专利权，而且只在授予的国家内有效，在其他未获得该项权利的国家内无效。

（3）时间性

专利权是一种有时间性的权利。各国专利法均对专利的保护期限做出了明确规定，一般规定为10～20年，因国家不同而异。保护期限届满，原则上不得要求延长。保护期限一过，该项专利即成为社会公共财产，任何国家、任何人都可以自由使用，原专利权人不得干预。

4）取得专利权的条件

授予专利的发明或者实用新型，必须同时具备新颖性、创造性和实用性。

新颖性，是指在申请日以前没有同样的发明或者实用新型在国内外出版物上公开发表过、在国内公开使用过或者以其他方式为公众所知，也没有同样的发明或者实用新型由他人向国务院专利行政部门提出过申请并且记载在申请日以后公布的专利申请文件中。但是，申请专利的发明创造在申请日以前6个月内，有下列情形之一的，不丧失新颖性：①在中国政府主办或者承认的国际展览会上首次展出的；②在规定的学术会议或者技术会议上首次发表的；③他人未经申请人同意而泄漏其内容的。

创造性，是指与现有技术相比，该发明或实用新型具有突出的实质性特点与显著的进步。

实用性，是指该发明或者实用新型能够制造或者使用，并且能够产生积极效果。实用性应该具备三个特征：①可实施性，即该发明不能是纯理论的，它应该是某个技术问题的具体解决方案；②再现性，即该发明能够为所属技术领域的普通技术人员无数次地反复实施，具有多次再现的可能性；③有益性，即该发明能够产生有益的社会效果，对社会的发展、技术的进步或公众的利益具有积极的实际意义。

5.2.2　专利权的申请、审查和审批

1）专利权的申请

（1）申请专利权需要递交的资料

申请发明或者实用新型专利的，应当提交请求书、说明书及其摘要和权利要求书等文件。

请求书应当写明发明或者实用新型的名称，发明人或者设计人的姓名，申请人姓名或者名称、地址以及其他事项。

说明书应当对发明或者实用新型做出清楚、完整的说明，以所属技术领域的技术人员能够实现为准，必要的时候，应当有附图。摘要应当简要说明发明或者实用新型的技术要点。

权利要求书应当以说明书为依据，说明要求专利保护的范围。

申请外观设计专利的，应当提交请求书以及该外观设计的图片或者照片等文件，并且应当写明使用该外观设计的产品及其所属的类别。

（2）对申请专利优先权的规定

申请人自发明或者实用新型在外国第一次提出专利申请之日起12个月内，或者自外观设计在外国第一次提出专利申请之日起6个月内，又在中国就相同主题提出专利申请的，依照该国同中国签订的协议、共同参加的国际条约或者依照相互承认优先权的原则，可以享有优先权；申请人自发明或者实用新型在中国第一次提出专利申请之日起12个月内，又向国务院专利行政部门就相同主题提出专利申请的，可以享有优先权。

申请人要求优先权的，应当在申请的时候提出书面声明，并且在3个月内提交第一次提出的专利申请文件的副本；未提出书面声明或者逾期未提交专利申请文件副本的，视为未要求优先权。

2）专利申请的审查

（1）初步审查

国务院专利行政部门收到发明专利申请后，经初步审查认为符合《专利法》要求的，自申请之日起满18个月，即行公布。国务院专利行政部门可以根据申请人的请求早日公布其申请。

（2）实质审查

发明专利申请自申请之日起3年内，国务院专利行政部门可以根据申请人提出的请求，对其申请进行实质审查；国务院专利行政部门认为必要的时候，可以自行对发明专利申请进行实质审查。

申请人无正当理由逾期不请求实质审查的，该申请即被视为撤回。发明专利的申请人请求实质审查的时候，应当提交在申请日前与其发明有关的参考资料。

发明专利已经在外国提出过申请的，国务院专利行政部门可以要求申请人在指定

期限内提交该国为审查其申请进行检索的资料或者审查结果的资料；无正当理由逾期不提交的，该申请即被视为撤回。

国务院专利行政部门对发明专利申请进行实质审查后，认为不符合《专利法》规定的，应当通知申请人，要求其在指定的期限内陈述意见，或者对其申请进行修改；无正当理由逾期不答复的，该申请即被视为撤回；发明专利申请经申请人陈述意见或者进行修改后，国务院专利行政部门仍然认为不符合法律规定的，应当予以驳回。

3）专利申请的审批

发明专利申请经实质审查没有驳回理由的，由国务院专利行政部门做出授予发明专利权的决定，发给发明专利证书，同时予以登记和公告。发明专利权自公告之日起生效。实用新型和外观设计专利申请经初步审查没有发现驳回理由的，由国务院专利行政部门做出授予实用新型专利权或者外观设计专利权的决定，发给相应的专利证书，同时予以登记和公告。实用新型专利权和外观设计专利权自公告之日起生效。国务院专利行政部门设立专利复审委员会。专利申请人对国务院专利行政部门驳回申请的决定不服的，可以自收到通知之日起3个月内，向专利复审委员会请求复审。专利复审委员会复审后，做出决定，并通知专利申请人。

行业视窗5-2

中国国际专利申请量保持全球第一

世界知识产权组织发布的2020年国际专利、国际商标和设计体系报告显示，中国仍然保持世界知识产权组织《专利合作条约》（PCT）体系“国际专利申请年度最大用户位置”，即国际专利申请量最多的国家。

通过世界知识产权组织《专利合作条约》（PCT）体系提交的国际专利申请量，是衡量全球创新活动广泛使用的指标之一。2020年，尽管全球GDP下降3.5%，但PCT体系国际专利申请量仍增长了4%，达到27.59万件，数量创历史新高。同时，PCT体系国际专利申请的长期趋势显示，创新活动日趋全球化，其中亚洲占所有PCT申请量的53.7%，而10年前这一比例仅为35.7%。

2020年，PCT体系两大主要用户中国和美国的申请量均实现年度增长。其中，中国的申请量达68 720件，同比增长16.1%，继续位居PCT体系最大用户位置；紧随其后的是美国，申请量达59 230件，同比增长3%；日本申请量为50 520件，同比下降4.1%；韩国申请量为20 060件，同比增长5.2%；德国申请量为18 643件，同比下降3.7%。还有一些国家的国际专利申请量增长强劲，包括沙特（956件，同比增长73.2%）、马来西亚（255件，同比增长26.2%）、智利（262件，同比增长17%）、新加坡（1 278件，同比增长14.9%）和巴西（697件，同比增长8.4%）。

商标申请往往意味着推出新的商品与服务，目前两者的进展放缓。2020年，世界知识产权组织国际商标注册体系国际商标申请量出现“预料之中的下降”，降幅为0.6%，数量降至63 800件。这是自2008年国际金融危机以来的首次下滑。

2020年，工业品外观设计需求量同比下滑15%，减至18 580项。这是自2006年以来的首次下滑。

全球对知识产权的需求有助于创新者和企业将其创意推向市场，而且这一需求大致与全球经济表现同步。过去10年间，世界知识产权组织全球知识产权服务使用量尤其是PCT使用量持续增长，增长势头已超过全球GDP的增长。

2020年，华为技术有限公司以5 464件申请量连续第四年成为PCT体系申请量最大的申请人。位居其后的是韩国三星电子（3 093件）、日本三菱电机株式会社（2 810件）、韩国LG电子公司（2 759件）以及美国高通公司（2 173件）。

在教育机构中，2020年，加利福尼亚大学以559件申请量继续居申请人榜首。麻省理工学院（269件）位列第二，其后是深圳大学（252件）、清华大学（231件）以及浙江大学（209件）。上榜的前10所高校中，有5所来自中国，4所来自美国，1所来自日本。

在技术领域，计算机技术在PCT申请中占比最大（9.2%），其次是数字通信（8.3%）、医疗技术（6.6%）、电气机械（6.6%）和测量（4.8%）。2020年，在排名前十的技术中，有6项技术出现两位数增长，其中音像技术的增速最快，同比增长29.5%。

2020年，世界知识产权组织国际商标注册体系来自美国的申请人提交的国际商标申请量最大（10 005件），其次是德国（7 334件）、中国（7 075件）、法国（3 716件）和英国（3 679件）。在申请人前十大来源地中，中国是唯一出现两位数增长的国家（同比增长16.4%）。英国和意大利亦有显著增长。

2020年，世界知识产权组织国际注册体系保护工业品外观设计申请量大幅减少。德国以3 666项外观设计的成绩继续占据该体系最大用户位置。排在其后的是美国（2 211项）、瑞士（1 994项）、韩国（1 669项）和意大利（1 231项）。在前十大原属国中，美国、土耳其和中国是仅有的3个申请量正增长的国家，同比增幅分别为62.7%、34.7%和22.7%。韩国的三星电子以859项外观设计连续第四年占据申请人榜首，其次是美国宝洁公司（623项）、荷兰Fonkel Meubelmarketing公司（569项）、德国大众（524项）和中国的北京小米移动软件有限公司（516项）。这是中国企业首次跻身前五名申请人之列。

资料来源　杨海泉．中国国际专利申请量保持全球第一［EB/OL］．［2021-03-03］．https：//www.gov.cn/xinwen/2021-03/03/content_5589856.htm.

5.2.3 专利权的期限、终止和无效

1）专利权的期限

发明专利权的期限为20年，实用新型专利权和外观设计专利权的期限为10年，均自申请日起计算。专利权人应当自被授予专利权的当年开始缴纳年费。

2）专利权的终止

有下列情形之一的，专利权在期限届满前终止：

①没有按照规定缴纳年费的；

②专利权人以书面声明放弃其专利权的。

专利权在期限届满前终止的，由国务院专利行政部门登记和公告。

3）专利权的无效

自国务院专利行政部门公告授予专利权之日起，任何单位或者个人认为该专利权的授予不符合法律有关规定的，可以请求专利复审委员会宣告该专利权无效。

专利复审委员会对宣告专利权无效的请求应当及时审查和做出决定，并通知请求人和专利权人。宣告专利权无效的决定，由国务院专利行政部门登记和公告。对专利复审委员会宣告专利权无效或者维持专利权的决定不服的，可以自收到通知之日起3个月内向人民法院起诉。人民法院应当通知宣告无效请求程序的对方当事人作为第三人参加诉讼。

宣告无效的专利权视为自始即不存在。

5.2.4 专利实施的强制许可

1）实施强制许可的条件

具备实施条件的单位以合理的条件请求发明或者实用新型专利权人许可实施其专利，而未能在合理的时间内获得这种许可时，国务院专利行政部门根据该单位的申请，可以给予其实施该发明专利或者实用新型专利的强制许可。在国家出现紧急状态或者非常情况时，或者为了公共利益的目的，国务院专利行政部门可以给予实施发明专利或者实用新型专利的强制许可。

一项取得专利权的发明或者实用新型比以前已经取得专利权的发明或者实用新型具有显著经济意义的重大技术进步，其实施又有赖于前一发明或者实用新型的实施的，国务院专利行政部门根据后一专利权人的申请，可以给予实施前一发明或者实用新型的强制许可；根据前一专利权人的申请，也可以给予实施后一发明或者实用新型的强制许可。

2）强制许可的实施

申请实施强制许可的单位或者个人，应当提出未能以合理条件与专利权人签订实施许可合同的证明。

国务院专利行政部门做出的给予实施强制许可的决定，应当及时通知专利权人，并予以登记和公告。

给予实施强制许可的决定，应当根据强制许可的理由规定实施的范围和时间。强制许可的理由消除并不再发生时，国务院专利行政部门应当根据专利权人的请求，经审查后做出终止实施强制许可的决定。

取得实施强制许可的单位或者个人不享有独占的实施权，并且无权允许他人实施；应当付给专利权人合理的使用费，其数额由双方协商；双方不能达成协议的，由国务院专利行政部门裁决。

育德启智5-1

加强知识产权保护

2022年2月4日至20日，北京2022年冬奥会成功举办。北京冬奥会不仅创造了中国冰雪运动的历史最佳战绩，更孕育了伟大的北京冬奥精神。加强特殊标志、官方标志、奥林匹克标志保护，中国在北京冬奥会期间对知识产权的保护卓有成效。市场监管总局等多部门坚持行政执法、司法保护和教育引导相结合，强化线上线下监管执法，有效形成了协调联动、整体合力，助推北京冬奥会、冬残奥会成功举办。

2022年4月26日，正值第22个世界知识产权日，全国打击侵权假冒工作领导小组办公室主任、市场监管总局副局长甘霖向媒体表示，2022年中国知识产权保护显著增强，营商环境优化持续发力，各项工作都取得了新进展。

从国际上看，世界经济在动荡起伏中艰难复苏，营商环境在利益纷争中出现分化，科技创新也越来越成为国际发展的战略重点；从国内看，"十四五"经济社会发展实现了良好开局，知识产权事业加速推进，创造、运用、保护、管理、服务能力稳步提高。"放管服"改革深入推进，市场主体活力有效激发。

2022年11月5日，第5届中国国际进口博览会"保护知识产权　打击侵权假冒国际合作"虹桥分论坛在上海国家会展中心举办。会上，国家市场监督管理总局党组成员、副局长蒲淳做主旨发言："中国政府注重创新驱动，坚持依法治理，持续强化重点整治，大力推进社会共治，不断深化国际合作，有效打造市场化、法治化、国际化营商环境，取得积极成效。中国将大力推进知识产权强国建设，积极参与全球知识产权治理，严厉打击侵权假冒违法行为，加强与世界各国协作，携手开创知识产权保护新局面。"

一年来，全国市场监管系统强化统筹协调，加大知识产权保护力度，严厉打击侵权假冒，切实维护中外权利人合法权益，努力营造市场化、法治化、国际化营商环境。2022年11月10日，全国打击侵权假冒工作领导小组办公室组织开展2022年全国侵权假冒伪劣商品统一销毁行动。"本次统一销毁行动，是深入贯彻落实党的二十大精神的务实举措，是推动高质量发展、绿色发展，增进民生福祉的一次有力实践，彰显了中国政府强化知识产权保护的坚定决心和鲜明态度。"甘霖在广西壮族自治区北海市分会场参加销毁活动时表示。

2022年11月11日，市场监管总局、国家知识产权局印发通知，联合开展商标代理行业专项整治行动，广泛摸排违法线索、加大案件查办力度、强化日常监督检查、做好信息归集利用，依法查处一批违法代理案件，曝光一批违法代理机构，营造风清气正的商标代理行业环境，更好地服务知识产权强国建设和经济社会高质量发展。2022年11月28日，市场监管总局等5部门联合印发《关于加强知识产权鉴定工作衔接的意见》，就全面贯彻党的二十大精神，加强知识产权法治保障，进一步深化知识产权管理执法部门与司法机关在知识产权鉴定工作中的合作等明确了具体措施。

资料来源　徐建华，贾润梅. 创造与保护齐飞　质量共创新一色——全国市场监管系统加快建设“两个强国”更好服务我国发展方式和动力变革［EB/OL］.［2023-01-09］. https：//www.cqn.com.cn/qt/content/2023-01/09/content_8897625.htm.

思政元素：法治意识　创新精神

学有所悟：保护知识产权就是保护创新，党中央、国务院历来高度重视知识产权。党的十八大以来，以习近平同志为核心的党中央多次对知识产权保护工作做出重大部署，并明确提出要加强知识产权保护。党的二十大报告中也提及加强知识产权保护，这是推动提升我国经济质量效益和核心竞争力、激发全社会创新活力的重大战略部署。

5.2.5　专利权的保护

1）专利权的保护范围

发明或者实用新型专利权的保护范围以其权利要求的内容为准，说明书及附图可以用来解释权利要求。

外观设计专利权的保护范围以表示在图片或者照片中的该外观设计专利产品为准。

2）侵犯专利权的行为及其法律责任

（1）假冒专利

假冒专利的，除依法承担民事责任外，由管理专利工作的部门责令改正并予公告，没收违法所得，可以并处违法所得5倍以下的罚款，没有违法所得的，可以处人民币5万元以下的罚款；构成犯罪的，依法追究刑事责任。

（2）冒充专利产品、专利方法

以非专利产品冒充专利产品、以非专利方法冒充专利方法的，由管理专利工作的部门责令改正并予以公告，可以处人民币5万元以下的罚款。

3）侵犯专利权的诉讼时效

发明专利申请公布后至专利权授予前使用该发明未支付适当使用费的，专利权人要求支付使用费的诉讼时效为3年，自专利权人知道或者应当知道他人使用其发明之日起计算，但是专利权人于专利权授予之日前即已知道或者应当知道的，自专利权授予之日起计算。

4）专利侵权纠纷的解决途径

未经专利权人许可，实施其专利，即侵犯其专利权，引起纠纷的，由当事人协商解决；不愿协商或者协商不成的，专利权人或者利害关系人可以向人民法院起诉，也可以请求管理专利工作的部门处理。管理专利工作的部门处理时，认定侵权行为成立的，可以责令侵权人立即停止侵权行为，当事人不服的，可以自收到处理通知之日起15日内依照《中华人民共和国行政诉讼法》向人民法院起诉；侵权人期满不起诉又不停止侵权行为的，管理专利工作的部门可以申请人民法院强制执行。进行处理的，管理专利工作的部门应当事人的请求，可以就侵犯专利权的赔偿数额进行调解；调解不成的，当事人可以依照《中华人民共和国民事诉讼法》向人民法院起诉。

专利侵权纠纷涉及新产品制造方法的发明专利的，制造同样产品的单位或者个人应当提供其产品制造方法不同于专利方法的证明；涉及实用新型专利的，人民法院或者管理专利工作的部门可以要求专利权人出具由国务院专利行政部门做出的检索报告。

侵犯专利权的赔偿数额，按照权利人因被侵权所受到的损失或者侵权人因侵权所获得的利益确定；权利人的损失或者侵权人获得的利益难以确定的，参照该专利许可使用费的倍数合理确定。专利权人或者利害关系人有证据证明他人正在实施或者即将实施侵犯其专利权、妨碍其实现权利的行为，如不及时制止将会使其合法权益受到难以弥补的损害的，可以在起诉前向人民法院申请采取责令停止有关行为和财产保全的措施。

5.2.6　展会期间专利权的保护

2006年发布的《展会知识产权保护办法》第3章第16、17、18条规定了展会期间的专利权保护问题，主要内容如下：

展会投诉机构需要地方知识产权局协助的，地方知识产权局应当积极配合，参与展会知识产权保护工作。地方知识产权局在展会期间的工作可以包括：

①接受展会投诉机构移交的关于涉嫌侵犯专利权的投诉，依照专利法律法规的有关规定进行处理；

②受理展出项目涉嫌侵犯专利权的专利侵权纠纷处理请求，依照《专利法》第57条的规定进行处理；

③受理展出项目涉嫌假冒他人专利和冒充专利的举报，或者依职权查处展出项目中假冒他人专利和冒充专利的行为，依据《专利法》第58条和第59条的规定进行处罚。

有下列情形之一的，地方知识产权局对侵犯专利权的投诉或者处理请求不予受理：

①投诉人或者请求人已经向人民法院提起专利侵权诉讼的；

②专利权正处于无效宣告请求程序之中的；

③专利权存在权属纠纷，正处于人民法院的审理程序或者管理专利工作的部门的调解程序之中的；

④专利权已经终止，专利权人正在办理权利恢复的。

地方知识产权局在通知被投诉人或者被请求人时，可以即行调查取证，查阅、复制与案件有关的文件，询问当事人，采用拍照、摄像等方式进行现场勘验，也可以抽样取证。

地方知识产权局收集证据应当制作笔录，由承办人员、被调查取证的当事人签名盖章。被调查取证的当事人拒绝签名盖章的，应当在笔录上注明原因；有其他人在现场的，也可同时由其他人签名。

2022年7月20日，国家知识产权局发布了《展会知识产权保护指引》，对在中华人民共和国境内举办的各类线上线下经济技术贸易展览会、展销会、博览会、交易会、展示会等活动中有关知识产权的保护做了进一步规定。

以案说法 5-2

厦门局进驻展会开展知识产权保护工作

厦门市知识产权局进驻2018中国厦门国际佛事用品（春季）展览会开展知识产权保护工作，中国（厦门）知识产权维权援助中心为参展商及观众提供了专利咨询、知识产权维权援助与举报投诉服务。

展会期间，厦门市知识产权局、中国（厦门）知识产权维权援助中心共派出30人次进驻展会联合执法检查，共检查相关展台100多家，为多个参展商提供了知识产权侵权判定咨询服务，现场纠正20多起专利标注不规范行为。中国（厦门）知识产权维权援助中心人员现场为参展商与相关权利人宣传普及知识产权法律及相关专利知识，讲解相关政策，发放《厦门市展会知识产权保护办法》《专利标识标注办法》《专利侵权纠纷解决方式》等宣传资料200多份。

以案说法 5-2

法律分析

厦门市知识产权局与维权援助中心联合举办的执法维权与宣传咨询服务，有效提升了参展商和展会的知识产权保护意识。

资料来源　徐卫忠．厦门局进驻展会开展知识产权保护工作［EB/OL］．［2018-05-23］．http：//www.ndwww.cn/2018/0524/85320.shtml.

问题：知识产权保护部门如何加强展会知识产权保护工作？

5.3　商标管理法律法规

5.3.1　商标法概述

1）商标的概念

商标是商品的生产者或者经营者在其生产、加工或者销售的商品上以文字、图形、字母、数字、三维标志和颜色组合等所制作的一种标记，以此证明该商品的特定身份并区别于其他商品。为加强商标管理，保护商标专用权，促进生产者保证商品质量和维护商标信誉，保护消费者的利益，促进社会主义商品经济的发展，1982年8月23日，第五届全国人民代表大会常务委员会第二十四次会议通过了《中华人民共和国商标法》（以下简称《商标法》），并分别于1993年、2001年、2013年、2019年进行了修正。

2）商标的种类

商标分为商品商标和服务商标两大类，集体商标和证明商标是这两大类商标中具有特殊作用的商标。

商品商标是指自然人、法人或者其他组织对其生产、制造、加工、拣选或者经销的商品经申请注册后，在该种商品上使用的标志。

服务商标是指自然人、法人或者其他组织对其提供的服务项目，经申请注册取得的一种标志。

集体商标，是指以团体、协会或者其他组织名义注册，供该组织成员在商事活动中使用，以表明使用者在该组织中的成员资格的标志。

证明商标是指由对某种商品或者服务具有监督能力的组织所控制，而由该组织以外的单位或者个人使用于其商品或者服务，用以证明该商品或者服务原产地、原料、制造方法、质量或者其他特定品质的标志。证明商标在我国已经有多种形式，如长城标志、方圆标志、绿色食品标志等。

《商标法》所称集体商标、证明商标注册和管理的特殊事项，由国家市场监督管理部门规定。

3）商标的作用

商标的要点是企业向消费者提供的一组特定的利益和服务。一个好的品牌传达质量的保证，同时传达产品的属性、利益、价值、文化、个性和使用者六方面的内容。当今社会，建立品牌已经变得越来越重要，以至于几乎没有无牌产品。

商标的最基本作用是区分同种商品或服务的不同提供者，以表明提供者的责任。具体来说，商标的作用是：

①有助于消费者建立消费偏好。不同企业所提供的产品和服务必然存在某种差异性，而且不同的消费者对这些产品和服务的喜好程度是不同的。如果没有商标或者商标决策不当，消费者就无法识别，不能根据自己的偏好有针对性地进行购买，就会影响消费效果，尤其是会展服务，既不能维修，也不能更换。而如果作好商标决策，消费者就能依据对商标的理解选择自己喜好的产品和服务，一旦享受到满意的产品和服务，就会吸引其重复购买，从而建立固定的消费偏好。商标为消费者提供质量信息，经常购买同一种品牌的消费者知道他们每次都能买到相同质量的产品。

②有助于促销手段的实施。企业的营销人员依据商标的特征确定消费群体，针对目标消费群体的特征确定宣传促销策略，以利于促销手段的实施，提高促销效果。同时，促销效果的提高又促进了消费者消费偏好的建立。消费者建立了消费偏好以后，就能够形成稳定的市场，这时企业可以适当减少促销投入，节约资金。

③促使产品质量的提高。商标把不同企业生产的产品区别开来，成为消费者购买的主要依据，促使企业建设、维护自己的商标，以促进销售，而好的品牌需要质量作保证。

④给企业带来的其他利益。从表面上看，商标所区分的是同类商品或服务的不同生产者、经营者，实质是同类商品或服务的不同质量。因此，商标是表示某种商品或服务质量的重要标志，有利于减少假冒他人商标的行为，从而减少消费者利益受到侵害的情况，同时，也减少了对生产、经营者合法利益的侵害的行为。一旦生产者、经营者认真维护自己所拥有的商标的信誉，消费者的利益就有了可靠的保障，而保护好

商标专用权，减少假冒商标，也就保护了生产者、经营者的利益。

4）商标的管理

依据《商标法》的规定，商标局是商标注册和管理的主管机关。

商标具有专用权，商标的专用权也就是商标所有人对于经注册后的商标在确定的商品上专门使用该商标的权利，其他任何单位和个人不得侵犯这一确定的权利。对商标专用权的保护的途径为司法保护和行政保护并行的“双轨制”，即人民法院和市场监督管理部门均有权查处商标侵权行为。

经商标局核准注册的商标包括商品商标、服务商标和集体商标、证明商标。商标注册人享有商标专用权，受法律保护。

5.3.2 注册商标的申请和使用

1）注册商标的申请

注册商标，是指欲取得商标专用权的人依照法律的规定向商标主管机关提出商标注册申请，商标主管机关依照法律规定的条件和程序，对所申请的商标进行审查后准予注册并予以公告的商标。

申请商标注册的，应当按规定的商品分类表填报使用商标的商品类别和商品名称。商标注册申请人在不同类别的商品上申请注册同一商标的，应当按商品分类表提出注册申请。注册商标需要在同一类的其他商品上使用的，应当另行提出注册申请。注册商标需要变更注册人的名义、地址或者其他注册事项的，应当提出变更申请。商标注册申请人自其商标在外国第一次提出商标注册申请之日起6个月内，又在中国就相同商品以同一商标提出商标注册申请的，依照该外国同中国签订的协议、共同参加的国际条约，或者按照相互承认优先权的原则，可以享有优先权。要求优先权的，应当在提出商标注册申请的时候提出书面声明，并且在3个月内提交第一次提出的商标注册申请文件的副本，未提出书面声明或者逾期未提交商标注册申请文件副本的，视为未要求优先权。

在商标注册申请的过程中，申请人必须遵循一定的基本原则。商标注册申请的原则主要有：

（1）自愿原则

自愿原则又称自愿注册原则、商标自愿注册原则，是指商标所有人对其所有的商标是否申请注册，由其自己根据情况自行决定。自愿原则包含两层意义：一是商标是否需要注册，由商标所有人自己决定；二是商标主管机关只能就商标所有人提出注册申请的商标依法进行审核，依法决定是否准予注册，而不能主动给没有提出注册申请的商标进行注册。

商标是否注册由商品的生产者或者服务项目的经营者自己决定。如果商标的拥有者想使其所使用的商标获得法律上的保护，就需要向国家知识产权局提出将其商标进行注册的申请，继而取得该项商标的专用权。但是，某些商品直接影响着人们的身体健康甚至生命安全，或者影响着国家的利益，因此需要实施强制注册。我国目前要求强制注册的商品有两类：一类是人用药品；另一类是烟草制品。这两类商品国家规定必须使用注册商标，必须申请商标注册，未经核准注册的，不得在市场上销售。

（2）申请在先原则

申请在先原则又称商标注册原则，是指两个或者两个以上相同或者相近似的商标都提出了注册的申请，只给申请在先的商标予以注册。申请在先原则是目前绝大多数大陆法系国家商标法律制度中规定的一项原则，我国商标法的基本原则是注册原则，商标权的取得来自注册。《商标法》规定：申请注册的商标，凡符合本法有关规定的，由商标局初步审定，予以公告。两个或者两个以上的商标注册申请人，在同一种商品或者类似商品上，以相同或近似的商标申请注册的，初步审定并公告申请在先的商标；同一天申请的，初步审定并公告使用在先的商标，驳回其他人的申请。采用申请在先原则，在认定权利时有比较容易查明和判定的标准，即申请日期，有利于更好地保护商标所有人的利益。

与申请在先原则相对应，有的国家采用使用在先的原则，即商标通过使用即可产生权利，在其使用的范围内，其他人不经使用人同意，不得在该范围内使用与其商标相同或近似的商标。使用原则突出了商品经营者对商标的实际使用并且可以公平地确定权利的归属。但是，在认定权利时会遇到较多的困难，不利于解决权利纠纷，由使用所获得的权利，其专用程度也往往低于注册产生的权利。

此外，还有的国家采用混合原则，即商品经过注册以后，在一定的期限内，该注册商标的在先使用人可以依法提出撤销该商标注册的申请。

2）注册商标的使用

商标注册并通过初步审定后，予以公告，自公告之日起3个月内无异议的，可以获得商标注册证，享有该商标的专用权。

（1）注册商标的续展、转让和使用许可

商标权的保护有地域、期限上的规定。商标权只有在获得商标权的国家区域内才受该国法律的保护，超出该区域范围则不受法律保护。《商标法》规定：注册商标的有效期为10年，自核准注册之日起计算。有效期满，需要继续使用的，应当在期满前12个月内申请续展注册；未提出申请的，给予6个月的宽展期，宽展期内仍未提出申请的，注销其注册商标。每次续展注册的有效期为10年。

转让注册商标的，转让人和受让人应当签订转让协议，并共同向商标局提出申请。受让人应当保证使用该注册商标的商品质量。转让注册商标经核准后，予以公告，受让人自公告之日起享有商标专用权。

商标注册人可以通过签订商标使用许可合同，许可他人使用注册商标。许可人应当监督被许可人使用其注册商标的商品质量。被许可人应当保证使用该注册商标的商品质量。经许可使用他人注册商标的，必须在使用该注册商标的商品上标明被许可人的名称和商标产地。商标使用许可合同应当报商标局备案。

（2）商标使用的管理

使用注册商标，有下列行为之一的，由知识产权局责令限期改正或者撤销其注册商标：①自行改变注册商标的；②自行改变注册商标的注册人名义、地址或者其他注册事项的；③自行转让注册商标的；④连续3年停止使用的。

国家规定必须使用注册商标的商品，必须申请商标注册，未经核准注册的，不得在市场上销售。如果违反这条规定，由地方市场监督管理部门责令限制申请注册，并可处以罚款。

使用未注册商标，有下列行为之一的，由地方市场监督管理部门予以制止，限期改正，并可予以通报或者处以罚款：①冒充注册商标的；②将我国国家的名称、国旗、国徽、军旗等作为商标使用的；③粗制滥造，以次充好，欺骗消费者的。

有下列行为之一的，均属于侵犯注册商标专用权：①未经商标注册人的许可，在同一种商品或者类似商品上使用与其注册商标相同或者近似的商标的；②销售侵犯注册商标专用权的商品的；③伪造、擅自制造他人注册商标标识或者销售伪造、擅自制造的注册商标标识的；④未经商标注册人同意，更换其注册商标并将该更换商标的商品又投入市场的；⑤故意为侵犯他人商标专用权行为提供便利条件，帮助他人实施侵犯商标专用权行为的；给他人的注册商标专用权造成其他损害的。

侵犯商标专用权的赔偿数额，为侵权人在侵权期间因侵权所获得的利益，或者被侵权人在被侵权期间因被侵权行为所支付的合理开支。如果所获得的利益或者遭受的损失难以确定，由人民法院根据侵权行为的情节判决给予人民币500万元以下的赔款。

未经商标注册人许可，在同一种商品上使用与其注册商标相同的商标，伪造、擅自制造他人注册商标标识或者销售伪造、擅自制造的注册商标标识，销售明知是假冒注册商标的商品，构成犯罪的，依法追究刑事责任。

行业视窗 5-3

进博会上云南老字号演绎守正与创新

在第五届进博会期间，由云南省商务厅牵头组织、云南省个体私营经济协会提供会展服务，8家云南（中华）老字号企业盛装参展。展会期间召开的“第二届中华老字号创新发展大会”，更是为云南的老字号企业发展指明方向、提振信心。进博展馆的云南（中华）老字号步行街展示展演馆，也推出了“打包一份云南的心意”主题活动，向全世界传播云南（中华）老字号文化的魅力，展示老字号产品的亮点。

本届进博会上，数位老字号传承人身着民族服饰，现场展示非遗技艺，手工制作中药药丸、普洱团茶，众多观展者饶有兴致地喝着百年老茶庄泡的普洱茶，品尝云南传统糕点、油炸美洲大蠊，认识和了解云南的中医药资源、罗平的蜂产业、版纳普洱的茶山以及世代传承的糕点酱料，增长了知识。有观展者感叹道：“出了云南，就喝不到这么好喝的普洱茶、吃不到这么好吃的鲜花饼了。”

随着历届进博会的成功举办，云南（中华）老字号的知名度和美誉度越来越高，越来越多的海内外采购商和来宾走进云南老字号，洽谈合作，体验和购买产品。近年来，云南省商务厅非常重视老字号品牌的保护与发展，带领云南（中华）老字号企业参展进博会，积极引导企业参与海内外商贸活动，是引领老字号企业“走出去”的重要举措。现在越来越多云南的老字号企业走向全国，走向世界，助力“云品出滇”。据统计，6天的展会，云南参展的8家老字号企业现场成交金额超过35万元，意向成交金额超过76万元，和123家客商达成合作意向，吸引了4万多人次流量。

展会期间，云南（中华）老字号企业也收获满满，不虚此行。通海县豆沫糖糕点厂与6家公司达成意向合作关系，该厂厂长许传恒说；“这次参展让我看到国内外同行推出的时尚、潮流的产品包装设计，还学习到他们先进的经营理念和管理体制。”昭通月中桂食品有限责任公司接触到国内外烘焙企业和优质原辅料供应商，了解到现阶段以及未来烘焙行业的流行趋势，该公司销售总监杨丽琼说：“我们后续可以有针对性地推出满足流行趋势的产品。”展会上更多客商接触和了解了罗平县云岭蜂业工贸有限公司，该公司董事长庄桂莹说：“这次和各国参展同行交流，了解到现在蜂产业的新动向和产品更新情况，看到自己行业未来的方向与蜕变。”昭通万和食品有限公司借助进博会，争取了更多的销售和合作机会，该公司负责人黄智敏说，下一步将提升产品的研发和技术的创新。

老字号的“老”，不仅在于它的历史悠久，更在于长期经营中沉淀下来的商业文化，而这些商业文化是中华优秀传统文化的组成部分。勐腊县易武车顺号茶庄带来霸王系列茶、头品贡系列纪念茶、人头金瓜贡茶、冰岛系列茶等茶品，普洱景谷李记谷庄茶业有限公司带来公爵号、侯爵号、伯爵号、子爵号和男爵号五个等级的茶品，两家茶企的负责人一致认为：“要守住金字招牌，不仅要传承优秀传统、坚守世代相传的技艺和品质，还要积极拥抱时代，不断创新经营模式，满足消费者不断变化的消费诉求。”

借助进博会，云南两家老字号药企展示了自己的实力，既有保护传承的国药精品，又有先进技术做支撑的创新产品。昆药集团股份有限公司项目总监刘辉说：“我们有600多年历史的中华老字号昆中药，有170多个中药批文，依托云南丰富的中医药资源，实现产品创新和产能升级，形成新的竞争优势。”云南腾药制药股份有限公司保化品事业部总经理王子文说：“腾药在道地选材、遵古炮制的基础上不断创新，实现产品创新和产能升级，形成130个国药准字批文、87个品种、137个品规和16个功效日化品。”

第五届进博会向世界表明“扩大开放，让中国大市场成为世界大机遇”的决心和信心。乘着进博会的东风，打包一份属于云南的心意，带着云南（中华）老字号企业一颗守正传承、创新发展之初心，走出西南边陲，走出红土高原，让全国人民乃至世界各国人民，收下这份美好的心意，并携手共进，谱写未来新篇章。

资料来源　张文帆．进博会上云南老字号演绎守正与创新［EB/OL］．［2022-11-15］．https：//www.workercn.cn/c/2022-11-15/7229361.shtml.

5.3.3 会展期间的商标管理

1）在各类对外经济贸易展览会期间加强商标管理工作

为整顿外贸经济秩序，保护商标所有人的合法权益，加强对各类对外经济贸易展览会参展企业商标使用的管理和监督，明确主办单位、组团单位、参与机构、参展企业等各方在各类对外经济贸易展览会期间的商标管理责任，《展会知识产权保护办法》《关于对外贸易中商标管理的规定》《关于在各类对外经济贸易展览会期间加强商标管理工作的通知》等相关法律法规对会展期间的商标管理工作做了明确的规定。

①在各类对外经济贸易展览会期间，各参展企业必须严格遵守《关于对外贸易中商标管理的规定》。严禁参展企业未经许可展出带有他人注册商标的样品，或使用他人注册商标对外报价、成交；严禁将客户提供的不能确定商标归属的样品及非展品在展台上摆放或用作宣传。一经查出所用商标属侵权商标，将追究有关参展企业的责任。属联营或以代理销售名义使用他人摊位参展的企业造成的侵权行为，其责任由参展企业和摊位所有人共同承担。

②参展单位应接受展览会主办单位、组团单位以及进出口商会的商标检查，服从商标管理部门的指导、监督，并为核查提供方便，按要求如实反映与所涉及的商标有关的签约、供货、库存、出运等方面的情况；同时，商标所有人应提高商标自我保护意识，发现其他参展企业未经许可使用本企业注册商标的，应及时上报各有关主办单位、组团单位及其他有关部门。

③各主办单位应指派熟悉商标法规、规章的人员参与展览会的商标管理工作。在展览会开幕前，各主办单位须向参展企业明确商标法规及有关文件的规定，并要求其遵照执行；严禁参展企业将冒用他人注册商标或商标归属不清的展品带入展会。在有条件的情况下，主办单位可在筹展期间，对参展企业所携样品的商标使用情况预先进行普查，防止商标侵权行为的发生。

④在各类对外经济贸易展览会期间，对于检查和经他人举报发现的商标侵权行为，各主办单位在调查核实后，应及时协助商标所有人予以制止，并将商标侵权行为、商标纠纷发生及处理情况通知有关组团单位；对于在对外经济贸易展览会期间出现的难以判定和解决的商标纠纷，主办单位应作好协调工作，要求当事人暂停与商标纠纷有关的展销、洽谈活动。在对外经济贸易展览会结束后1个月内，各主办单位须将对外经济贸易展览会期间商标管理工作情况如实向有关管理部门报告。

⑤对外经济贸易展览会组团单位要加强对参展企业商标使用的检查、管理并负责协调、处理本团参展企业间发生的商标纠纷和商标侵权行为，认真支持、配合主办单位的有关商标工作，维护参展企业的商标权益。在大型对外经济贸易展览会期间，应派专职商标管理人员参加，指导参展企业依法使用商标，杜绝商标侵权事件的发生。

⑥各主办单位对于商标侵权的参展企业，有权没收其侵权物品，并要求其就侵权商品来源、成交、库存等情况做出书面说明；对于情节严重的商标侵权企业，可给予通报批评，取消当事人参加此类对外经济贸易展览会资格，扣减该企业下一届参展摊位等处罚；组团单位可依据权限对本团内商标侵权的参展企业予以处罚。对严重的商标侵权行为，各有关单位可报商务部，商务部按有关规定处理。

⑦对于我国外贸企业在参加由外国机构组织的境外各类对外经济贸易展览会期间发生的商标纠纷，属于我国外贸企业之间的商标纠纷，由组团单位带回国内解决，不

得对外造成不良影响；属于我国外贸企业与国外企业间发生的商标纠纷，组团单位应在各有关驻外经商机构的领导下，尽快予以解决，尽量缩小对外影响，并及时将情况向有关管理部门报告。

⑧各参展企业有义务对主办单位及组团单位等的商标工作进行监督。对于不能认真履行或推卸商标管理责任，玩忽职守的主办单位或组团单位，参展企业可随时反映情况。

2）在展出商品上首次使用的商标在申请时优先权的规定

根据《商标法》的规定，商标在中国政府主办的或者承认的国际展览会展出的商品上首次使用的，自该商品展出之日起6个月内，该商标的注册申请人可以享有优先权。要求优先权的，应当在提出商标注册申请的时候提出书面声明，并且在3个月内提交展出其商品的展览会名称、在展出商品上使用该商标的证据、展出日期等证明文件；未提出书面声明或者逾期未提交证明文件的，视为未要求优先权。

（1）享有优先权的前提条件

①商标在展览会展出商品上首次使用。这个条件表明申请注册的商标除在展览会展出商品上第一次使用外，从来没有在其他场所出现的商品上使用过。如果该商标除了在展览会展出商品上使用外，还在商场等销售场所的商品上使用过，例如某企业新设计了一个商标，用于某一商品，该商品早已在市场上进行销售，然后再到展览会上进行展出，那么这个商标就不能再享有优先权。

②展览会必须是中国政府主办或者承认的国际展览会。这个条件表明申请注册的商标必须是在中国政府主办或者承认的国际展览会展出的商品上第一次使用，而不是在其他展览会上第一次使用，否则就不享有优先权。所谓国际展览会，一般是指参加展览的企业、公司等单位来自多个国家，而不是仅由国内的参展商参加展览。所谓中国政府主办，是指由中国政府或者其有关主管部门直接举办的国际博览会。所谓中国政府承认，是指该国际展览会虽然不是由中国政府或者其有关主管部门直接举办，但中国政府或者其有关主管部门是承认该国际博览会的。

③期限为商品展出之日起6个月，即申请注册的商标必须自展览会展出商品之日起6个月之内提出商标注册申请。

（2）关于优先权的主张

商标注册申请人依照法律规定可以享有优先权，并不等于自动享有优先权，而是必须自己提出要求享有优先权的主张。具体来说：

①在提出商标注册申请时提出要求优先权的主张。商标注册申请人在向商标主管机关提出商标注册申请时，必须同时提出要求优先权的主张，如果在申请商标注册时没有同时要求优先权，将被视为没有要求优先权，即等于放弃了优先权。

②要求优先权必须以书面提出，即商标注册人要求优先权的主张，必须以书面形式向商标主管机关提出，如果只是在口头上表示，而没有书面的声明材料，也将被视为没有要求优先权，从而也就不可能享有优先权。

③必须向商标主管机关提交有关证明文件。商标申请人向商标主管机关提交的证

明文件应该就展出商品的展览会名称、在展出商品上使用该商标的证据、展出日期等事项予以证实。这些证明文件是用来认定是否在中国政府主办或者承认的国际博览会上展出、展出的具体日期的，如果没有提交这些材料，将被视为没有要求优先权。

④提交证明文件的时间期限为3个月。该期限从商标注册申请人向商标主管机关提出商标注册申请时起，至实际提交展出商品的展览会名称、在展出商品上使用该商标的证据、展出日期等证明文件时止。上述证明文件如果在3个月的期限内没有提交，将被视为没有要求优先权，从而也就不可能享有优先权。

此外，对于外国人或者外国企业在中国申请商标注册的，《商标法》还做了一些具体规定。外国人或者外国企业在中国申请商标注册的，应当按其所属国和中国签订的协议或者共同参加的国际条约办理，或者按对等原则办理。外国人或者外国企业在我国申请商标注册和办理其他商标事宜的，应当委托国家认可的具有商标代理资格的代理组织代为办理，这里的其他商标事宜是指商标注册后的申请变更、转让、续展以及提出商标争议等行为，但不包括因商标问题而向人民法院提起的诉讼。

知识掌握

第5章
知识掌握
答案提示

1）著作权人的权利有哪些？

2）专利权的种类和特征是什么？

3）专利实施的强制许可条件有哪些？

4）注册商标的申请原则是什么？会展期间的商标管理的主要内容有哪些？

知识应用

□ 案例分析

展览会参展产品涉及专利侵权时侵权主体的认定

金华市世鑫休闲用品有限公司（以下简称世鑫公司）是专利号为201420522206.6、名称为“车把杆折叠机构”实用新型专利的权利人，该专利应用于滑板车。2019年11月，在河北省邢台市平乡县召开的第十二届中国北方（平乡）国际自行车、童车玩具博览会上，专利权人对多家展位销售、许诺销售涉嫌侵权的滑板车产品的情况进行了公证取证，随后提起两起诉讼。

本案中，参展商广宗县悦诚儿童玩具厂（以下简称悦诚玩具厂）无正当理由未出庭应诉且未提供反驳证据，二审法院根据被诉侵权产品自身随附的信息，结合公证取证的名片中记载的内容、悦诚玩具厂经营范围，认定悦诚玩具厂为制造、销售、许诺销售侵权行为的侵权主体，并应承担相应民事责任。而同一展位的参展商平乡县舒贝儿童玩具厂（以下简称舒贝玩具厂），积极到庭应诉并积极举证，提交了租赁协议、微信聊天记录、转账凭证等证据，法院经审查认定，前述证据能够证实舒贝玩具厂与悦诚玩具厂之间系展位租赁关系，且其主观上不具有与悦诚玩具厂共同侵权的意思联络，再考虑到判断被诉侵权产品是否构成专利侵权对其而言难度较大、审查义务过重，故认定在案证据不足以认定舒贝玩具厂存在帮助悦诚玩具厂实施侵权行为的故意或明显过错，舒贝玩具厂不构成销售、许诺销售的共同侵权，不应承担相应民事责任。

本案充分体现了“以事实为根据”的法律原则，厘清不同主体的行为性质，既坚决贯彻保护权利人利益的宗旨，又切实考虑市场经营活动的复杂多样性，着重以直接侵权人为主要侵权打击对象，并促使当事人诚实守信、积极举证。当事人违反诚实信用原则，在诉讼过程不披露、也不举证真正侵权人的情况下，结合其他客观事实，人民法院可以推定侵权行为成立，由相关责任人承担相应的不利后果。

资料来源　最高人民法院知识产权法庭. 展览会参展产品涉及专利侵权时侵权主体的认定[EB/OL]. [2021-03-29]. https: //ipc.court.gov.cn/zh-cn/news/view-1145.html.

问题：（1）收集资料研究本案，说明什么是共同侵权行为。

（2）在本案中，展会主办方是否有责任核实参展商展品的专利权属？

□ 实践训练

会展行业是一个比较容易遭受知识产权侵权困扰的行业。一方面，展会活动本身作为一种“知识型”和“服务型”产品，其价值更多地体现在名称、品牌、举办历史等无形资产方面，如果知识产权得不到有效保护，题材类似的展会重复举办的问题自然难以避免；另一方面，从参展商角度，在展会上亮相的几乎全是最新的产品或技术，如果这些产品和技术得不到有效保护，企业的损失将相当惨重。

问题：根据以上材料，分别从会展主办方和参展企业的角度谈谈如何避免知识产权纠纷。

第5章
知识应用

答案提示

第6章

会展广告法律法规

学习目标

☆ 了解会展广告的概念以及会展广告的一般规定；
☆ 明确会展广告的法律规定及审查制度；
☆ 熟知会展广告的基本知识；
☆ 掌握广告在会展业中的重要地位和作用；
☆ 培养学生创业精神、新发展理念。

思维导图

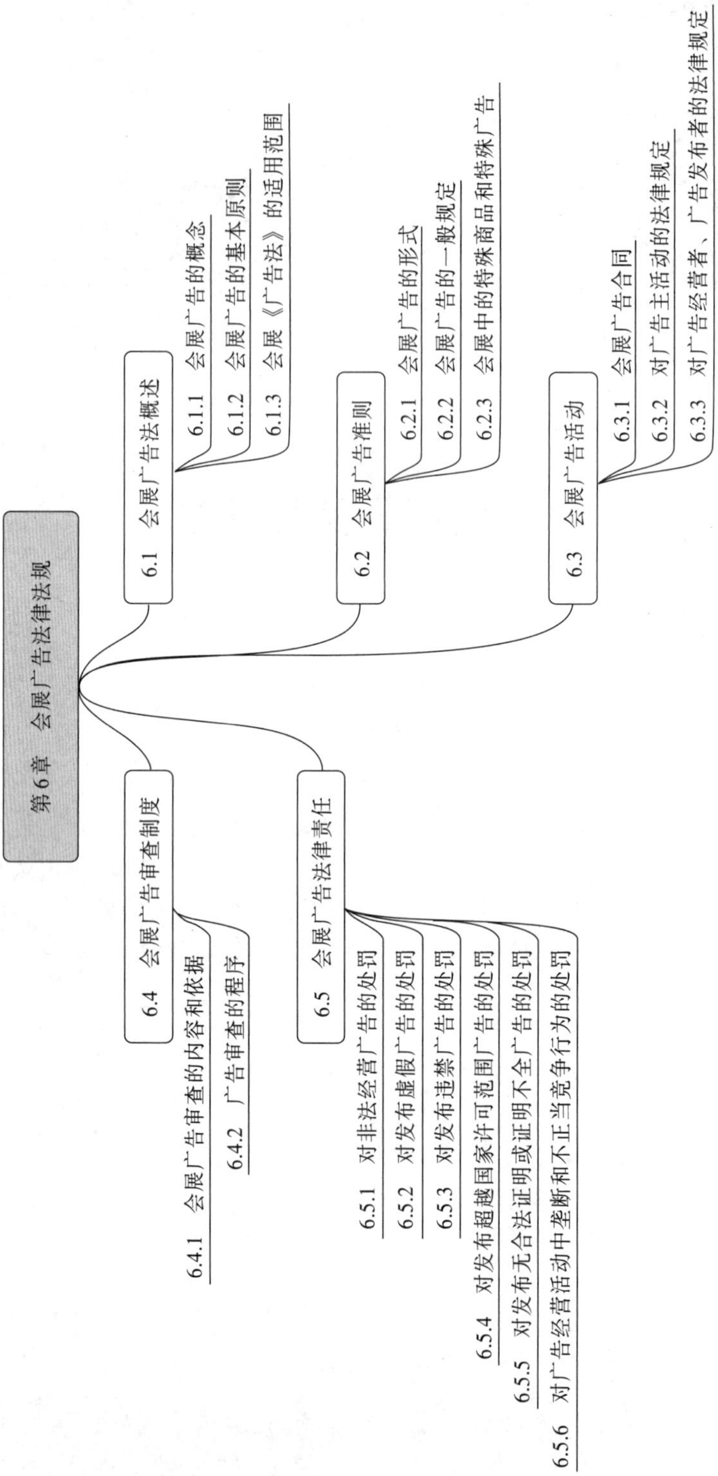
第6章 会展广告法律法规
6.1 会展广告法概述
6.1.1 会展广告的概念
6.1.2 会展广告的基本原则
6.1.3 会展《广告法》的适用范围
6.2 会展广告准则
6.2.1 会展广告的形式
6.2.2 会展广告的一般规定
6.2.3 会展中的特殊商品和特殊广告
6.3 会展广告活动
6.3.1 会展广告合同
6.3.2 对广告主活动的法律规定
6.3.3 对广告经营者、广告发布者的法律规定
6.4 会展广告审查制度
6.4.1 会展广告审查的内容和依据
6.4.2 广告审查的程序
6.5 会展广告法律责任
6.5.1 对非法经营广告的处罚
6.5.2 对发布虚假广告的处罚
6.5.3 对发布违禁广告的处罚
6.5.4 对发布超越国家许可范围广告的处罚
6.5.5 对发布无合法证明或证明不全广告的处罚
6.5.6 对广告经营活动中垄断和不正当竞争行为的处罚

引 例

杭州亚运会线上火炬传递面向全球启动
上支付宝搜“亚运”成为数字火炬手

2023年6月15日，杭州第19届亚运会迎来倒计时100天，伴随着亚运火种在良渚古城遗址公园大莫角山成功采集，首个全亚洲共同参与的线上火炬传递活动“薪火相传”也同步启动。全球网民可在支付宝搜索“亚运”，通过智能亚运一站通成为“亚运数字火炬手”，在数字世界中把亚运之火传遍亚洲。

据了解，“亚运数字火炬手”由杭州亚组委在2022年11月面向全球首创性推出，旨在将现实世界的“亚运火炬手”拓展至数字世界，让更多的人能够突破时间与空间的限制，切身参与到亚运会这一盛大的体育文化活动中来。截至目前，已有2 100多万名网友通过智能亚运一站通完成亚运数字火炬手的任务，为亚运助力。

值此杭州亚运会开幕式倒计时100天之际，杭州亚组委在智能亚运一站通支付宝小程序全新升级上线“薪火相传”频道的同时，亚运线上火炬传递活动也获得亚洲多个数字科技领先企业的支持，包括Dana（印度尼西亚）、GCash（菲律宾）、Kakao Pay（韩国）、Touch 'n Go（马来西亚）、TrueMoney（泰国）、AlipayHK（中国香港特别行政区）和MPay（中国澳门特别行政区）等蚂蚁集团的Alipay+跨境支付营销合作伙伴们的踊跃参与。

这些支付和服务程序在亚洲各国及地区深受欢迎，其广大用户将能够通过本地钱包内的Alipay+ Rewards专区或特别入口，一键参与线上火炬传递。全球网民不仅能在亚运火种采集的瞬间在数字世界里携手参与“线上取火”，还将作为“数字火炬手”将亚运之火传遍亚洲，深化亚洲多元文明的交流互鉴。

智能，是杭州亚运会的办赛理念之一。“智能亚运一站通”是杭州亚组委推出的国际大型综合性运动会史上首个一站式数字观赛服务平台。目前，平台已在支付宝、浙里办、杭州城市大脑等多端上线。用户上支付宝搜“亚运”进入智能亚运一站通小程序，点击下方的“薪火相传”进行亚运线上火炬传递，完成传递后还可作为数字火炬手获得不同亚洲国家和地区的创意数字合影，并有机会获得亚运门票以及亚运特许商品等好礼。

资料来源　王媚. 杭州亚运会线上火炬传递面向全球启动［EB/OL］.［2023-06-17］. https://www.sanqin.com/2023-06/17/content_10224204.html.

6.1　会展广告法概述

为了规范广告活动，促进广告业的健康发展，保护消费者的合法权益，维护社会经济秩序，发挥广告在社会主义市场经济中的积极作用，1994年10月27日，第八届全国人民代表大会常务委员会第十次会议通过了《中华人民共和国广告法》（以下简称《广告法》），并于1995年2月1日起实施。2015年4月24日，第十二届全国人民代表大会常务委员会第十四次会议对《广告法》进行了修订。2018年10月26日第十三届全国人民代表大会常务委员会第六次会议对《广告法》进行了第一次修正。根据2021年4月29日第十三届全国人民代表大会常务委员会第二十八次会议《关于修改〈中华人民共和国道路交通安全法〉等八部法律的决定》第二次修正。新《广告法》填补了很多空白，“回应社会关切”是一大特点。新《广告法》包括74条，进一步规范了广告代言行为，也让公益广告进入了《广告法》的视野，对医疗、药品、保健食品、烟草等广告做出了更严格的规定，加大了对违法行为惩处的力度，更加注重保护未成年人的权益，为社会治安与稳定做出了重要贡献。

6.1.1 会展广告的概念

会展广告是指专门用于会展的广告，是广告的一个分支，必须遵循《广告法》的规定。

会展广告可分为非商业广告和商业广告两种。非商业广告是指不以营利为目的的广告，包括政府公告，宗教团体、文化教育团体的启事、声明，以及美化公共环境、防止空气污染、促进公共福利等方面的社会公益性广告。商业广告是指以营利为目的、以推销商品为特点的广告。

《广告法》的调控对象只限于商业广告，即在中华人民共和国境内，商品经营者或者服务提供者通过一定媒介和形式直接或者间接地介绍自己所推销的商品或者服务的商业广告活动。商业广告具有以下特征：

①商业广告传播的是有关商品和服务信息。

②商业广告有明确的广告主，即商品的经营者、服务提供者等发布广告的企业或个人。

③商业广告是有偿服务，广告主要向广告经营者偿付广告设计、制作、代理服务等费用。

④商业广告要通过一定的媒体（如报纸、杂志、广播、电视等）传播信息。

行业视窗 6-1

经典商业广告语

（1）茶给了时间味道——祁门红茶

（2）生活就该浪费在美好的事物上——伯朗咖啡

（3）农夫山泉有点甜——农夫山泉

（4）就是可口可乐——可口可乐

（5）伊利优酸乳——我要我的味道

（6）何以解忧，唯有杜康——杜康酒

（7）从头做起——理发店广告

（8）大宝，天天见——大宝化妆品

好的广告语往往体现了一种企业文化，同时通过广告语吸引消费者的关注。

6.1.2　会展广告的基本原则

会展广告活动主体必须根据广告所具有的特点、性质等来从事广告活动。这些广告的特点、性质就是广告的原则。在广告活动中，只有遵循广告的原则，才能使广告业有序地、健康地发展，才能保护消费者的合法权益，才能维护正常的社会经济秩序。

1)《广告法》的基本原则

(1) 公平原则

1937年通过的《国际商法广告行为准则》第1条明确规定："任何广告不得有违反通行的公平标准的声明或陈述。"这一规定基本上可以作为"公平原则"的国际法依据。公平原则也是《广告法》规定的基本原则之一。根据《广告法》及相关法律、法规的规定，公平原则在广告活动中具体体现在以下3个方面：①广告活动必须体现平等自愿的原则；②广告活动必须坚持等价有偿的原则；③广告活动必须符合公平竞争的原则。

(2) 真实合法原则

《广告法》第3条规定："广告应当真实、合法，以健康的表现形式表达广告内容，符合社会主义精神文明建设和弘扬中华民族优秀传统文化的要求。"这一规定是广告"真实合法原则"的法律依据。该项原则实际上包含两个方面的内容，即"广告的真实性"和"广告的合法性"。广告的真实性，从正面讲，就是要求广告主在广告中提出的任何主张和陈述都是客观真实的，其所依据的数据、资料都是可以证实的，其所援引的依据和证据都是合法有效的；从反面讲，就是任何广告不得通过直接或者间接说明的方法，或者通过省略、含糊或夸大的方法误导消费者，也不得利用过时的研究成果或者滥用科技资料，让广告受众误认为其广告的主张或者说明是真实的。广告的合法性，是指广告的形式和内容都必须遵守法律和法规的规定，不得违反公序良俗或者损害他人利益。广告的合法性，又可分为广告内容的合法性和广告形式的合法性。

(3) 诚实信用原则

《广告法》第5条规定："广告主、广告经营者、广告发布者从事广告活动，应当遵守法律、法规，诚实信用，公平竞争。"这项原则要求广告行为主体在广告活动中应保持善意、诚实，恪守信用，反对任何形式的误导和欺骗。任何广告在设计时不得滥用消费者的信任或者利用消费者缺乏经验及知识欠缺，弄虚作假、欺骗误导，更不得利用广告这种具有广泛影响力和说服力的宣传形式，诋毁、贬损其他经营者。

2) 会展广告在操作过程中应遵循的5个原则

(1) 市场导向原则

要从会展目标参展商和观众的要求出发，通过会展广告来促成目标参展商和观众对会展的认同，促成会展目标参展商和观众之间建立起一种共赢共荣的关系。

（2）目标性原则

要通过会展广告使会展在业界知名，赢得目标参展商和观众对会展品质的认知，提高他们对会展品牌的忠诚度，给他们带来积极的会展品牌联想。

（3）系统性原则

会展广告执行本身是一个富有层次性的系统工程，要有全局的视野、多层次的协调、多角度的长远规划。

（4）针对性原则

会展广告的主要对象是会展的目标参展商和观众、会展的服务商以及办展机构自己的员工，极富有针对性。

（5）诚信原则

许多知名会展最终走向没落有一个共同的原因，那就是这些会展都没有实现自己最初对市场所做出的“承诺”，不管这种承诺是出自会展对市场的明示，还是出自会展对市场的暗示。一旦市场发现自己被会展广告所欺骗，市场就会毫不犹豫地抛弃该会展，该会展也就没有了立足之地。

会展广告活动具有相当的专业性，因此最好的方式是与广告代理公司合作，从而实现广告宣传的最佳效果。

行业视窗 6-2

商业展会广告语

1.珍珠是女性的瑰宝——六月珍珠饰品展

2.魅力十足的皮革——皮革展览会

3.可穿、可吃、可玩，国人的智慧结晶——创造生活艺术展

4.砂与火之歌——玻璃文化展

5.从古老到新潮——录音带百年回顾展

6.提早享受秋天的气息——时髦服装展

7.栩栩如生的昆虫，大自然的奥秘——昆虫世界展

8.各地名产总汇——名产展销会

9.重温故乡的诗意与风情——夏季兜风汽车展示会

10.发思古之幽情，魅力十足的历代艺术品——进口艺术品展

11.儿童天地——玩具大展

12.月色柔和的凉爽仲秋——中秋茶具展

13.自制组合式家具——手工自制家具展

14.赏花令人陶醉——中山公园游园交易会

15.展现世界石头美丽的风貌——石头美展

16.由南到北名贵家具总汇——全国名贵家具展

17.夏天更要注意食品的新鲜——全国农海产品大展

18.活泼可爱的种子，青春的象征——种子节交易会

19.集合各地民俗工艺品，让您大饱眼福——民俗工艺品大展

20.让你所向披靡——高尔夫球具展

资料来源　佚名．商业展会/会展经典广告语、广告词大全．[EB/OL]．[2022-07-10]．http：//www.pptok.com/fanwen/1656429700366288.html.

6.1.3　会展《广告法》的适用范围

《广告法》是调整广告活动中广告主、广告经营者、广告发布者、广告代言人之间关系的法律规范的总称，有其特定的适用范围。《广告法》第2条规定：

"在中华人民共和国境内，商品经营者或者服务提供者通过一定媒介和形式直接或者间接地介绍自己所推销的商品或者服务的商业广告活动，适用本法。

本法所称广告主，是指为推销商品或者服务，自行或者委托他人设计、制作、发布广告的自然人、法人或者其他组织。

本法所称广告经营者，是指接受委托提供广告设计、制作、代理服务的自然人、法人或者其他组织。

本法所称广告发布者，是指为广告主或者广告主委托的广告经营者发布广告的自然人、法人或者其他组织。

本法所称广告代言人，是指广告主以外的，在广告中以自己的名义或者形象对商品、服务作推荐、证明的自然人、法人或者其他组织。"

根据《广告法》的有关规定，从事广告经营活动的自然人、法人或者其他组织，必须依法进行广告经营登记，取得合法经营资格。对未经登记、非法从事广告经营，并在经营中违反广告管理法规的，应当依法从重处罚。

6.2　会展广告准则

6.2.1　会展广告的形式

按照广告的不同目的，可以将广告划分为商业广告和非商业广告。我国《广告法》的调控对象只限于商业广告，即在中华人民共和国境内，商品经营者或者服务提供者通过一定媒介和形式直接或者间接地介绍自己所推销的商品或者服务的商业广告活动。

1）商业广告

商业广告的目的是广告主介绍自己所推销的商品或者所提供的服务。为了达到这一目的，广告主在广告内容的意思表达上，通常采用以下形式：

（1）商品广告

商品广告是商家或个人为了传播商品信息，使自己的商品为公众知晓的一种广告。这种广告除可张贴、广播、登报、录像、录音、电视播映外，也可用吊牌、挂

牌、灯光宣传。有的商品广告用文字写出，有的用绘画、摄影展出，有的图文并茂。

在广告实践中，以间接形式发布公告、推销商品主要有以下几种情况：一是通过新闻媒介，以新闻报道的形式（包括其他非广告信息）取得广告效益；二是通过评比、评奖、推荐等活动，由活动的组织者发布信息，取得广告效益；三是在各类广告媒体发布公益广告时，以赞助方式署名取得广告效益；四是通过在电影、电视剧中穿插某些特定镜头、场景、台词等取得广告效益；五是通过在网上做广告宣传。认定间接广告的依据，除了已经产生广告效益的事实依据外，还要证明广告主为取得广告效益是否支付过广告费用。

在商品广告中，直接推销商品是大多数广告的目的。这种直接推销商品的广告内容主要包括介绍商品的外观、性能以及质量上的可靠性，有时还注明商品的售价。推销商品的广告的作用主要在于让消费者和用户了解商品的各种情况以及同商品销售有关的商品价格、购买方法和地点等，希望能直接带动消费者购买商品。我们日常所接触的广告，绝大多数是商品广告。

（2）企业广告

企业广告又称企业形象广告，是以树立企业形象、宣传企业理念、提高企业知名度为直接目的的广告。虽然企业广告的最终目的是获取利润，但它一般着眼于长远的营销目标和效果，侧重于传播企业的信念、宗旨或是企业的历史、发展状况、经营情况等信息，以改善和促进企业与公众的关系，提高企业的知名度和美誉度。它对产品的销售可能不会有立竿见影的效果，但由于企业声望的提高，使企业在公众心目中留下了较好的印象，对加速企业的发展具有其他类别的广告所不具备的优势，是一种战略意义上的广告。企业广告主张广告的重点应突出企业标志、企业社会责任感和其特殊使命等非产品因素，强调同消费者和广告受众进行深层次的交流，以产生情感的共鸣。在全国性大众媒体如中央电视台上，经常可以见到这类企业广告，如红塔集团的“天外有天，红塔集团”，海尔的“海尔，中国造”等。

同一般的商品广告不同，企业广告突出企业个性、追求和优势，全面反映企业形象的内涵和实质。企业形象涉及的面很广，企业广告的类型也多种多样，大致可归纳为以下几种：

①企业理念广告。企业理念广告是向社会传播管理哲学、价值观念、理念风格、企业精神的广告。企业理念广告把企业的价值观念宣传出来，对内会产生凝聚力，对外会产生号召力，使企业形象连同它的观念和口号，深入到大众心中。比如，太阳神集团的“当太阳升起的时候，我们的爱天长地久”，长虹的“长虹以产业报国、民族昌盛为己任”，海尔的“真诚到永远”等。

②企业实力广告。企业实力广告是用广告的形式向公众展示企业生产、技术、营销、资金等方面的实力，主要目的在于使公众通过对该企业的资金、技术、人才等实力的了解，增强对该企业及其产品的信任。比如，科龙集团的“容声冰箱连续七年全国产销量第一”等。

③社会责任广告。社会责任广告是显示企业对社会公共事业和公益事业热情关心

的广告。它或以广告的形式响应社会生活中某个重大主题，以求得社会各界的理解与支持；或以企业的名义率先发起某种运动或提倡某种有益的观念，表明企业积极参与社会生活的态度；或以广告的形式表明企业对社会存在的某种问题的看法等。曲靖卷烟厂曾连续不断地在《经济日报》中缝做“高标准、严要求、做贡献、创一流”“深化改革是国有企业的唯一出路”等广告，就属于这种类型的广告。它既突破了大众传媒对香烟广告的限制，又传播了企业形象。

④活动类广告。活动类广告是通过举办各种活动，如举办展览会、讲座、会议、纪念活动、赞助活动、体育比赛、文艺娱乐活动以及其他社会公益活动等，争取机会，显示实力，借以提高企业或产品的知名度和信誉度。这类广告在各式各样活动中比比皆是，这里不再赘述。

⑤征求类广告。征求类广告是通过征求方式吸引社会公众的注意力，增加其对企业的兴趣，借以提高公众对企业的记忆与熟悉程度。例如，征求企业的名称、徽标、商标等。

在广告实践中，对于间接推销产品的企业广告，它的内容不是直接展示、介绍产品，而是通过塑造产品、商标或企业整体的形象，并且长久地巩固和发展这一形象，赢得消费者的喜爱和支持，不管企业的产品发生什么样的更新换代，借助企业广告始终能保证消费者在未来的日子里继续支持本企业，所以企业广告不仅可为企业近期的销售铺路，也能为企业未来的销售做准备。

2）非商业广告

非商业广告一般是指具有非营利目的并通过一定的媒介而发布的广告，主要有职员招聘、征婚、挂失等以启事形式发布的广告以及有关政府、社会团体或企事业集团、单位的会议通知、公告和通告等。此外，由一些团体或组织、机构以宣传招贴的形式发布的涉及有关观念、立场的广告也是非商业广告。

非商业广告不以营利为目的，如西方的竞选广告、电视广播中的公益广告。

由于分类的标准不同，看待问题的角度各异，广告的种类也很多。最常见、最简单的分类标准，就是以传播媒介为标准对广告进行分类，主要分为报纸广告、杂志广告、电视广告、电影广告、幻灯片广告、包装广告、广播广告、海报广告、招贴广告、POP广告、交通广告、直邮广告等。随着新传播媒介的不断增加，依传播媒介划分的广告种类也越来越多。以广告传播范围为标准，可以将广告分为国际性广告、全国性广告、地方性广告、区域性广告。以广告传播对象为标准，可以将广告分为消费者广告和商业广告。以广告主为标准，基本上可以将广告分为一般广告和零售广告。以广告是否营利为标准，可以将广告分为营利性广告和非营利性广告。

3）广告发布形式

在中华人民共和国境内刊播、设置、张贴广告，主要通过报刊、广播、电视、电影、路牌、橱窗、印刷品、霓虹灯、网络等媒介形式，具体包括：

①利用报纸、期刊、图书、名录等刊登广告。

②利用广播、电视、电影、幻灯片等播映广告。

③利用街道、广场、机场、车站、码头等建筑物发布广告或利用路牌、霓虹灯、电子显示牌、橱窗、灯箱、墙壁等发布广告。

④利用影剧院、体育场（馆）、文化馆、展览馆、宾馆、饭店、游乐场、商场等设置、张贴广告。

⑤利用车、船、飞机等交通工具设置、绘制、张贴广告。

⑥通过邮局邮寄各类广告宣传品。

⑦利用馈赠实物进行广告宣传。

⑧利用网络进行广告宣传。

⑨利用其他媒介和形式刊播、设置、张贴广告。

6.2.2 会展广告的一般规定

根据《广告法》的规定，一般商品广告应当遵循以下规则：

（1）广告内容应当有利于人民的身心健康，促进商品和服务质量的提高，保护消费者的合法权益，遵守社会公德和职业道德，维护国家的尊严和利益。广告不得有下列情形：

①广告中不得使用或者变相使用中华人民共和国的国旗、国歌、国徽，军旗、军歌、军徽。

中华人民共和国国旗、国徽、国歌是中华人民共和国的象征和标志，因此《中华人民共和国国旗法》、《中华人民共和国国徽法》以及《中华人民共和国商标法》和《中华人民共和国广告法》都规定，不得在广告中使用或者变相使用国旗、国徽、国歌。为了维护军队标志的尊严，同时避免误导消费者，禁止在广告中使用或者变相使用军旗、军徽、军歌。

以案说法 6-1

古蔺一企业将国徽用于商业宣传被罚！

近日，古蔺县市场监管局彰德监管所在开展市场巡查时发现，古蔺县彰德街道一公司为宣传其经营项目及联系方式，将印有中华人民共和国国徽图案以及经营项目介绍内容的鼠标垫，散发给群众进行公司广告宣传。经了解，此宣传广告内容系该公司自行设计并印制，至案发时，已向群众送发鼠标垫970张。

该公司将国徽用作广告宣传的行为，违反了《中华人民共和国广告法》第九条“广告不得有下列情形：（一）使用或者变相使用中华人民共和国的国旗、国歌、国徽……”的规定，市场监管局执法人员依法扣押了该公司尚未派发的鼠标垫，并对公司负责人进行了约谈教育。

以案说法6-1

法律分析

目前，古蔺县市场监管局已对该案件进行立案调查。

资料来源　古蔺市场监督管理局．古蔺一企业将国徽用于商业宣传被罚！［EB/OL］［2022-03-14］．http：//www.gulin.gov.cn/.

问题：商家可以将国徽用于广告宣传吗？

②广告中不得使用或者变相使用国家机关、国家机关工作人员的名义或者形象。

国家机关是指依照法律或者行政命令组建的从事国家管理活动的各级国家权力机关、行政机关、审判机关和法律监督机关。国家机关是代表国家从事管理活动的组织。国家机关的工作人员是在上述国家机关里具体执行国家管理社会事务职能的人员。国家机关和国家机关工作人员是依法行使管理国家事务权利的机关和人员，其名义代表着国家的利益和形象。因此，为了维护国家的尊严、保证国家机关和国家机关工作人员正确行使职权，在商业广告中不得以任何形式使用或者变相使用国家机关、国家机关工作人员的名义或者形象。

③广告中不得使用国家级、最高级、最佳等用语。

国家级、最高级、最佳等用语是容易给消费者以误导，又肯定会贬低同类产品的绝对化语言。世界上万事万物没有最好，只有更好。绝对化语言可分为两种：一种是最高级形容词，如最好、最佳、最棒、第一，有的广告中也使用至尊、之王、之皇等同样属于变相绝对化用语；另一种是以一定的地域、整体作为形容词，如“畅销全国”“誉满全球”等国家级、世界级用语。

④广告中不得损害国家的尊严或者利益，泄露国家秘密。

⑤广告中不得妨碍社会安定，危害人身、财产安全，损害社会公共利益。安定的社会环境、可靠的人身和财产安全保障以及体现全体社会成员共同利益的社会公共利益，是社会经济发展的一个重要条件、一种基本保障。《广告法》规定，广告中凡有违反四项基本原则、危害人民民主专政、阴谋颠覆政府、分裂国家、推翻社会主义制度的内容均不得刊播，凡违反我国《刑法》，涉及杀人放火、强奸抢劫、爆炸等妨碍社会安定和公民财产安全的内容，均不得刊播。

⑥广告中不得妨碍社会公共秩序和违背社会良好风尚。

公共秩序是指统治阶级按照自己的意志和利益建立起来的、要求人们遵守的社会生活规则。它的内容包括社会秩序、工作秩序、生产秩序、教学科研秩序、人民群众生活秩序。社会风尚是一个民族的伦理道德、风俗习惯、文化教育、人生观、价值观的综合体现。建立良好的社会公共秩序和树立良好的社会风尚，是我国社会主义精神文明建设的一个重要内容。

⑦广告中不得含有淫秽、色情、赌博、迷信、恐怖、暴力、丑恶的内容。

淫秽、色情是指含有具体描绘性行为或者露骨宣扬色情的淫秽性内容；赌博是指在赌博氛围下所产生的刺激、支配赌博行为的一种心理状态；迷信是指相信星占、抽签、风水、命相、鬼相等的一种思想；恐怖是指以人们自己不能控制的恐惧为特征的一种心理状态；暴力是指侵犯他人人身、财产等权利的强暴行为；丑恶是指丑陋恶劣的事物。这些都是与社会主义精神文明建设格格不入的，属于《广告法》所禁止的广告行为。

⑧广告中不得含有民族、种族、宗教、性别歧视的内容。

我国《宪法》规定，中华人民共和国各民族一律平等，禁止对任何民族的歧视性压迫；年满18周岁的公民，不分民族、种族、性别、职业、家庭出身、宗教信仰、教育程度、财产状况、居住期限，都有选举权和被选举权；中华人民共和国公民有宗教信仰自由等。因此，广告的内容不得违反《宪法》的规定。

⑨广告中不得妨碍环境和自然资源保护。

环境和自然资源的保护是我国的重要政策，其中环境保护已被列为我国的三大基本国策之一。我国《宪法》规定，国家保护和改善生活环境与生态环境，防治污染和其他公害；国家保障自然资源的合理利用，保护珍贵的动物和植物。禁止任何组织和个人用任何手段侵占或破坏自然资源。根据《宪法》的规定，全国人民代表大会常务委员会还分别制定了《中华人民共和国环境保护法》《中华人民共和国大气污染防治法》《中华人民共和国水污染防治法》《中华人民共和国海洋环境保护法》《中华人民共和国土地管理法》《中华人民共和国森林法》等法律。因此，广告的内容不得违反这些法律的规定。

⑩法律、行政法规规定禁止的其他情形。

这一项规定是指除《广告法》以外的其他法律、行政法规规定的情况，主要包括：禁止发布将人民币变相作为奖券的广告；严格控制评比类广告及禁止发布移民广告等内容。

（2）广告不得损害未成年人和残疾人的身心健康。《广告法》第10条规定："广告不得损害未成年人和残疾人的身心健康。"其第40条规定："在针对未成年人的大众传播媒介上不得发布医疗、药品、保健食品、医疗器械、化妆品、酒类、美容广告，以及不利于未成年人身心健康的网络游戏广告。针对不满14周岁的未成年人的商品或者服务的广告不得含有下列内容：劝诱其要求家长购买广告商品或者服务；可能引发其模仿的不安全行为。"

（3）广告内容应真实、清晰。广告中对商品的性能、产地、用途、质量、价格、生产者、有效期限、允诺或者对服务的内容、形式、质量、价格、允诺有表示的，应当清楚、明白；广告中表明推销商品、提供服务附带赠送礼品的，应当标明赠送的品种和数量；广告使用数据、统计资料、调查结果、文摘、引用语的，应当真实、准确，并表明出处；广告中涉及专利产品或者专利方法的，应当标明专利号和专利种类；未取得专利权的，不得在广告中谎称取得专利权，禁止使用未授予专利权的专利申请和已经终止、撤销、无效的专利做广告。

（4）广告不得贬低其他生产经营者的商品或者服务。

（5）广告应当具有可识别性，能够使消费者辨明其为广告。大众传播媒介不得以新闻报道形式发布广告。通过大众传播媒介发布的广告应当有广告标记，与其他非广告信息相区别，不得使消费者产生误解。

6.2.3 会展中的特殊商品和特殊广告

在会展中，一些特殊商品的广告应引起主办单位和参展单位的注意。因为对于这些特殊商品的广告，《广告法》及相关法规都做了更为严格的限制和规定。

1）特殊商品及特殊广告

（1）药品广告

《广告法》第16条规定："医疗、药品、医疗器械广告不得含有下列内容：①表示功效、安全性的断言或者保证；②说明治愈率或者有效率；③与其他药品、医疗器械的功效和安全性或者其他医疗机构比较；④利用广告代言人作推荐、证明；⑤法律、行政法规规定禁止的其他内容。

药品广告的内容不得与国务院药品监督管理部门批准的说明书不一致，并应当显著标明禁忌、不良反应。处方药广告应当显著标明'本广告仅供医学药学专业人士阅读'，非处方药广告应当显著标明'请按药品说明书或者在药师指导下购买和使用'。

推荐给个人自用的医疗器械的广告，应当显著标明'请仔细阅读产品说明书或者在医务人员的指导下购买和使用'。医疗器械产品注册证明文件中有禁忌内容、注意事项的，广告中应当显著标明'禁忌内容或者注意事项详见说明书'。"

《药品广告审查发布标准》第3条规定，下列药品不得发布广告：①麻醉药品、精神药品、医疗用毒性药品、放射性药品；②医疗机构配制的制剂；③军队特需药品；④国家药品监督管理局依法明令停止或者禁止生产、销售和使用的药品；⑤批准试生产的药品。

《药品广告审查发布标准》第10条规定，药品广告中有关药品功能疗效的宣传应当科学准确，不得出现下列情形：①含有不科学地表示功效的断言或者保证的；②说明治愈率或者有效率的；③与其他药品的功效和安全性进行比较的；④违反科学规律，明示或者暗示包治百病、适应所有症状的；⑤含有"安全无毒副作用""毒副作用小"等内容的；⑥含有明示或者暗示中成药为"天然"药品，因而安全性有保证等内容的；⑦含有明示或者暗示该药品为正常生活和治疗病症所必需等内容的；⑧含有明示或暗示服用该药能应对现代紧张生活和升学、考试等需要，能够帮助提高成绩、使精力旺盛、增强竞争力、增高、益智等内容的；⑨其他不科学的用语或者表示，如"最新技术""最高科学""最先进制法"等。

（2）烟草广告

《广告法》第22条规定："禁止在大众传播媒介或者公共场所、公共交通工具、户外发布烟草广告。禁止向未成年人发送任何形式的烟草广告。

禁止利用其他商品或者服务的广告、公益广告，宣传烟草制品名称、商标、包装、装潢以及类似内容。

烟草制品生产者或者销售者发布的迁址、更名、招聘等启事中，不得含有烟草制品名称、商标、包装、装潢以及类似内容。"

（3）酒类广告

《广告法》第23条规定："酒类广告不得含有下列内容：①诱导、怂恿饮酒或者宣传无节制饮酒；②出现饮酒的动作；③表现驾驶车、船、飞机等活动；④明示或者暗示饮酒有消除紧张和焦虑、增强体力等功效。"

《酒类广告管理办法》第7条规定："酒类广告中不得出现以下内容：①鼓动、倡导、引诱人们饮酒或者宣传无节制饮酒；②饮酒的动作；③未成年人的形象；④表现驾驶车、船、飞机等具有潜在危险的活动；⑤诸如可以‘消除紧张和焦虑’‘增加体力’等不科学的明示或者暗示；⑥把个人、商业、社会、体育、性生活或者其他方面的成功归因于饮酒的明示或者暗示；⑦关于酒类商品的各种评优、评奖、评名牌、推荐等评比结果；⑧不符合社会主义精神文明建设的要求，违背社会良好风尚和不科学、不真实的其他内容。”

《酒类广告管理办法》第9条规定：“大众传播媒介发布酒类广告，不得违反下列规定：①电视：每套节目每日发布的酒类广告，在特殊时段（19：00—21：00）不超过两条，普通时段每日不超过10条；②广播：每套节目每小时发布的酒类广告不得超过两条；③报纸、期刊：每期发布的酒类广告不得超过两条，并不得在报纸第一版、期刊封面发布。”

（4）食品广告

申请发布涉及食品成分、营养及其他具有食品卫生科学内容的广告，应持有食品卫生监督机构填发的食品广告审批表；工商企业发布食品广告应出具食品卫生许可证；国外企业在我国境内做食品广告，一般应持进口食品卫生许可证向省或省级以上食品卫生监督机构申办。

食品广告内容应符合以下要求：①食品广告不得含有“最新科技”“最新技术”“最先进加工工艺”等绝对化的语言或者表示。②不得出现与药品相混淆的用语，不得直接或者间接地宣传治疗作用，也不得借助宣传某些成分的作用明示或者暗示该食品的治疗作用。③不得明示或者暗示可以替代母乳，或使用哺乳妇女和婴儿的形象。④不得使用医疗机构、医生名义或者形象。食品广告中涉及特定功效的，不得利用专家、消费者的名义或者形象作证明。⑤保健食品的广告内容应当以国务院卫生行政部门批准的说明书和标签为准，不得任意扩大范围。⑥保健食品不得与其他保健食品或者药品进行功效对比。⑦保健食品、新资源食品、特殊营养食品的批准文号应当在其广告中同时发布。⑧普通食品、新资源食品、特殊营养食品广告不得宣传保健功能，也不得借助宣传某些成分的作用明示或者暗示其保健作用。⑨普通食品广告不得宣传该食品含有新资源食品中的成分或者特殊营养成分。

（5）医疗广告

《医疗广告管理办法》中关于医疗广告证明的规定有：医疗广告证明有效期为1年，在有效期内变更广告内容或者期满后继续进行广告宣传的，必须重新办理医疗广告证明；医疗广告证明不得伪造、涂改、出租、出借、转让、出卖或者擅自复制；医疗广告证明文号必须与广告内容同时发布。广告客户必须持有卫生行政部门出具的医疗广告证明，方可进行广告宣传。广告经营者承办或者代理医疗广告，必须查验医疗广告证明，并按核定的内容设计、制作、代理、发布医疗广告。未取得医疗广告证明的，广告经营者不得承办或者代理。医疗广告中禁止出现以下内容：①有淫秽、迷信、荒诞语言文字、画面的；②贬低他人的；③保证治愈或隐含保证治愈的；④宣传治愈率、有效率等诊疗效果的；⑤利用患者或者其他医学机构、人员和医生的名义、形象或者使用其推荐语进行宣传的；⑥冠以家传秘方或者家传等内容的；⑦单纯以一般通信方式诊疗疾病的；⑧国家卫生行政部门规定的不宜进行广告宣传的诊疗方法；⑨违反其他有关法律、法规的。

（6）化妆品广告

《化妆品广告管理办法》规定，广告客户申请发布化妆品广告，必须持有下列证明材料：营业执照、化妆品生产企业卫生许可证、化妆品生产许可证；美容类化妆品，必须持有省级以上化妆品检测站（中心）或者卫生防疫站出具的检验合格的证明；特殊用途化妆品，必须持有国务院卫生行政部门核发的批准文号；化妆品如宣称为科技成果的，必须持有省级以上轻工行业主管部门颁发的科技成果鉴定书；广告管理法规、规章所要求的其他证明。广告客户申请发布进口化妆品广告，必须持有下列证明材料：国务院卫生行政部门批准化妆品进口的有关批件、国家商检部门检验化妆品合格的证明、出口国（地区）批准生产该化妆品的证明文件（应附中文译本）。

对可能引起不良反应的化妆品，广告客户应当在广告中注明使用方法、注意事项。广告经营者承办或者代理的化妆品广告，应当查验证明，审查广告内容；对不符合规定的，不得承办或者代理。有下列情况之一的，市场监督管理机关可以责令广告客户或者广告经营者停止发布广告：化妆品引起严重的皮肤过敏反应或者给消费者造成严重人身伤害等事故的；化妆品质量下降而未达到规定标准的；营业执照、化妆品生产企业卫生许可证或者化妆品生产许可证被吊销的。

化妆品广告禁止出现下列内容：化妆品名称、制法、成分、效用或者性能有虚假夸大的；使用他人名义保证或者以暗示方法使人误解其效用的；宣传医疗作用或者使用医疗术语的；有贬低同类产品内容的；使用最新创造、最新发明、纯天然制品、无副作用等绝对化语言的；涉及化妆品性能或者功能、销量等方面的数据的；违反其他法律、法规规定的。

（7）户外广告的管理

在会展中，会大量出现各种各样的户外广告。加强对户外广告的管理，合理规划城市户外广告，把提高户外广告质量和水平与城市市容建设有机地结合在一起，不仅可以起到美化市容、美化环境的作用，而且可以利用户外广告为社会主义物质文明和精神文明建设服务，促进社会主义市场经济的发展。户外广告的设置规划和管理办法，由当地县级以上地方人民政府组织广告监督管理、城市建设、环境保护、公安等有关部门制定。

《广告法》规定，有下列情形之一的，不得设置户外广告：①利用交通安全设施、交通标志的；②影响市政公共设施、交通安全设施、交通标志、消防设施、消防安全标志使用的；③妨碍生产或者人民生活，损害市容市貌的；④国家机关、文物保护单位和风景名胜区的建筑控制地带；⑤当地县级以上地方人民政府禁止设置户外广告的区域。

根据《户外广告登记管理规定》，发布下列广告应当依照本规定向市场监督管理机关申请户外广告登记，领取户外广告登记证：①利用户外场所、空间、设施发布的，以展示牌、电子显示装置、灯箱、霓虹灯为载体的广告；②利用交通工具、水上漂浮物、升空器具、充气物、模型表面绘制、张贴、悬挂的广告；③在地下铁道设施、城市轨道交通设施、地下通道以及车站、码头、机场候机楼内外设置的广告；④法律、法规和国家市场监督管理总局规定应当登记的其他形式的户外广告。

在本单位的登记注册地址及合法经营场所的法定控制地带设置的，对本单位的名称、标识、经营范围、法定代表人（负责人）、联系方式进行宣传的自设性户外广告，不需要向市场监督管理机关申请户外广告登记，地方性法规、规章另有规定的除外。市场监督管理机关应当加强对户外广告的日常监督检查，依法查处违法户外广告。户外广告发布单位以及相关当事人应当接受市场监督管理机关的监督检查，不得隐瞒真实情况、提供虚假材料。

2）来华广告及港、澳、台地区广告与出口广告的管理

对于国际性会展，涉及众多国外企业来华做广告以及我国企业出国做广告的一系列问题，有必要在此说明。

（1）来华广告的管理

来华广告是指外国企业、组织和个人在中华人民共和国境内进行的广告经营和广告宣传活动。来华广告必须遵守中华人民共和国的法律、法规。

对来华广告的一般要求为：广告主必须有良好的资信，在本国有一定的经济实力，商品或产品必须持有进口许可证；国家市场监督管理总局及有关部委有特殊规定的广告，如医药、食品等广告，必须持有国际上有关权威机关核准的证书；科技交流和商贸方面的产品展览会广告，需有中国科技部和中国商务部的证明；地方组织的，需有由地方组织出具的证明。

来华广告的办理方式：凡符合来华广告要求的广告刊户，可委托我国有外商广告经营权的广告公司办理。来华广告的办理要求为：①根据《广告法》的规定，外商广告刊户提出委托时，必须将有关事项以书面形式交广告代理公司。②广告代理公司向国内外有关机构查询该广告刊户的资信度，或者要求其预付广告费，确认无误后，广告代理公司向媒介单位发出广告订单，媒介单位认可后，该项广告业务即告成功。③外商广告申请一旦被批准，广告代理公司即可按有关媒介单位的要求和规定，向广告主索取广告稿件。收到稿件后，广告代理公司的专业人员审核广告内容，填写审稿单。审核同意后，复印存档，并将广告原稿寄有关的媒介单位，媒介单位广告部门的专业人员再进行终审。终审同意，即可刊出。④外商广告一经刊出，按国际惯例，媒介单位应立即出具广告证明及广告样品（样报、样书、样照、样袋等），并会同收款发票寄给广告代理公司。广告代理公司再按合同要求审核后开具收款发票，寄给广告刊户。广告刊户一般应自发票开具之日起30日内将广告费汇至中国银行该广告代理公司的账下（或由中国银行开支票向外商广告刊户托收）。

（2）港、澳、台地区广告的管理

港、澳、台地区的企业、组织和个人来内地（大陆）做广告宣传，参照来华广告进行管理。中国台湾地区的企业广告、商品广告和个人寻亲广告，不得出现“中华民国”等含有“两个中国”及“一中一台”含义的内容。

内地（大陆）企业、组织和个人到港、澳、台地区进行广告宣传的，按出口广告进行管理，我国法律、法规另有规定的，按有关规定管理。

（3）出口广告的管理

出口广告是指中国企业、组织和公民个人在国外进行的广告宣传。

出口广告的一般要求为：①广告内容除需遵守中国的法律外，还要遵守发布地所在国的法律、法令，如一些阿拉伯国家不准吸烟、喝酒，自然更不能做烟、酒广告。②广告内容不能损害当地的民族尊严，不能违反当地的风俗习惯。③在广告中，不得进行诽谤性宣传，不得使用不友好的文字。④在广告中使用商标的，应先在当地注册，经核准后方可发布。⑤当地有特殊规定的商品广告，如药品广告、食品广告等，应经国际组织或专门机构批准方可发布。⑥户外广告的设置、张贴，要遵守当地的有关规定。⑦我国企业、组织和个人不得自行在国外进行广告宣传，而应委托具有外商广告经营权的中国广告经营者代为办理。

出口广告的办理方式为：①由公司设在国外的分支机构负责。采用这种方式的优点有：一是由当地的负责人作决策，广告活动能切合当地的实际情况；二是分支机构能主动了解和协助广告媒介，保证广告的宣传效果；三是能增强国外代理机构的广告责任，对广告发布地的营销起到促进作用。②由公司的广告部门全权负责。采用这种方式的优点有：一是广告计划与执行集中领导，有利于统一规划、集中管理；二是广告调研、设计、制作的集中处理，便于提高工作效率、降低广告成本；三是便于对广告效果进行监控。③由本国总公司与国外代理机构联合处理。采用这种方式兼有上述两种方式之长，是现代国际广告中最理想的实施方式。

3）外商投资广告企业的管理

外商投资广告企业是指中外合资、中外合作经营广告业务的企业。设立外商投资广告企业，应当遵循我国有关外商投资企业和广告的法律、法规、规章，并由国家市场监督管理总局等核准。

（1）设立外商投资广告企业的资质标准

①合营各方必须是具有一定规模的以经营广告业务为主业的企业法人。②能够引进国际先进的广告制作技术和设备。③具有市场调查、广告策划和广告效果测定等能力。④能够在广告策划、创意、设计、制作和经营管理等方面培训中国职员。⑤注册资本不低于相关规定标准。

（2）对外商投资广告企业的要求

①外商投资广告企业通过审查取得批准证书后，如果更换合营方或变更经营范围，应按程序另行报批。②对于经检查发现与规定的资质标准不符，或在经营中有重大违法问题的外商投资广告企业，由所在地市场监督管理局广告监督管理部门通知其在规定的期限内改正；逾期不改正的，由省、自治区、直辖市、计划单列市市场监督管理局责令其停业整顿，或报经国家市场监督管理总局批准，依法吊销其营业执照。

6.3 会展广告活动

广告活动是指广告主为了达到促销或树立形象、扩大其影响等目的，通过有偿的方式，促使广告经营者和广告发布者为其向广告受众发布、传播信息的市场行为过程。它具有以下主要特征：广告活动的主体应当具有法定资格；广告活动是法定行为；广告活动究其本质而言是民事活动。

广告活动的目的，是促进商品或服务的销售，并使广告主从中获取利益。广告从其诞生的那天起，就带有强烈的促销目的。广告大师伯恩巴克说："广告业界中的任何人如不说他的目的是销售，则他不是无知就是骗子。"

《广告法》对广告主、广告经营者、广告发布者、广告代言人从事广告活动的行为做了明确的规定。广告活动的主体是广告主，而广告活动的对象是广大消费者；广告活动是通过大众传播媒介进行的，而不是面对面传播，如推销员的推销；广告活动的内容是经过有计划选择的商品或服务信息。

科学的广告活动包括以下5个环节：

（1）市场调查

市场调查是广告活动的起点。市场调查的任务就是详尽准确地了解市场、产品、消费者和环境的动态，从而为开展广告活动打下基础。

（2）广告策划

广告策划是广告活动的核心。广告策划的任务是在市场调查的基础上对如何开展广告活动提出具体的建议和设想，从而拟订广告计划书。广告策划的过程是确立广告战略与战术的过程，这里解决的是广告的宏观设想与具体手段相结合的问题。

（3）创作表现

创作表现是指根据广告战略的需要和广告战术的安排进行广告作品的构思、设计、制作，是广告表现的任务。

（4）媒介发布

媒介发布是指把广告作品通过一定的媒介刊播出去。媒介发布的主要任务就是选择、组合媒介并落实具体的刊播事宜。媒介发布也是策划思想的体现，需要考虑各种因素。

（5）效果测定

效果测定主要是指广告发布后的效果测定。从时间及阶段上看，广告效果测定包括事前测定、事中测定及事后测定。广告效果事后测定的目的是检查广告的效益，为开展新的广告活动提供必要的依据。

6.3.1　会展广告合同

1）广告合同的概念和种类

（1）广告合同的概念

广告合同是具有平等民事主体地位的广告活动主体之间为明确相互的权利、义务而订立的协议。《广告法》第30条规定："广告主、广告经营者、广告发布者之间在广告活动中应当依法订立书面合同。"

（2）广告合同的种类

①广告发布业务合同，即由广告发布者与广告主或广告主委托的广告经营者签订的书面合同；②广告制作合同，即由广告经营者与委托方就广告作品的设计、制作所签订的合同；③广告市场调查合同，即由广告经营者与委托方就某一具体市场调查活动所签订的合同；④广告代理协议，即具有广告代理权的广告经营者与广告主所签订的某一具体商品、服务广告活动的代理协议。

2）广告经营者签订广告合同时应注意的问题

①应当认真审查委托自己承办或代理广告业务的客户有无做广告和做某项广告内容的合法资格，并要求对方提供证明文件，只有在确认资格、验明文件之后，方与之签订合同。

②需要对方提供证明其广告内容真实、合法的证明文件，对不能出具证明文件或文件不全的，不能与之签订合同。

③了解广告客户的声誉和履约能力，避免与有可能影响自己形象、信誉或不能履约的客户签订合同。

④由于广告合同的标的一般表现为脑力劳动成果，当事人应尽量将合同的质量条款规定得具体、详尽，并明确检验的标准和方法，保证合同正确、全面执行。

6.3.2　对广告主活动的法律规定

《广告法》所称的广告主，是指为推销商品或者服务，自行或者委托他人设计、制作、发布广告的自然人、法人或者其他组织。对广告主活动的监督管理，主要是对广告主广告证明的监督管理。

1）对广告证明的主要要求

广告证明指的是用来表明广告客户的主体资格合法和广告内容真实、合法的文件、证件、资料等。《广告管理条例》规定广告客户委托广告经营者办理广告业务时应当提交和交验广告证明文件。广告证明制度是广告管理法规为保证广告真实、合法而确立的一项重要法律制度和管理制度，其目的在于判断广告宣传是否符合客观事实，是否符合法律、法规和有关政策。

《广告法》第34条第2款规定："广告经营者、广告发布者依据法律、行政法规查验有关证明文件，核对广告内容。对内容不符或者证明文件不全的广告，广告经营者不得提供设计、制作、代理服务，广告发布者不得发布。"

广告证明的出具机关应当是对广告中涉及的事项有管辖权的机关。有管辖权的机关对其管辖内容的全部或部分出具证明。广告证明由哪个机关出具，不仅涉及有关部门的管辖权，而且关系到广告证明是否合法、有效。凡是为广告宣传出具证明的，要对广告内容进行审查，并对证明的内容负责，广告内容不合法的，不予办理广告证明。

2）广告证明的类别

广告证明分为两类：一类是主体资格证明；另一类是广告内容真实、合法的证明。

（1）主体资格证明

主体资格证明是指证明广告客户具有做广告的权利和行为能力的文件、证件和凭证。主体资格证明主要有3种：一是营业执照；二是广告经营许可证；三是其他生产、经营资格的证明文件，如化妆品生产企业，其主体资格证明包括企业法人营业执照、化妆品生产许可证、化妆品生产企业卫生许可证等。

广告管理法规规定广告客户委托广告经营者办理广告业务应当提交和交验的资格证明有：工商企业和个体工商户交验企业法人营业执照副本和营业执照副本；机关、团体、事业单位提交本单位的证明；个人提交乡镇人民政府、街道办事处或所在单位的证明；全国性公司、外商投资企业交验中华人民共和国营业执照；外国企业常驻代表机构交验由国家市场监督管理总局颁发的外国企业在中国常驻代表机构登记证。

（2）广告内容真实、合法的证明

广告内容真实、合法的证明是指证明广告内容真实、合法的文件、证件和资料等，主要有3种：一是商品质量证明；二是确认广告内容真实性的其他证明文件；三是特定商品广告要求提供的证明文件。

行业视窗6-3

整治医疗、药品和保健食品广告

谈到广告内容，可关注一下和老百姓密切相关的药品广告。据有关广告监测部门统计，当前虚假违法广告中最突出的是医疗、药品、保健食品这三大类广告，无论是违法量、违法率都高居前三位。为此，国家工商行政管理总局（现国家市场监督管理总局）下发了《关于开展医疗、药品和保健食品广告专项整治工作的通知》。此次专项整治的重点是：发布未经审批或批文过期的医疗、药品广告，以及虚假保健食品广告；在大众媒体发布的处方药品广告伪造、涂改、盗用或非法复制医疗、药品和保健食品广告证明文件的行为；广告经营者、发布者无证照或超越经营范围经营医疗、药品和保健食品广告业务的违法行为等。省工商局有关负责人介绍，造成虚假违法广告屡禁不止的原因主要有以下几个方面：一是广告审查不严。部分广告审查人员对广告法律、法规掌握、理解不深，审查广告凭主观判断。一些媒体把广告业务承包给广告公司代理的同时，也把广告的审查责任推给代理公司，自己只管收钱，对广告审查放任自流。二是受经济利益驱使。一些媒体为了片面追求经济利益，对广告存在的问题常常“视而不见”，甚至出现了谁出钱多就按谁的意思发布广告的局面，置广告法律、法规和社会公德于不顾。一些媒体为逃避法律惩处，往往利用媒体优势地位，将处罚风险转嫁给广告主和代理公司，在广告协议和合同中要求广告主和代理公司承担处罚费用，自己则不担负任何责任，造成的恶果则是媒体基本放弃审查责任，客观上助长了广告主发布违法广告之风。三是广告经营主体混乱。一些在新闻媒体中从事采编的部门受到利益驱使插手广告业务，有的记者以采访名义拉广告，有的媒体发行部门利用分送夹报等形式承揽违法印刷品广告。四是广告形式违法。一些媒体不仅搞有偿新闻，而且花样不断翻新，报道内容有品牌介绍、服务介绍、联系方法、联系人等，以此误导消费者。

资料来源 作者根据会展咨询网资料改编.

3）广告经常涉及的事项具体应提供的证明

广告管理法规就广告经常涉及的事项所应提交的证明做出了明确规定：

①标明质量标准的商品广告，应当提交国家标准化行政管理部门的证明。

②标明获奖的商品广告，应当提交本届、本年度或者数届、数年度连续获奖的证书。

③标明优质产品称号的商品广告，应当提交政府颁发的优质产品证书。

④标明专利权的商品广告，应当提交专利证书。

⑤标明注册商标的商品广告，应当提交商标注册证。

⑥实施生产许可证的产品广告，应当提交生产许可证。

⑦报刊出版发行广告，应当交验省、自治区、直辖市新闻出版机关核发的登记证。

⑧图书出版发行广告，应当提交新闻出版机关批准成立出版社的证明。

⑨各类文艺演出广告，应当提交所在县以上文化主管部门准许演出的证明。

⑩大专院校招生广告，应当提交国家教育委员会或省、自治区、直辖市教育行政部门同意刊播广告的证明；外国来中国招生的广告，应当提交国家教育委员会同意刊播广告的证明。

各类文化补习班或职业技术培训班招生广告、招工招聘广告，应当提交乡以上（含县）教育行政部门或劳动人事部门同意刊播广告的证明。

个人行医广告，应当提交县以上（含县）卫生行政主管部门批准行医的证明和审查批准广告内容的证明。

药品、类药品广告，应当提交所在省、自治区、直辖市卫生行政部门核发的“药品广告审批表”。

食品广告应当提交所在地（市）级以上食品卫生监督机构批准的“食品广告审批表”。

兽药广告应当提交省、自治区、直辖市农牧渔业行政管理机关审查批准的证明。

农药广告应当提交农业农村部或省、自治区、直辖市农业农村厅（局）药检或植保部门审查批准的“农药广告审批表”。

各类展销会、订货会、交易会等广告，应当提交主办单位主管部门批准的证明。

有奖储蓄广告，应当提交上一级中国人民银行的证明。

其他各类广告，需要提交证明的，应当提交政府有关部门或者授权单位的证明。

6.3.3 对广告经营者、广告发布者的法律规定

《广告法》所称的广告经营者，是指受委托提供广告设计、制作、代理服务的自然人、法人或者其他组织。《广告法》所称的广告发布者，是指为广告主或者广告主委托的广告经营者发布广告的自然人、法人或者其他组织。例如，在可口可乐的广告里，可口可乐公司就是广告主，广告的设计制作公司就是广告经营者，广告发布者一般是指媒体，如电视台、杂志社、报社等。对广告经营者、广告发布者的监督管理，就是对它们的广告经营活动进行监督管理。

1）广告经营者、广告发布者的资质标准

广告经营者、广告发布者的资质标准，是从事广告经营活动的基本资格要求，是广告监督管理机关对广告经营者、广告发布者进行广告经营审批登记的重要依据，是广告市场准入条件，也是广告监督管理机关对广告经营者、广告发布者经营活动进行监督检查的重要内容。

《广告法》第29条规定：“广播电台、电视台、报刊出版单位从事广告发布业务的，应当设有专门从事广告业务的机构，配备必要的人员，具有与发布广告相适应的场所、设备。”

这个规定有以下两层意思：

（1）规定了广告市场的准入条件

凡申请从事广告经营活动的单位和个人，除了应具备《中华人民共和国企业法人登记管理条例》《中华人民共和国私营企业暂行条例》《城乡个体工商户管理暂行条例》等行政法规明确规定的必备条件之外，还应符合国家市场监督管理总局印发的《广告经营者、广告发布者资质标准及广告经营范围核定用语规范》所规定的资质标准。

（2）规定了广告经营的审批登记制度

凡是从事广告经营活动的，在符合了广告经营资质标准，具备了广告市场准入条件之后，还必须向市场监督管理部门申请登记，核准广告经营权和广告经营范围。市场监督管理部门代表国家对申请经营广告业务的单位进行审查，符合广告经营条件的，核准其经营广告业务，向申请经营广告业务的单位或个人颁发营业执照和广告经营许可证。营业执照和广告经营许可证的颁发，标志着申请登记单位广告经营权的确立，也就是广告经营资格审批登记程序的最终完成。

2）广告经营管理制度

《广告法》第34条第1款规定：“广告经营者、广告发布者应当按照国家有关规

定，建立、健全广告业务的承接登记、审核、档案管理制度。”根据这一规定，广告经营者、广告发布者应当按照国家的统一规定，建立相应的经营管理制度。

（1）广告承接登记制度

承接登记是接洽广告业务的开始，通过承接登记制度，了解、记录广告活动的主体资格。承接登记的主要项目包括：广告主、广告主委托的广告代理公司的名称、营业执照号、经办人员的身份；广告种类、广告名称；电话、地址、邮政编码等。承接登记制度实际上就是广告经营者、广告发布者接受广告主或者广告主委托的广告代理公司提出的广告业务要求后，如何接受、在何种地方接受、接受需要履行什么手续的这样一套规章制度。

（2）广告审核制度

广告审核制度是指广告经营者、广告发布者对承接的广告业务所进行的审查。广告经营者、广告发布者依据法律、行政法规查验有关证明文件，核实广告内容；对于内容不实或者证明文件不全的广告，广告经营者不得提供设计、制作、代理服务，广告发布者不得发布。

（3）广告档案管理制度

广告档案又叫广告业务档案，是广告活动当事人分类保存的广告样件及相关证明文件和资料。广告档案管理制度是对广告经营者、广告发布者保存广告证明、广告样件、广告活动文书、表格、资料的具体要求。

广告档案的主要存档项目应包括：设计、制作、代理、发布的广告样件；广告合同；承接登记记录；全部有关证明文件或其有效复制件；广告内容修改记录、广告审核意见；有条件的单位可建立发布效果及反馈的记录；广告监督管理机关要求的其他有关存档材料等。

3）关于广告收费的管理

在广告活动中，广告经营者、广告发布者接受广告主的委托，一般都要收取一定的费用。也就是说，这是一种有偿的民事行为。《广告法》第35条规定：“广告经营者、广告发布者应当公布其收费标准和收费办法。”其第60条第2款规定：“违反本法第35条规定，广告经营者、广告发布者未公布其收费标准和收费办法的，由价格主管部门责令改正，可以处5万元以下的罚款。”

（1）广告收费必须合理、公开

广告收费必须合理，就是要求广告经营者、广告发布者要根据国家有关规定核算成本，制定合理的价格，禁止牟取暴利；广告收费必须公开，就是要求把广告经营者、广告发布者的收费标准和收费办法，通过各种形式向社会披露，做到明码标价。

（2）广告的收费标准和办法

广告经营者、广告发布者应当于执行制定的收费标准和办法之日前，填写广告服务收费价目表，附制定收费标准及收费办法的说明，按广告收费备案管理权限，报政府价格主管部门和市场监督管理部门备案。广告经营者、广告发布者应当使用符合规范要求的广告服务收费价目表备案，报送备案的收费价目表应一式三份，正本由广告经营者、广告发布者留用，副本由价格主管部门和市场监督管理部门分别存档。广告经营者、广告发布者如果未向物价和市场监督管理部门备案，其制定的收费标准和收费办法将不具备法律效力。

4）禁止发布广告的商品或服务

《广告法》第37条规定："法律、行政法规规定禁止生产、销售的产品或者提供的服务，以及禁止发布广告的商品或者服务，任何单位或者个人不得设计、制作、代理、发布广告。"本条对设计、制作、发布广告做了两项禁止性的规定：

（1）法律、行政法规规定禁止生产、销售的产品或者提供的服务，不得设计、制作、代理、发布广告

这类法律、行政法规主要有《中华人民共和国药品管理法》（以下简称《药品管理法》）、《中华人民共和国产品质量法》（以下简称《产品质量法》）等。

（2）某些产品或服务，国家法律或者行政法规允许生产、销售或提供，但不允许发布广告

这类法律、行政法规主要有《药品管理法》《中华人民共和国兽药管理条例》《中华人民共和国烟草专卖法》等。

育德启智6-1

振威展览以"工匠精神"打造世界会展品牌

工匠精神，是中国展览界的重量级企业——振威展览股份在发展过程中的不懈追求。振威展览股份在过去近20年中，一直专注于在会展领域发展和壮大。在从计划时代向开放型时代的转变中走出了民企特色，目前已发展成为以会展为核心，集展览会议、数据资讯、电子商务三大业务板块于一体的全球会展综合服务商，中国规模较大的民营展览公司。2015年11月24日，振威展览成功登陆新三板，民企背景和资本时代催生了振威展览的跨越式发展。

振威展览股份董事长张学山在接受《中国贸易报》记者采访时表示，"振威将乐观面对上市后带来压力。振威并不是为上市而上市，为创造业绩、规模的叠加而叠加，精耕细作每个展会，做展览行业具有工匠精神的企业，成为中国享誉国际的行业龙头，这才是振威发展的真正原动力。在国际舞台，电信设备领域有华为、联想、中兴，互联网领域有BAT，家电行业有美的、格力，而振威希望作会展业的领跑者，向世界传递出中国的声音。"

振威展览有6个展会通过UFI国际认证：中国国际石油石化技术装备展览会、中国新疆国际煤炭工业博览会、中国新疆国际农业博览会、中国天津国际机床展览会、中国天津国际机械工业装备博览会以及中国天津国际工业自动化技术装备展览会。与此同时，振威展览旗下有5个商务部重点支持展会：北京石油展、中国制博会、新疆农博会、西安建筑节能展、新疆煤炭展；4个商务部批准展会：北京石油展、中国制博会、新疆农博会和广州保健食品展。

近年来，振威展览陆续与北京、天津、成都、海口、洛阳、绵阳、东营、克拉玛依、乐陵等地各级政府和部门签署了战略合作协议，通过展会合作，突出当地区位优势，打造城市品牌，加速地缘经济的发展。截至2016年2月，振威展览与各级政府和部门签订的战略合作协议和承接政府办展项目多达14个。

资料来源 振威展览以“工匠精神”打造世界会展品牌［N］. 中国贸易报，2021-09-18.

思政元素： 工匠精神 守正创新

学有所悟： 党的二十大报告指出：“加快建设国家战略人才力量，努力培养造就更多大师、战略科学家、一流科技领军人才和创新团队、青年科技人才、卓越工程师、大国工匠、高技能人才。”工匠精神是对完美和极致的不懈追求，是努力把品质从99%提升到99.99%；工匠精神是对自己事业的热爱，胜过金钱；工匠精神是对自身的不断超越和追求。对我们每个人来说，工匠精神的核心是：不仅仅把工作当作赚钱的工具，而是树立一种对工作执着、对所做的事情和生产的产品精益求精、精雕细琢的精神。大多数基业长青的成功企业都有这种工匠精神的影子，在企业上下形成共同价值观，并由此培育出企业的内生动力。

6.4 会展广告审查制度

广告审查是指广告经营者、广告发布者在承办广告业务中依据广告管理法规的规定，在广告发布之前检查、核对广告是否真实合法，并将检查、核对情况和检查结论、意见记录在案，以备查验的活动。

6.4.1 会展广告审查的内容和依据

1）会展广告审查的内容

《广告法》第46条规定：“发布医疗、药品、医疗器械、农药、兽药和保健食品广告，以及法律、行政法规规定应当进行审查的其他广告，应当在发布前由有关部门（以下称广告审查机关）对广告内容进行审查；未经审查，不得发布。”这条规定讲明了广告审查的两个问题：

（1）广告审查的范围

广告审查的范围分为两个层次：第一个层次是“发布的医疗、药品、医疗器械、农药、兽药和保健食品广告”。由于医疗、药品、医疗器械、农药、兽药和保健食品与人民生命财产安全等密切相关，所以称其为特殊商品。第二个层次是“法律、行政法规规定应当进行审查的其他广告”。随着我国经济的发展，广告被运用于更加广阔的领域，还有可能出现一些事关人身安全、生产安全和市场经济秩序的商品，其广告需要通过法律、行政法规的规定列为特种广告的范围，进行发布前的审查。

（2）广告审查机关

广告审查机关是指依照法律、行政法规对必须进行行政性审查的广告进行审查的有关行政主管部门。

我国的广告审查分为行政性审查和广告主、广告经营者、广告发布者对自己所设计、制作、代理、发布的广告进行自我审查两种。

2）会展广告审查的法律依据

广告审查机关对特殊商品广告进行审查时，应当依据法律、行政法规中关于特殊商品广告管理的规定进行。这些法律、行政法规有国家市场监督管理总局修订并颁布的《药品广告审查办法》《医疗器械广告审查办法》等。它们与《广告法》《药品管理法》等共同构成了对医疗、药品、医疗器械、农药、兽药和保健食品广告进行审查的法规体系。

6.4.2 广告审查的程序

《广告法》第47条规定："广告主申请广告审查，应当依照法律、行政法规向广告审查机关提交有关证明文件。广告审查机关应当依照法律、行政法规规定做出审查决定，并应当将审查批准文件抄送同级市场监督管理部门。广告审查机关应当及时向社会公布批准的广告。"

1）申请广告审查

（1）向广告审查机关提出申请

广告主可以自行发布广告，也可以由授权代理其广告业务的广告经营者或者广告发布者代理发布广告。不论采取何种发布形式，都应当由广告主向广告审查机关提出申请。广告主提出申请，可以是亲自提出，也可以由授权代理其广告业务的广告经营者或者广告发布者代理提出。

（2）提交有关的证明文件

广告主委托广告经营者、广告发布者办理广告业务时，应当提交和交验广告证明文件，并保证所提交和交验的广告证明真实、合法、有效。广告内容真实、合法的证明文件的提交和交验数量，依广告内容所涉及事项的多少而确定。当广告内容所涉及事项是单一的时，广告主只需提交和交验一份证明文件就可以了；当广告内容所涉及事项为多方面的时，广告主应当分别就广告内容所涉及的每个事项提交和交验证明文件。提交和交验证明是广告主必须履行的法律义务。

广告主应当提交和交验的证明，根据广告管理法规规定必须是由国家有关广告证明机关核发的，才具有法律上的证明力。广告内容真实、合法性的证明出具机关为对口行政主管部门，即对广告所涉及事项有行政管理权的部门或其授权单位，如药品广告内容真实、合法性的证明文件由卫生行政主管部门出具，招生广告内容真实、合法性的证明文件由教育行政主管部门出具。广告主主体资格的证明机关为国家专门办理各种类型主体资格的审批登记机关，如企业法人资格的审批登记机关为市场监督管理机关。主体资格证明文件一经核发，在其有效期内可反复使用，不需要由审批登记机关在广告主每次从事广告宣传活动时再逐次加以确认。为广告主出具非法或虚假证明的，要承担法律责任。

（3）广告证明必须具备合法性

①广告证明出具机关合法。只有对广告内容所涉及事项有行政管理权的国家机关或其授权单位出具的证明才具有证明力，其他机关出具的广告证明不具有法律上的证明力。②广告证明的内容合法。广告证明的内容必须符合我国法律、行政法规，如果证明的内容不符合我国的法律、行政法规，即使证明的内容是真实的，证明也是无效的。③广告证明与广告内容有直接的联系，如果没有直接联系，广告证明无效。④广告证明的适用范围有效，指广告证明持有者必须具有持有该广告证明的合法身份，广告证明的时间和地域范围与广告证明文件所载时间和地域范围相一致。广告证明如果超出其有效时间和地域范围，证明持有人提交的广告证明是伪造、盗用或通过其他非法手段得到的，广告证明无效。

广告经营者、广告发布者在收取和查验广告证明要件时，必须同时对广告证明要件的有效性进行审查。广告证明无效的，应拒绝承办。否则，要承担相应的法律责任。

2）广告内容的审查

《广告法》第46条规定："发布医疗、药品、医疗器械、农药、兽药和保健食品广告，以及法律、行政法规规定应当进行审查的其他广告，应当在发布前由有关部门（以下称广告审查机关）对广告内容进行审查；未经审查，不得发布。"如对广告影视带、平面广告小样等进行审查，审查其广告成品中语言、文字、形象等内容，使审查后的广告内容与消费者看到、听到、读到的广告内容相一致，不得超出审查范围。

3）广告审查机关做出审查决定

广告审查机关应根据各自的权限对特殊商品广告进行审查。如重点媒介广告，境外产品和新药、新兽药广告，由国家审查机关审查；其他广告由生产者所在省级卫生健康委员会、药品监督管理局和农业农村厅负责审查；在异地（外省）发布药品、兽药广告需向当地审查机关申请换发批准文号；发布医疗器械、农药广告须向当地审查机关备案。为避免广告制成后通不过审查可能造成的浪费，送审者对批准把握不大的广告，可以先申请初审。

广告审查机关对申请审查的广告必须在一定的期限内做出审查决定，根据各自的权限对特殊商品广告进行审查。审查决定一般有3种可能，即审查合格准予发布；审查不合格驳回申请；建议修改后再行审查。对于已经取得广告审查批准文号的特殊商品广告，为保证广告发布的内容与广告审查决定文件一致，其审查批准文号应当列为广告内容同时发布。

广告审查批准文号有效期一般为1年，超过期限需继续做广告时，必须重新审查。同时，经地级市以上广告监督管理机关同意，当地广播电台发布药品广告时可省略审查批准文号。

6.5 会展广告法律责任

会展广告违法行为是指违反我国广告管理法律、行政法规，并危害社会的行为。广告管理法律、行政法规不仅指专门约束广告活动的法律、行政法规，而且包括有关法律、行政法规中涉及广告管理内容的规定。由于广告违法行为损害了消费者的合法权益，扰乱了市场秩序，作为广告管理机关应做到有法必依、执法必严、违法必究，坚决按照相关罚则惩处广告违法行为，以促使广告业健康发展，保证社会经济的正常运行。

6.5.1 对非法经营广告的处罚

非法经营广告是指违反《广告法》的规定，未经市场监督管理机关核发营业证照，擅自承办广告业务或超出核准的经营范围从事广告经营活动。非法经营广告的具体行为如下：

①无证经营广告，即没有办理广告经营许可证的单位或个人，无论是从事常年性的广告经营活动，还是从事临时性的广告经营活动，都属于违法行为。

②超出经营权限范围经营广告。广告经营许可证对广告经营的范围有明确的界定，凡超出经营范围的广告经营活动，均属非法经营。

③新闻单位内部非广告经营部门从事广告经营活动，以及新闻工作者借采访名义招揽广告等。

④外国企业或组织、外籍人员未经中国具有外商广告经营权的广告经营单位的代理，直接在中国境内承揽广告。

⑤未经有关部门批准，承办经营性印刷品广告、赞助广告以及大量发行邮寄广告等。

对于非法经营广告的单位和个人，《广告法》第五章法律责任做出了具体规定。

6.5.2 对发布虚假广告的处罚

广告以虚假或者引人误解的内容欺骗、误导消费者的，构成虚假广告。

广告有下列情形之一的，为虚假广告：

①商品或者服务不存在的。

②商品的性能、功能、产地、用途、质量、规格、成分、价格、生产者、有效期限、销售状况、曾获荣誉等信息，或者服务的内容、提供者、形式、质量、价格、销售状况、曾获荣誉等信息，以及与商品或者服务有关的允诺等信息与实际情况不符，对购买行为有实质性影响的。

③使用虚构、伪造或者无法验证的科研成果、统计资料、调查结果、文摘、引用语等信息作证明材料的。

④虚构使用商品或者接受服务的效果的。

⑤以虚假或者引人误解的内容欺骗、误导消费者的其他情形。

《广告法》第55条规定："违反本法规定，发布虚假广告的，由市场监督管理部门责令停止发布广告，责令广告主在相应范围内消除影响，处广告费用3倍以上5倍以下的罚款，广告费用无法计算或者明显偏低的，处20万元以上100万元以下的罚款；两年内有3次以上违法行为或者有其他严重情节的，处广告费用5倍以上10倍以下的罚款，广告费用无法计算或者明显偏低的，处100万元以上200万元以下的罚款，可以吊销营业执照，并由广告审查机关撤销广告审查批准文件、1年内不受理其广告审查申请。医疗机构有前款规定违法行为，情节严重的，除由市场监督管理部门依照本法处罚外，卫生行政部门可以吊销诊疗科目或者吊销医疗机构执业许可证。广告经营者、广告发布者明知或者应知广告虚假仍设计、制作、代理、发布的，由市场监督管理部门没收广告费用，并处广告费用3倍以上5倍以下的罚款，广告费用无法计算或者明显偏低的，处20万元以上100万元以下的罚款；两年内有3次以上违法行为或者有其他严重情节的，处广告费用5倍以上10倍以下的罚款，广告费用无法计算或者明显偏低的，处100万元以上200万元以下的罚款，并可以由有关部门暂停广告发布业务、吊销营业执照。广告主、广告经营者、广告发布者有本条第1款、第3款规定行为，构成犯罪的，依法追究刑事责任。"

《广告法》第56条规定："违反本法规定，发布虚假广告，欺骗、误导消费者，使购买商品或者接受服务的消费者的合法权益受到损害的，由广告主依法承担民事责任。广告经营者、广告发布者不能提供广告主的真实名称、地址和有效联系方式的，消费者可以要求广告经营者、广告发布者先行赔偿。关系消费者生命健康的商品或者服务的虚假广告，造成消费者损害的，其广告经营者、广告发布者、广告代言人应当与广告主承担连带责任。前款规定以外的商品或者服务的虚假广告，造成消费者损害的，其广告经营者、广告发布者、广告代言人，明知或者应知广告虚假仍设计、制作、代理、发布或者作推荐、证明的，应当与广告主承担连带责任。"

《广告法》第69条规定："因发布虚假广告，或者有其他本法规定的违法行为，被吊销营业执照的公司、企业的法定代表人，对违法行为负有个人责任的，自该公司、企业被吊销营业执照之日起3年内不得担任公司、企业的董事、监事、高级管理人员。"

6.5.3 对发布违禁广告的处罚

这里主要是指广告主、广告经营者、广告发布者违反《广告法》第9条和第10条的规定发布禁止情形的广告，即构成发布违禁广告的违法行为。

对发布有《广告法》第9条、第10条规定的禁止情形的广告，《广告法》第57条规定，由市场监督管理部门责令停止发布广告，对广告主处20万元以上100万元以下的罚款，情节严重的，并可以吊销营业执照，由广告审查机关撤销广告审查批准文件、1年内不受理其广告审查申请；对广告经营者、广告发布者，由市场监督管理部门没收广告费用，处20万元以上100万元以下的罚款，情节严重的，并可以吊销营业执照。

6.5.4 对发布超越国家许可范围广告的处罚

超越经营范围是指广告经营者超越市场监督管理机关核准营业执照所明确规定的营业范围而经营广告业务的行为。

市场监督管理机关在核准广告经营许可证和营业执照时按照申请者的营业能力规定了营业范围。每个广告经营者都必须严格按规定的营业范围从事经营活动。

根据相关规定，无证照经营广告业务的，按照《无照经营查处取缔办法》的有关规定予以处罚；超越经营范围经营广告业务的，按照企业登记管理法规的有关规定予以处罚。

6.5.5 对发布无合法证明或证明不全广告的处罚

广告证明是指表明广告主主体资格和广告内容是否真实、合法的文件、证件。

广告主委托广告经营者和广告发布者承办广告业务时，应当依法向广告经营者、广告发布者提交和交验上述两类证明文件，并保证所提交的广告证明真实、合法、有效；广告经营者、广告发布者承办广告业务时，应当要求广告主提供相应证明，并依据法律、行政法规查验有关证明文件，核实广告内容。《广告法》第34条第2款规定："广告经营者、广告发布者依据法律、行政法规查验有关证明文件，核对广告内容。对内容不符或者证明文件不全的广告，广告经营者不得提供设计、制作、代理服务，广告发布者不得发布。"

《广告法》第60条第1款规定："违反本法第34条规定，广告经营者、广告发布者未按照国家有关规定建立、健全广告业务管理制度的，或者未对广告内容进行核对的，由市场监督管理部门责令改正，可以处5万元以下的罚款。"

6.5.6 对广告经营活动中垄断和不正当竞争行为的处罚

1）垄断行为的表现

广告经营过程中的垄断行为是指广告活动的当事人或经济组织对广告市场运行过程或这一过程的某些方面的排他性控制，即对其他的合法广告经营活动进行排斥、控制。其具体行为表现如下：

①两个或两个以上的广告经营者签订限制竞争的协议，包括签订分割广告市场的协议，规定各自不进入对方占领的市场或进入后互不竞争；一致同意共同对付外来竞争或规定其他竞争者进入市场的条件等。

②在市场上占优势的企业，以不正当竞争行为谋取独占地位，包括无正当理由拒绝与某类广告经营者以外的其他广告经营者作交易；强迫对方接受不合理的交易条件，搞歧视性价格，对不同的广告经营者实行不同的收费标准。

2）不正当竞争行为的表现

所谓不正当竞争行为，是指利用欺骗性的、有害的竞争方法与同类企业进行竞争的行为。其具体表现如下：

①编造、散布有损竞争对手的不真实的消息。

②采用贿赂或变相贿赂等非法手段招揽广告。

③违反国家广告收费标准的规定，采用改变广告代理收费标准的手段，争抢客户。

《广告法》第31条规定："广告主、广告经营者、广告发布者不得在广告活动中进行任何形式的不正当竞争。"对在广告活动中进行垄断或不正当竞争的，视其情节予以通报批评、没收非法所得，处以罚款或责令停业整顿。

知识掌握

1）商业广告具有什么特征？

2）烟草广告不得出现哪些情形？

3）如何理解南博会主题"融入'一带一路'、促进合作共赢"？

第6章
知识掌握
答案提示

知识应用

□ 案例分析

南通六子烤吧杜撰主席语录打广告　涉嫌违反广告法

为了吸引眼球、招徕顾客，商家们各出奇招、花样百出，但这得有个前提条件，发布的广告内容一定要符合《广告法》的相关规定。

在南通市区青年中路"六子烤吧"烧烤店玻璃门的两侧，张贴着两张广告画，画面上是毛主席挥手半身像。半身像上方有一条语录："广大人民群众一定要长期支持这个店"。附近市民表示，这样的广告违反了《广告法》，而且有损领袖形象。他们希望店家能够纠正过来，不要再张贴这样的广告画，生意好不好要看商家本身的诚信和手艺。

根据《广告法》的相关规定，商家不得使用国家机关和国家机关工作人员的名义发布广告。此外，国家市场监督管理总局还曾下达通知，对变相使用党和国家领导人名义做广告的行为要严查。青年中路上的这家烧烤店用毛主席的形象做广告明显违背《广告法》的规定，市场监督管理部门应依法处理。

第6章
知识应用
答案提示

资料来源　小王子. 南通六子烤吧杜撰主席语录打广告，涉嫌违反国家广告法［EB/OL］.［2016-07-12］. http: //news.rugao35.com/newsshow-180707.html.

问题：南通六子烤吧广告语涉嫌违法被查的法律依据是什么？

□ 实践训练

在现实中找出一则虚假广告，运用所学知识进行分析。

要求：能够讲出虚假广告违反了哪些法律规定，按规定应该受到哪些处罚。

第7章

国际物流法律规范

学习目标

☆ 了解国际货运代理的概念及业务范围；
☆ 明确国际货运代理业相关的法律规范；
☆ 熟知国际货运代理合同的内容；
☆ 掌握国际货运代理企业如何设立；
☆ 培养学生国际眼光、创新意识。

思维导图

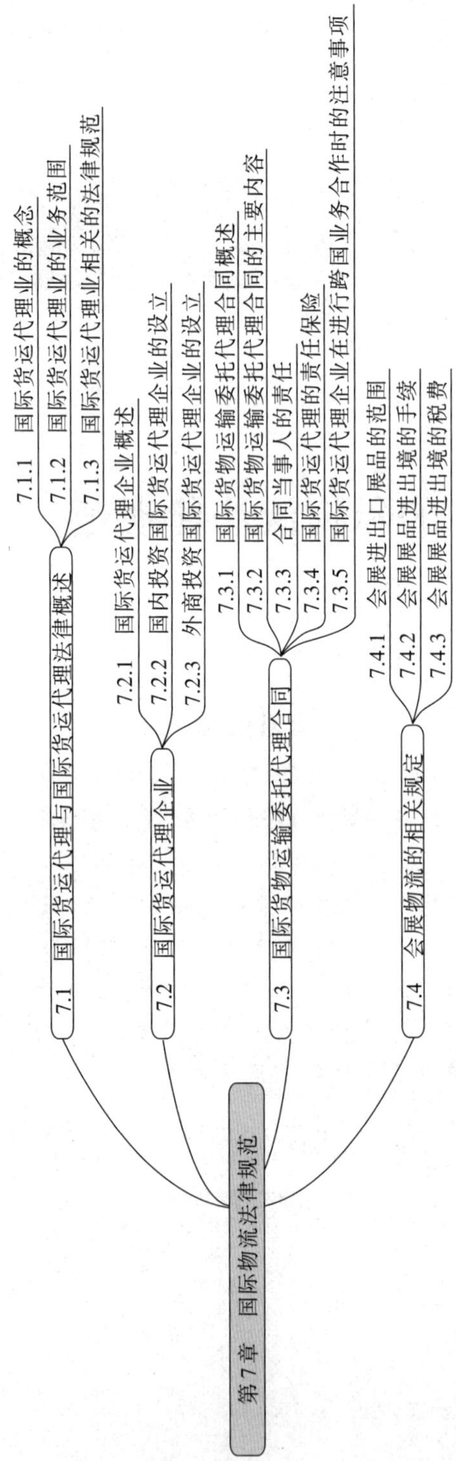
第7章 国际物流法律规范
7.1 国际货运代理与国际货运代理法律概述
7.1.1 国际货运代理业的概念
7.1.2 国际货运代理业的业务范围
7.1.3 国际货运代理业相关的法律规范
7.2 国际货运代理企业
7.2.1 国际货运代理企业概述
7.2.2 国内投资国际货运代理企业的设立
7.2.3 外商投资国际货运代理企业的设立
7.3 国际货物运输委托代理合同
7.3.1 国际货物运输委托代理合同概述
7.3.2 国际货物运输委托代理合同的主要内容
7.3.3 合同当事人的责任
7.3.4 国际货运代理的责任保险
7.3.5 国际货运代理企业在进行跨国业务合作时的注意事项
7.4 会展物流的相关规定
7.4.1 会展进出口展品的范围
7.4.2 会展展品进出境的手续
7.4.3 会展展品进出境的税费

引例　海上货物运输合同纠纷案

原告：东方海外货柜航运有限公司，住所地香港特别行政区湾仔港湾道25号海港中心33楼。

被告：河南外运保税物流有限责任公司，住所地河南自贸试验区郑州片区（郑东）七里河南路75号意中大厦11层1103、1105、1108室。

被告：河南省畜产品进出口有限公司，住所地河南省郑州市农业路东段23号。

……

本院认为，本案是一宗海上货物运输合同纠纷。东方海外公司为在中国香港设立的法人主体，案涉货物从伊朗阿巴斯港运至中国蛇口港再被运至阿巴斯港，案件具有涉外、涉港因素，各方当事人均一致同意适用中华人民共和国法律解决本案实体争议，根据《中华人民共和国海商法》第二百六十九条关于“合同当事人可以选择合同适用的法律，法律另有规定的除外”的规定，应适用中华人民共和国法律处理本案实体争议。本案争议焦点为：第一，各方当事人之间的法律关系；第二，两被告是否应当承担东方海外公司主张的各项费用；第三，东方海外公司各项诉讼请求是否已过诉讼时效。

……

综上，依照《中华人民共和国海商法》第八十六条和《最高人民法院关于适用〈中华人民共和国民事诉讼法〉的解释》第二百一十九条的规定，判决如下：

一、被告河南省畜产品进出口有限公司向原告东方海外货柜航运有限公司支付货物退运费用人民币280 774元及该款项2018年10月16日起至判决确定的履行期限届满之日止的利息（2018年10月16日起至2019年8月19日的利息按照中国人民银行同期同类贷款利率计算，2019年8月20日起至判决确定的履行期限届满之日止的利息按照同期全国银行间同业拆借中心公布的贷款市场报价利率计算）；

二、被告河南省畜产品进出口有限公司向原告东方海外货柜航运有限公司支付码头堆存费人民币375 440元及该款项2018年12月22日起至判决确定的履行期限届满之日止的利息（2018年12月22日起至2019年8月19日的利息按照中国人民银行同期同类贷款利率计算，2019年8月20日起至判决确定的履行期限届满之日止的利息按照同期全国银行间同业拆借中心公布的贷款市场报价利率计算）；

三、驳回原告东方海外货柜航运有限公司的其他诉讼请求。

以上给付金钱义务，应于本判决生效之日起十日内履行完毕。

如果未按本判决指定的期间履行给付金钱义务，应当依照《中华人民共和国民事诉讼法》第二百五十三条的规定，加倍支付迟延履行期间的债务利息。

本案案件受理费人民币26 982.19元，由原告东方海外货柜航运有限公司负担人民币19 963.69元，由被告河南省畜产品进出口有限公司负担人民币7 018.5元。

如不服本判决，原告东方海外货柜航运有限公司可在判决书送达之日起三十日内，被告河南外运保税物流有限责任公司、河南省畜产品进出口有限公司可在判决书送达之日起十五日内向本院递交上诉状，并按对方当事人的人数提出上诉状副本，上诉于广东省高级人民法院。

资料来源　广州海事法院. 东方海外货柜航运有限公司与河南外运保税物流有限责任公司、河南省畜产品进出口有限公司海上货物运输合同纠纷一案［EB/OL］.［2021-01-12］. https：//www.gzhsfy.gov.cn/hsmh/web/content?gid=92742.

7.1　国际货运代理与国际货运代理法律概述

7.1.1　国际货运代理业的概念

国际货运代理业是随着国际贸易的发展，作为国际货物运输的辅助性行业发展起来的。随着国际贸易与国际货物运输业的发展，货运代理的作用也日益重要，各国对其称谓也各不相同，如“清关代理人”“通关代理行”“报关代理人”“船货代理”“海关佣金商”“运输和货运代理”等，在我国则称为“国际货运代理”。

由于各国货运代理业的情况不同，货运代理职能有所差异，且各方对货运代理业从不同角度进行定义，故至今仍没有一个在国际范围内被普遍接受的定义。

《中华人民共和国国际货物运输代理业管理规定》（以下简称《国际货物运输代理业管理规定》）对国际货运代理业的定义是：“接受进出口货物收货人、发货人的委托，以委托人的名义或者以自己的名义，为委托人办理国际货物运输及相关业务并收取服务报酬的行业。”根据该定义，在我国，国际货运代理的职能更加广泛，包括货运代理自己作为经营人经营运输、物流等业务的情况，而且并不需要货运代理自备相应的经营设备，只要其能够从市场上租到这些设备即可。对此，《中华人民共和国国际货物运输代理业管理规定实施细则》（以下简称《国际货物运输代理业管理规定实施细则》）进一步明确了货运代理的职能：“国际货物运输代理企业（以下简称国际货运代理企业）可以作为进出口货物收货人、发货人的代理人，也可以作为独立经营人，从事国际货运代理业务。”国际货运代理企业作为代理人从事国际货运代理业务，是指国际货运代理企业接受进出口货物收货人、发货人或其代理人的委托，以委托人名义或者以自己的名义办理有关业务，收取代理费或佣金的行为。国际货运代理企业作为独立经营人从事国际货运代理业务，是指国际货运代理企业接受进出口货物收货人、发货人或其代理人的委托，签发运输单证、履行运输合同并收取运费以及服务费的行为。

7.1.2　国际货运代理业的业务范围

与国际货运代理发生关系的对象众多，主要有货主、船公司、航空公司、海关、商检等。根据其服务对象的不同，国际货运代理业务的范围可划分为以下几类：

1）为货方服务

在这里，货方既包括发货人，也包括收货人。国际货运代理接受发货人的委托或以运输经营人的身份承揽货物运输业务后，交付货物之前主要承担以下职能：以合理的方式为发货人安排运输及运输路线，选择合适的承运人或实际承运人；为客户提供仓储、分拨服务或向客户提供这方面的合理意见；为货运投保运输险；安排拼装箱业务；安排货物在装运港的运输，办理海关和有关单证手续并将货物交给承运人；代为支付运费、关税、其他税收等；代为从承运人处收取提单或签发本公司的提单；自行或通过代理监督货物的运输过程，并将情况通知托运人。货物到港后，国际货运代理应该代为或自行提取货物；办理货物清关手续；如有合同约定，还将对货物进行检验；代办货物的分拨、仓储；向收货人交付货物等。

2）为承运人服务

无论国际货运代理是以代理的身份还是以无船承运人或物流经营人的身份出现，在没有自有运输设备的情况下，都不可避免地要和承运人发生关系。这里的承运人应包括海运承运人和航空运输承运人。货运代理是货方的代理人，这与作为船方代理人的船代不同，但在很多情况下，货运代理要与承运人保持良好稳定的业务关系并在一定程度上为承运人服务。在航空运输的过程中，国际货运代理主要从事拼箱业务，为航空公司揽货，并在此基础上收取差价或提取佣金。

3）为海关服务

在国际货运代理为当事人办理货物清关手续的时候，也在为海关服务。在许多国家，货运代理已取得海关的许可，办理海关手续，并对海关负责；同时，负责在法定的单证中申报货物确切的金额、数量和品名，以确保政府的利益。

4）与港口经营人联系

国际货运代理在完成作业的过程中，一般都会与港口经营企业发生联系，委托这些企业办理仓储、港口装卸等作业。由于国际货运代理与这些企业基本上具有长期的业务关系，所以还要确保港口经营企业的利益。

根据内容的不同，国际货运代理的服务包括为客户提供咨询服务、组织货物运输、进出口代理、提供拼箱服务、作为多式联运经营人提供联运服务、提供物流服务等。

《FIATA国际货运代理业示范规则》把国际货运代理服务定义为各类与运输、拼装、积载、管理、包装或分拨相关的服务，以及相关的辅助和咨询服务，包括但不限于海关和财政业务、官方的货物申报、货物保险、取得有关货物的单证或支付相关费用等。

根据《国际货物运输代理业管理规定》和《国际货物运输代理业管理规定实施细则》的规定，国际货运代理企业的业务可概括为：①揽货、订舱（含租船、包机、包舱）、托运、仓储、包装；②货物的监装、监卸，集装箱装拆箱、分拨、中转及相关的短途运输服务；③报关、报检、报验、保险；④缮制并签发有关单证、交付运费、结算及交付杂费；⑤国际展品、私人物品及过境货物运输代理；⑥国际多式联运、集运（含集装箱拼箱）；⑦国际快递（不含私人信函）；⑧咨询及其他国际货运代理业务。

国际货运代理企业应当在批准的业务经营范围内从事经营活动，从事前述有关业务时，依照有关法律、行政法规的规定，需经有关主管机关注册的，还应当向有关主管机关注册。国际货运代理企业之间也可以相互委托办理上述业务。

7.1.3 国际货运代理业相关的法律规范

1）对国际货运代理企业进行行政管理和经济调整的法律规范

（1）《国际货物运输代理业管理规定》和《国际货物运输代理业管理规定实施细则》

《国际货物运输代理业管理规定》的内容主要针对国际货物运输代理业企业。其中在总则中明确了国际货运代理范围，相应地也就明确了国际货运代理企业的概念，并对货运代理企业的主管部门等原则性问题进行了规定。它主要涉及货运代理企业的设立条件、审批程序、业务以及违反规定的处罚等。而《国际货物运输代理业管理规定实施细则》则是对《国际货物运输代理业管理规定》的细化和明确，增加了具体操作性的内容。

（2）《中华人民共和国国际海运条例》（以下简称《国际海运条例》）

《国际海运条例》调整的经营作业范围较广，指国际海上运输经营活动及全部的与国际海上运输相关的辅助性经营活动，后者包括国际船舶代理、国际船舶管理、国际海运货物装卸、国际海运货物仓储、国际海运集装箱站和堆场业务等。《国际海运条例》对企业取得这些经营业务的资质、条件和程序做了相应的规定，明确了外商投资经营国际海上运输及其辅助性业务的特别规定，并规定了违反《国际海运条例》的调查与处理及所应承担的法律责任。

2）调整国际货运代理作业过程中平等经济主体之间法律关系的国内法相关规定

事实上在前面的章节已经讨论过，物流平等经济主体的法律关系并没有专门的单行法律规范加以规定，作为物流中的一个环节的国际货运代理也是如此。国际货运代理作业过程中平等经济主体之间的法律关系由我国法律体系中一些相关的规定来调整。调整国际货运代理的法律主要有《中华人民共和国民法典》。除此以外，国际货运代理过程中的民商事法律关系由我国一些特定行业的法律、法规中专门对货运代理进行规定的条款来调整。这些法律、法规主要有：

（1）《中华人民共和国海商法》（以下简称《海商法》）

虽然《海商法》通篇没有提及国际货运代理，但当国际货运代理作为无船承运人或海运物流经营人时，其就具有《海商法》第41、42条所谓的承运人的身份。当国际货运代理以自己的名义代理客户办理托运手续时，其具有《海商法》所称的托运人的身份。同时，根据《海商法》的规定，国际货运代理也可能成为多式联运经营人，此时的国际货运代理就要遵守《海商法》中有关对上述这些当事人的规定。

（2）《中华人民共和国海事诉讼特别程序法》（以下简称《海事诉讼特别程序法》）

当发生海上货物运输纠纷时，一般都会有货运代理的身影。《海事诉讼特别程序法》中与货运代理有关的规定有：第一，由于海上运输合同纠纷提起的诉讼，由运输始发地、目的地或被告住所地以及转运港所在地的海事法院管辖。第二，与海上或者通海水域的船舶运输有关的货运代理合同纠纷案件由海事法院管辖。第三，含有海运区段的国际多式联运合同纠纷案件由海事法院管辖。第四，海上保险、保赔合同纠纷案件由海事法院管辖。

（3）《中华人民共和国民用航空法》（以下简称《民用航空法》）和《中国民用航空货物国际运输规则》

类似于《海商法》的规定，在航空运输领域，国际货运代理在很多情况下也是以托运人、收货人或承运人的身份行事，并受《民用航空法》和《中国民用航空货物国际运输规则》的约束。特别是在《中国民用航空货物国际运输规则》中还明确了“代理人”是经承运人授权、代理承运人从事与货物运输有关活动的任何人。货运代理以上述任何一种身份行事的，其行为都要受《民用航空法》和《中国民用航空货物国际运输规则》的约束。

3）相关国际立法

（1）《FIATA国际货运代理业示范规则》

20世纪五六十年代，国际社会有过制定一部有关货运代理公约的尝试，此后由于利益冲突及其他各种原因，这种尝试曾一度中断。FIATA在1995年进行调查的基础上制定国际货运代理业示范法，并于1996年10月获得通过。

作为一部示范法，《FIATA国际货运代理业示范规则》对各国的国际货运代理企业及其经营行为并没有直接的约束作用，但根据该规则第一条“适用范围”的规定，不论是以书面、口头形式还是以其他形式，将《FIATA国际货运代理业示范规则》订入合同中，该规则就适用；同时，不论是否做出前述指示，除非规则中增加了货运代理的责任或义务，当事人各方可同意以规则代替合同中与之相冲突的任何附加条款。

《FIATA国际货运代理业示范规则》就货运代理服务以及货运代理的各相关当事人进行了定义，并分章规定了货运代理的责任、客户的责任与义务、争议与强制性法律等内容。

（2）其他国际公约和惯例

《联合国国际货物多式联运公约》《多式联运单证规则》《统一国际航空运输某些规则的公约》等运输方面的国际公约和惯例都对国际货运代理有所涉及，或者对作为契约承运人的国际货运代理直接进行调整，在此不加详述。

7.2 国际货运代理企业

7.2.1 国际货运代理企业概述

1）国际货运代理企业的概念

国际货运代理企业是接受货主委托，办理有关货物报关、交接、仓储、调拨、包装、转运、租船和订舱等业务的企业。

2）国际货运代理企业的经营范围

国际货物运输代理企业接受委托后可以代办下列部分或者全部业务：

①货物的监装、监卸、交接、调拨、转运。

②集装箱拼装拆箱。

③货物的包装。

④订舱、仓储。

⑤国际多式联运、国际快递（私人信函除外）。

⑥报关、报检、报验、保险。

⑦缮制有关单证，并付运费，结算、交付杂费。

⑧代办揽货、燃物料供应等与运输相关的业务。

⑨咨询及其他国际货运代理业务。

鉴于《国际海运条例》对无船承运人做了专门的规定，这里有必要对其业务范围进行简单的归纳。无船承运业务是指无船承运业务经营者以承运人身份接受托运人的货载，签发自己的提单或者其他运输单证，向托运人收取运费，通过国际船舶运输经营者完成国际海上货物运输，并承担承运人责任的国际海上运输经营活动。

无船承运业务的范围包括：①以承运人身份与托运人订立国际货物运输合同；②以承运人身份接收货物、交付货物；③签发提单或者其他运输单证；④收取运费及其他服务报酬；⑤向国际船舶运输经营者或者其他运输方式经营者为所承运的货物订舱和办理托运；⑥支付港到港运费或者其他运输费用；⑦集装箱拆箱、拼箱业务；⑧其他相关的业务。

行业视窗 7-1

【海运物流】中国TOP10国际货代企业名单

1.中国外运股份有限公司

中国外运股份有限公司（以下简称“中国外运”）是招商局集团物流业务统一运营平台和统一品牌，2003年2月13日在香港联合交易所有限公司上市。根据Armstrong & Associates，Inc.发布的2020年榜单，中国外运货运代理服务居全球第三，全球第三方物流居全球第七。

中国外运以打造世界一流智慧物流平台企业为愿景，聚焦客户需求和深层次的商业压力与挑战，以最佳的解决方案和服务持续创造商业价值和社会价值，形成了以专业物流、代理及相关业务、电商业务为主的三大业务板块，为客户提供端到端的全程供应链方案和服务。

2. 中远海运国际货运有限公司

中远海运物流有限公司隶属于中国远洋海运集团有限公司，由中国远洋物流有限公司、中海集团物流有限公司、中海船务代理有限公司和中国外轮理货总公司重组整合而成，于2016年12月21日正式挂牌运营。

中远海运物流是以航运物流为核心的国际化综合性物流企业，可为海内外客户提供现代化、专业化的全程物流供应链解决方案。在行业内具有良好的口碑和服务能力，是政府、港口、铁路、空港以及大型跨国企业的重要合作伙伴。

中远海运物流形成了遍及中国、辐射全球的服务网络系统，连续多年荣获中国物流业“金飞马”奖、“全国先进物流企业”等行业荣誉和奖项。

3. 中集现代物流发展有限公司

中集现代物流发展有限公司成立于2014年3月，集跨境全程物流、物流装备运营为一体，总资产50亿元，拥有成员企业92家，员工人数4 600余人。

股东方中国国际海运集装箱（集团）股份有限公司（简称“中集集团”）创立于1980年，是一家为全球物流、能源行业提供装备与服务的多元化跨国产业集团，在全球多个行业居于领先地位，有十多个产品连续多年保持全球第一。

中集现代物流积极承接中集集团“制造+服务”的战略使命，聚焦发展跨境全程物流，业务覆盖140多个国家和地区；同时深耕集装箱服务、物流装备制造及租赁等业务领域，年集装箱操作量居于国内第一，专用物流器具超过1 000种，器具制造及租赁运营居于国内领先地位。同时，企业积极拓展跨境电商物流、SOC有箱无船承运业务，致力于成为以“装备+服务”为核心的跨境全程物流解决方案服务商。

中集现代物流注重以技术化创新引领服务提升，通过打造数字化运营平台，推进行业转型升级。现已发展成为国家5A级物流企业，连续两年蝉联“中国十佳物流企业”，蝉联“中国品牌价值百强物流企业”、中国货代百强综合榜第8名（2016、2017）、中国铁路物流联盟常务理事单位、中国交通运输协会联运分会常务理事单位。

4. 全球捷运物流有限公司

全球捷运物流有限公司总部在青岛，在北京、上海、西安、郑州、济南、潍坊设有分公司，为客户提供专业、全方位的综合物流平台服务。

经营范围包括：集装箱班轮订舱，仓储服务，包括保税及非保税仓储，库进出口拼箱仓储服务，进出口货物报关报检，进出口货物的陆路运输，项目运输、散杂货运输，船舶代理及相关码头服务。

专注于大数据及互联网+物流解决方案，并与天津港、青岛港、上海临港普洛斯物流园、宁波港及盐田等港口及郑州、西安、重庆等内陆物流枢纽建立了深度合作关系，依托于集团公司在国内港口和内陆枢纽配备的集装箱场站、仓库、拖车及专业团队，能为全球客户提供物流解决方案。

5.港中旅华贸国际物流股份有限公司

港中旅华贸国际物流股份有限公司（简称“华贸物流”），成立于1984年12月14日，是中国诚通控股集团有限公司控股的二级子公司。

华贸物流旗下分支机构已发展至90余家，遍布中国主要港口、内陆经济发达城市以及美国、新加坡、卢森堡、德国、法国、意大利、西班牙、匈牙利、荷兰、比利时、英国、越南等国家，拥有国际空运、国际海运、工程物流、铁路运输、仓储第三方物流、跨境电商物流、航材物流、报关报检等核心业务，实现了跨境物流产品的全覆盖。

华贸物流有志于成为全球物流解决方案的提供者，建设海内外网络齐全、服务产品综合、平台优势显著、行业地位领先、品牌感召力强的世界一流跨境综合第三方物流企业。

6.深圳市华运国际物流有限公司

深圳市华运国际物流有限公司（以下简称“华运国际物流”），成立于2001年，是商务部批准的一级船运代理。如今已发展成为实力雄厚多元化、综合型物流企业，主营国际货代业务（国内外海/陆/空运输）、第三方、第四方物流、食品供应链、进出口业务和以搜航网、众包物流等平台为基础的电商物流业务等。

7.宁波港东南物流集团有限公司

宁波港东南物流集团有限公司是由宁波舟山港股份有限公司与东南物流货柜有限公司共同投资的大型综合物流企业，是5A级大型综合物流企业，2019年度中国国际物流百强企业。集团提供宁波港所有船公司的一级订舱代理服务，提供宁波港股份旗下优势资源的共享和支持。

集团公司总资产超过5亿元人民币，以自建大楼“东南大厦”为总部，有效整合宁波舟山港旗下优质的物流资源，年海运出口量达100万标箱，是中国大型的综合物流平台。公司管理团队由原宁波致远国际货运的骨干成员组成，员工总数超1 000人。

集团以宁波为中心，分别在天津、青岛、上海、杭州、温州、深圳、成都、重庆、长沙、武汉、合肥、南京等沿海城市及长江经济带设立了40多家分支机构，同时布局东南亚，2017年在越南设立第一家海外公司，2019年在泰国设立第二家海外公司。并在全球100多个国家拥有海外代理，为国内外大型制造企业、进出口企业提供优质的综合物流方案。

8.振华物流集团有限公司

振华物流集团有限公司成立于1993年，股东方为中国国际海运集装箱（集团）股份有限公司和中国交通建设股份有限公司。历经十余年快速跨越式发展，总资产达24亿元人民币，净资产11亿元人民币，年销售额突破60亿元人民币，员工总数超过3 000人。全国有50多家分支机构和几百个代理网点，在全国各主要港口有130万平方米配备无线终端智能管理的现代化堆场，23万平方米现代化物流仓库，3 000万吨年货物吞吐量，260万TEU集装箱年处理能力，100万TEU订舱代理量。

9.上海环世物流（集团）有限公司

环世物流集团成立于2011年，全球员工近2 000人，是国家5A级物流企业。在《Transport Topic》“2020年度 Top 50 Global Freight”排行榜中，环世海运集装箱运输货运量位列全球16强，国际空运货运量位列全球44强。

环世物流集团拥有国际海运集装箱整箱及拼箱、件杂货、大宗散货、集运、国际空运（干线包板、地面操作）、国际陆运（铁路.公路.水路多式联运）、化工物流（罐式集装箱、危险品车队）、工程项目物流、跨境电商物流、仓储码头服务等产品线，可为全球客户提供端到端的国际综合物流服务。集团在中国七大口岸均设立直营体系，国际总部设在新加坡，在泰国、印度尼西亚、印度、巴基斯坦、阿联酋、澳大利亚、美国、波兰、土耳其、英国、尼日尔、越南、韩国等国家和地区设立了近30家海外分支机构，业务范围覆盖全球六大洲。

近年来，环世物流集团进行数字化再造和升级，通过数字化技术与国际物流服务能力、客户需求的有效结合，环世物流可以链接航运业上下游各细分领域的资源和网络，与各物流服务供应商、各船东、航空公司以及各海外代理平台等进行系统对接，为客户提供数字化、在线化、可视化、一站式的综合物流互联服务。

在转型过程中，环世物流集团获得了包括菜鸟、中远海运、云启资本、创新工场、拙朴投资、德同资本等领先的战略投资机构的投资。另外，环世物流和菜鸟成立了合资公司文鳐供应链，携手阿里巴巴国际站，向跨境中小商家提供一站式线上物流服务平台服务。未来，环世物流将通过构建端到端的全球数字化生态体系，为行业赋能，让全球没有难做的物流。

10.海程邦达供应链管理股份有限公司

海程邦达集团一直专注于供应链物流领域，始终以客户需求为导向，整合全球资源，打造卓越的物流平台，为客户提供一站式智慧型供应链物流服务。集团现有员工2 000余人，年营业额逾50亿元人民币，网络遍及全球200余个港口，在海内外有80余家分公司和子公司，助力中国企业与世界互联互通。

作为一家专业的综合性现代物流企业，海程邦达主要以各类进出口贸易客户为服务对象，为其规划、设计并提供专精于跨境环节的标准化物流服务产品与定制化供应链解决方案。自设立以来，海程邦达即致力于为客户提供综合跨境物流服务，形成了“基础分段式物流”、“一站式合同物流”、“精益供应链物流”以及“供应链贸易”四大核心业务板块。

公司不仅为客户提供海运、陆运、空运、铁运、通关、仓储等物流业务，通过平台化、规模化服务，降低供应链物流成本，提升效率；同时也为精密电子、海外工程、汽车、跨境电商、生鲜食品等行业客户提供货物运输、关务管理、仓储分拨、简单加工、保税、贸易执行等物流服务，通过个性化、专业化的供应链物流解决方案，赋能客户供应链，促进客户战略实现。

海程邦达集团已形成清晰的业务发展战略：一方面，依托规模化经营、标准化服务，持续推进物流网点的布局与客户渠道的覆盖，构建了全国性的物流营运网络，以此实现业务的“横向扩张”；另一方面，从传统的基础分段式物流服务起步，在经营过程中延伸物流服务链条，逐渐将业务扩展到难度较大、附加价值较高的“合同物流”和“供应链管理”领域中去，实现业务的“纵向延伸”。

公司将秉持“科技驱动供应链创造更大价值”的企业目标使命以及“做中国领先的供应链物流服务商”的核心发展愿景，进一步巩固和发挥公司在客户资源、网络布局、专业服务与技术创新等方面业已形成的优势积累，凭借多层次、多维度的综合性业务体系，持续发挥“横向扩张”与“纵向延伸”相结合的“双轮驱动式”业务发展模式，力争通过价值创造、持续创新，成为我国经济新常态下物流产业“提质增效”浪潮的领航者。

资料来源　佚名．海运物流：中国TOP10国际货代企业名单［EB/OL］［2023-03-08］. https：//lvlin.baidu.com/question/634729384925968884.html.

7.2.2　国内投资国际货运代理企业的设立

1）国际货运代理企业的设立条件

根据《国际货物运输代理业管理规定》及《国际货物运输代理业管理规定实施细则》的规定，国际货运代理企业必须依法取得中华人民共和国企业法人资格。

（1）主体条件

申请设立的国际货运代理企业可由企业法人、自然人或其他经济组织组成，与进出口贸易或国际货物运输有关，拥有稳定货源的企业法人应当为大股东，且应在国际货运代理企业中控股。企业法人以外的股东不得在国际货运代理企业中控股。

（2）组织形式

企业组织形式为有限责任公司或股份有限公司。禁止具有行政垄断职能的单位申请投资经营国际货运代理业务。承运人以及其他可能对国际货运代理行业构成不公平竞争的企业不得申请经营国际货运代理业务。

（3）营业条件

①有至少5名从事国际货运代理业务3年以上的业务人员，其资格由业务人员原所在企业证明，或者取得商务部颁发的资格证书。②有固定的营业场所。③有必要的营业设施，包括一定数量的电话、传真、计算机、短途运输工具、装卸设备、包装设备等。④有稳定的进出口货源市场，是指在本地区进出口货物运量较大，在货运代理行业具备进一步发展的条件和潜力，并且申报企业可以揽收到足够的货源。

从事国际多式联运业务的企业还需满足：①从事《国际货物运输代理业管理规定实施细则》第32条中的有关业务3年以上。②具有相应的国内外代理网络。③拥有在商务部登记备案的国际货运代理提单。

（4）注册资本条件

注册资本条件具体包括：①经营海上国际货物运输代理业务的，注册资本最低限额为500万元人民币。②经营航空国际货物运输代理业务的，注册资本最低限额为300万元人民币。③经营陆路国际货物运输代理业务或者国际快递业务的，注册资本最低限额为200万元人民币。经营前述业务中两项以上业务的，注册资本最低限额为其中最高一项的限额。

国际货运代理企业每申请设立一个分支机构，应当相应增加注册资本50万元人民币。如果企业注册资本已超过规定的最低限额，则超过部分，可作为设立分支机构的增加资本，此处的分支机构是指分公司。

2）国际货运代理企业的登记

（1）国际货运代理资格由审批改为登记注册。商务部、国家工商行政管理总局在2005年2月16日联合发布了《关于国际货物运输代理企业登记和管理有关问题的通知》。《国务院关于第三批取消和调整行政审批项目的决定》取消了国际货物运输代理经营资格审批后，企业申请从事国际货物运输代理业务时，商务主管部门不再对其进行资格审批，申请人可直接向所在地市场监督管理部门办理登记注册，未经登记注册不得从事相关业务。

市场监督管理部门在登记注册时，应严格执行《国际货物运输代理业管理规定》中关于经营海上、航空、陆路国际货运代理业务最低注册资本限额的规定。企业的经营范围原则上按“××国际货运代理业务”核定，需要具体核定的，按照《国际货物运输代理业管理规定》第17条规定的相关业务核定。其中，依据有关法律、行政法规的规定，需经有关主管机关审批的，还应当提交有关主管机关的批准文件。

（2）以从事国际货运代理为主要业务的，企业名称中应当体现“国际货运代理”类似字样。

（3）有关业务的相关规定。

①无船承运业务。无船承运业务经营者向交通运输部申请办理提单登记时，首先应当向交通运输部指定的中国境内银行专门账户交存80万元人民币的保证金。中国的无船承运业务经营者在中国境内的分支机构申请提单登记，应当按照每设立一个分支机构增加20万元人民币保证金的原则交纳保证金。无船承运业务经营者的运价，应当按照规定的格式向国务院交通运输主管部门备案。

②民用航空运输销售代理业务。从事民用航空运输销售代理业务的企业，必须取得企业法人资格，应当向民航行政主管部门——中国民用航空局提交书面申请，并接受民航行政主管部门或者民航地区行政管理机构的监督、管理（注册资本不少于150万元人民币）。其年度代理销售量连续两年均超过200吨，并在该两年内未受到罚款、停业整顿处罚的，可以申请设立分支机构或者营业分点。每增设一个分支机构或者一个营业分点，应当增加注册资本50万元人民币。

民用航空运输销售代理应当在获准的代理业务类别范围内经营民用航空运输销售代理业务，在其营业地点公布各项营业收费标准，并将此标准报核发民用航空运输销售代理业务经营批准证书的民航行政主管部门或者民航地区行政管理机构备案。

③国际集装箱多式联运业务。《国际集装箱多式联运管理规则》仅适用于我国水

路、公路和铁路的国际集装箱多式联运，不适用于航空运输。申请经营多式联运业务的企业注册资本应不低于1 000万元人民币。多式联运企业每增设一个经营性分支机构应增加注册资本100万元人民币。

④代理报关业务。中华人民共和国海关是代理报关企业的报关资格审定和报关注册登记的主管机关。代理报关业务企业的注册资本应在150万元人民币以上，并应缴纳风险担保金20万元人民币。

3）国际货运代理企业的变更

企业成立并经营国际货运代理业务1年后，方可申请扩大经营范围或经营地域。企业成立并经营国际货运代理业务1年后，在形成一定经营规模的条件下，可申请设立子公司或分支机构，子公司或分支机构的经营范围不得超出其母公司或总公司。国际货运代理企业设立非营业性的办事机构，必须报该办事机构所在地行业主管部门备案并接受管理。

7.2.3 外商投资国际货运代理企业的设立

外商投资国际货运代理企业是指外国投资者以中外合资、合作以及外商独资形式设立的接受进出口货物收货人、发货人的委托，以委托人的名义或者以自己的名义，为委托人办理国际货物运输及相关业务并收取服务报酬的外商投资企业。

1）投资者的资格条件

（1）申请设立外商投资国际货运代理企业的中外投资者必须是与从事国际货物运输组织工作相关的企业。

（2）中方合营者至少有一家是从事国际货运代理业务1年以上的国际货运代理企业或获得进出口经营权1年以上的企业，或者是从事相关的交通运输或仓储业务1年以上的企业，且符合上述条件的中方合营者在中方中为第一大股东。

（3）外方合营者至少有一家是经营国际货运代理业务3年以上的企业，且符合上述条件的外方合营者在外方中为第一大股东。

（4）中外合营者在申请之日前3年内无违反行业规定的行为。

（5）合营者不属于码头、港口、机场等可能给货运代理行业带来不公平竞争行为的企业。

（6）拟在中国投资设立第二家国际货运代理企业的同一个外方合营者，其在中国境内投资设立的第一家国际货运代理企业经营已满2年。

（7）外国投资者申请设立国际货运代理企业的最长经营期限不超过20年。

2）外商投资国际货运代理企业审批规定

外商投资国际货运代理企业的注册资本最低限额为100万美元。外商投资设立经营国际快递业务的国际货运代理企业由商务部负责审批和管理；外商投资设立经营其他业务的国际货运代理企业由各省、自治区、直辖市、计划单列市及新疆生产建设兵团商务主管部门负责审批和管理。外商投资国际货运代理企业的备案工作由商务部统一负责。

3）外商投资国际货运代理企业分支机构的设立条件

外商投资国际货运代理企业正式开业满1年且注册资本全部到位后，可申请在国内其他地方设立分公司，分公司的经营范围应在其总公司的经营范围之内。外商投资国际货运代理企业每设立一个从事国际货运代理业务的分公司，应至少增加注册资本50万元人民币。如果企业注册资本已超过最低限额，超过部分，可作为设立分公司的增加资本。

4）中国香港和澳门投资者投资国际货运代理企业

（1）港澳服务提供者可在内地设立合资、合作、独资形式的国际货运代理企业。

（2）注册资本最低限额应当符合下列要求：①经营海上国际货运代理业务的，注册资本最低限额为500万元人民币。②经营航空国际货运代理业务的，注册资本最低限额为300万元人民币。③经营陆路国际货运代理业务或者国际快递业务的，注册资本最低限额为200万元人民币。经营前述两项以上业务的，注册资本最低限额为其中最高一项的限额。

（3）港澳服务提供者在内地投资设立的企业在缴齐全部注册资本后，可申请在国内其他地方设立分公司。每设立一个分公司，应当增加注册资本50万元人民币。如果企业注册资本已超过最低限额，则超过部分，可作为设立分公司的增加资本。

以案说法7-1

某货运代理作为进口商的代理人，负责从A港接收一批艺术作品，在120海里外的B港交货。该批作品用于国际展览，要求货运代理在规定的日期之前在B港交付全部货物。货运代理在A港接收货物后，通过定期货运卡车将大部分货物陆运到B港。由于定期货运卡车出现季节性短缺，一小部分货物无法及时运抵。于是货运代理在市场上找了一辆货运车，要求其于指定日期之前抵达B港。而后，该承载货物的货运车连同货物一起下落不明。

资料来源　作者根据相关资料改编.

问题：货物灭失的责任应该由谁来承担？

以案说法7-1

法律分析

育德启智7-1

中非经贸合作加速前进

中国和非洲是休戚与共的命运共同体和合作共赢的利益共同体，双方合作拥有巨大潜力和广阔前景。2023年以来，中非经贸合作加速前进。海关总署数据显示，1—4月，中国与非洲进出口额达到6 482.5亿元人民币，同比增长17.5%。其中，对非出口4 047.1亿元人民币，同比增长36.9%；自非进口2 435.4亿元人民币。

中非加强全方位合作

“中非经贸合作近年来发展很快，这源于双方经贸互补性强。”中国贸促会专家委员会委员、中国人民大学国际事务研究所所长王义桅在接受《中国贸易报》记者采访时表示，当前中非加强全方位合作，从原来中国对非洲出口工业产品、制成品，非洲对中国出口原材料、能源到现在贸易、投资、工程、基建、融资等多方发展，从原来政府驱动、对外援助到现在私人资本投资大幅增加，从国家合作到地方加强合作，比如即将在湖南长沙举办的第三届中非经贸博览会。

本届博览会参展商马达加斯加印度洋贸易公司公共关系负责人塔希亚娜·拉扎纳马海法表示，公司将在博览会上展出香草、花生等农产品。作为在马达加斯加推广中国杂交水稻的合作方，公司希望与中国在农业机械化、杂交水稻制种等领域开展更多合作。肯尼亚国家工商联合会首席执行官帕特里克·尼扬圭索表示，肯尼亚要利用好即将举行的第三届中非经贸博览会，在寻找投资者的同时开拓农产品的新市场。他还透露，肯尼亚国家工商联合会将于今年在湖南省开设办事处，帮助其成员企业与中国贸易商建立联系，促进中肯经贸交流。

依托中非经贸博览会、中非经贸深度合作先行区，湖南省已成为全国对非经贸合作最为活跃的省份之一。2022年湖南对非洲进出口556.6亿元，增长42.8%。其中，出口408.6亿元，增长60.7%；进口148亿元，增长9.2%。“长沙制造业门类比较全、制造业水平比较发达，有以三一重工等为代表的制造业企业，与非洲合作具有蓬勃的发展潜力。”王义桅说。

据悉，在中国已获批设立的自贸试验区中，湖南自贸试验区是唯一定位为中非经贸深度合作先行区的改革创新试验田。获批建设以来，随着一系列制度创新与探索实践，其“主阵地”长沙与非洲的经贸往来日益频繁。“我们已布局咖啡、腰果、碧根果等6条非洲进口产品产业链，培育出100多个非洲品牌产品。”湖南自由贸易试验区长沙片区雨花党工委书记、管委会主任肖向东说。

平台机制发挥重要作用

“中非合作论坛是中非经贸合作重要的平台机制。”王义桅表示，近些年来，从“十大合作计划”到“八大行动”，再到“九项工程”，中非合作与时俱进。据悉，“数字创新工程”是中非合作论坛第八届部长级会议确定的“九项工程”之一，如今中非正加快数字经济合作，非洲本身正在进行自由贸易区的建设，经济发展潜力非常大，尤其是在数字化方面。

在这样的背景下，中国数字科技企业积极进入非洲市场，带动当地数字经济加速发展：华为在尼日利亚推出的“农网”方案大幅提升了光纤覆盖率，让偏远地区人民也能享受到优质的网络服务；华为与乌干达高校合作共建的ICT学院，将5G、人工智能、大数据等先进技术引入大学课堂；传音公司为非洲市场专门设计出价优物美的智能手机，极大提升了当地民众的移动网络使用率；阿里巴巴等中国电子商务平台企业帮助非洲企业加强数字化信息系统建设，助力电子商务快速发展……

长沙非拓信息技术有限公司旗下的电商平台Kilimall成立于2014年，目前已在肯尼亚、乌干达、尼日利亚开展电商业务。其平台品牌总监廖峥嵘介绍，Kilimall目前已在肯尼亚首都内罗毕建立了一万多平方米的海外仓，自建的物流体系最快可实现商品当日送达，自主研发的在线支付系统支持多国货币多渠道交易。

在中企深化拓展非洲市场的同时，越来越多的非洲特色商品也通过跨境电商、直播电商平台走进中国消费者的日常生活，包括埃塞俄比亚的咖啡、卢旺达的辣椒酱、肯尼亚的红茶、加纳的巧克力、坦桑尼亚的腰果等。

今年是“一带一路”倡议提出10周年，近年来，中非经贸合作日益密切。尤其是在共建“一带一路”、中非合作论坛等合作机制推动下，非洲基础设施建设发生了翻天覆地的变化。如今，中非合作建设的铁路超过1万公里、公路近10万公里、桥梁近千座、港口近百个，网络服务覆盖近7亿用户终端。今年1月底，中企承建的尼日利亚莱基深水港举行开港运营仪式。莱基深水港是尼日利亚最大的港口，可容纳目前世界上最大的集装箱货轮，有望在45年特许经营期内创造近3 600亿美元的总体经济效益和17万个工作岗位。

资料来源　周东洋. 中非经贸合作加速前进［N］. 中国贸易报，2023-06-01（1）.

思政元素：高水平对外开放　高质量发展

学有所悟：中非“一带一路”合作不只是面向中非双方，其他第三方国家也可以参与共建。中国可与欧洲国家优势互补，共同在非洲展开合作。党的二十大报告提出，“坚持社会主义市场经济改革方向，坚持高水平对外开放”“稳步扩大规则、规制、管理、标准等制度型开放”“推动共建‘一带一路’高质量发展”，中非经贸合作平台也应向体制创新建设努力，从而促进中非经贸高质量发展，加快双方在数字经济、卫生健康、新兴产业、绿色低碳等领域的合作。

7.3　国际货物运输委托代理合同

以案说法 7-2

某货运代理公司接受货主的委托，安排一批茶叶海运出口。货运代理公司在提取了船公司提供的集装箱并装箱后，将整箱货交给船公司。同时，货主自行办理了货运一切险。收货人在目的港拆箱提货时发现集装箱内异味浓重，经查明该集装箱前一航次所载货物为精萘，致使茶叶受精萘污染。

问题：收货人应该向谁索赔？为什么？

以案说法 7-2

法律分析

7.3.1　国际货物运输委托代理合同概述

1）国际货物运输委托代理合同的概念

国际货物运输委托代理合同是指国际货运代理企业接受货物收货人、发货人、承运人或其代理人的委托，以委托人名义或自己名义办理国际货物运输业务及其他相关业务，并收取服务报酬的合同。

2）国际货物运输委托代理合同的法律特征

①国际货物运输委托代理合同的缔结以委托人和代理人的相互信赖为基础，以自愿为前提，委托人将自己的事务托付给代理人，代理人做出允诺才达成合意，自代理人做出允诺之时，国际货物运输委托代理合同即告成立。

除特殊情况外，受托人必须亲自完成委托事务，未经委托人同意，不得将受托事务转托他人；否则，受托人将承担由此而产生的不利于委托人的法律后果。

②国际货物运输委托代理合同的代理人必须以委托人的名义，在委托权限内处理委托事务，其行为与委托人本人所实施的行为具有同等的法律效力，即与第三人发生的民事法律关系的后果直接由委托人承担。

③国际货物运输委托代理合同的标的是处理事务的行为，国际货物运输委托代理合同只强调以处理事务为目的，而不以完成事务且有成果为要求。

④国际货物运输委托代理合同具有有偿性，根据法律规定和合同的约定，委托人应向代理人支付报酬，该公司属于有偿双务合同。

7.3.2 国际货物运输委托代理合同的主要内容

为便于国际货运代理人在委托权限内处理委托事务，有利于国际货物运输委托代理合同的正确履行，国际货物运输委托代理合同应包括以下主要条款：

①主体条款。合同当事人条款必须明确委托人、受托人的姓名或名称、国籍、住址、主营业场所、法定代表人、电话、传真等；还可以要求提供署名国内企业的国际货运代理企业批准证书、企业法人营业执照号码、外国企业的公司注册证书、商业登记证书号码，以便核实当事人身份和经营资质，避免、减少无效合同的发生。

②委托事务条款。对于国际货物运输委托代理合同，应当注意规定委托运输的货物名称、规格、数量、重量、体积、包装、发运期限、运输方式、运输路线、起运地及发货人、收货人的姓名或名称、地址、电话、传真等内容。对于危险、鲜活、超限等特殊货物和容易发生自然损耗的货物，还应当在国际货物运输委托代理合同中相应地注明要求。

③权利义务条款。对双方有偿的国际货物运输委托代理合同来讲，权利、义务条款是必不可少的，它是国际货物运输委托代理合同的核心内容，决定着双方当事人权利的行使、义务的履行和违约责任的承担。这样有利于当事人履行义务，发生了纠纷也比较容易解决。

④代理报酬条款。对国际货物运输委托代理合同而言，代理报酬主要是指国际货运代理人为了完成货主委托的进出口货物运输事务及相关事务而支出、垫付的费用。由于国际货物运输委托代理合同的特殊性，所以还应当明确计价和支付的币种、适用的货币兑换率等。

⑤履行条款。应注明履行期限、履行地点以及履行方式。

⑥违约责任条款。当事人一方不履行国际货物运输委托代理合同义务或者履行国际货物运输委托代理合同义务不符合约定的，应当承担继续履行、采取补救措施或赔偿损失等违约责任。

⑦适用法律条款。国际货物运输委托代理合同具有一定的涉外因素，根据我国有关法律的规定，具有涉外因素的国际货物运输委托代理合同的当事人可以在合同中规

定适用于合同的效力、合同的履行及解决合同争议的法律。关于合同所适用的法律，既可以是中国法律，也可以是与该合同有某种联系的其他国家或地区的法律，以免在合同的效力、合同的履行及合同争议的解决方面产生纠纷。

⑧争议解决条款。国际货物运输委托代理合同争议解决条款是关于合同争议的解决方式、解决机构、解决地点等的规定。合同争议的解决方式通常有协商、调解、仲裁和诉讼四种。应当指出的是，仲裁和诉讼两种解决争议的方式不能同时选用。

⑨当事人协商一致的其他条款。实践中，为简化签订国际货物运输委托代理合同的手续，双方可以参照中国国际货运代理协会制定的《中国国际货运代理协会标准交易条件》起草国际货物运输委托代理合同，明确约定双方的权利义务关系受《中国国际货运代理协会标准交易条件》的约束。

以案说法7-3

某进出口公司委托某货运代理公司办理一批服装的出口运输，从深圳运至日本。货运代理公司租用某远洋运输公司的船舶承运，但以自己的名义签发提单。货物运抵目的港后，发现部分服装已湿损。于是，收货人向保险公司索赔。保险公司依据保险合同赔偿了收货人后，取得代位求偿权，进而向货运代理公司提起诉讼。

问题：试分析此案例。

以案说法7-3

法律分析

7.3.3　合同当事人的责任

1）货运代理的责任

（1）基本责任

作为承运人完成货物运输并承担责任（由其签发货运单据，用自己掌握的运输工具或委托他人完成货物运输，并收取运费）；作为承运人完成货物运输不直接承担责任（由他人签发货运单据，用自己掌握的运输工具，或租用他人的运输工具，或委托他人完成货物运输，并不直接承担责任）。

在委托办理业务中向委托方提供的情况、资料必须真实，如有任何隐瞒或提供的资料不实造成的损失，委托方有权向货运代理人追索并撤销代理合同或协议。在货运代理过程中所得到的资料不得向第三者泄漏，同时，也不得将代理权转让与他人。

（2）责任期限

从接收货物时起至将货物交给收货人为止，或根据指示将货物置于收货人指示的地点作为完成合同中规定的交货义务。

（3）权利

货运代理人接受客户支付的因货物的运送、保管、投保、报关、签证、办理汇票的承兑和其他服务所发生的一切费用，同时还接受客户支付的因货运代理人不能控制的原因致使合同无法履行而产生的其他费用。如果客户拒付，货运代理人对货物享有留置权，有权以某种适当的方式将货物出售，以此来补偿所应收取的费用。此外，货运代理人接受承运人支付的订舱佣金。

2）货运代理的赔偿责任

国际货运代理协会一般条款规定的赔偿原则有两个方面：一是赔偿责任原则；二是赔偿责任限制。

（1）赔偿责任原则

收货人在接收货物时发现货物灭失或损害，并能证明该灭失或损害是由货运代理人过失造成的，即可向其提出索赔。一般情况下，索赔通知的提出不超过货到后合理期限，否则，就视为货运代理已完成交货义务。

（2）赔偿责任限制

从现有的国际公约看，有的采用单一标准的赔偿方法，有的采用双重标准的赔偿方法，对国际货运代理的赔偿方法也应如此，但实际做法不一，差异较大。

7.3.4 国际货运代理的责任保险

国际货运代理的责任保险通常是为了弥补国际货物运输方面所带来的风险。这种风险不仅来源于运输本身，而且来源于完成运输的许多环节当中，如运输合同、仓储合同、保险合同的签订。有许多经营项目都是由国际货运代理来履行的，因此国际货运代理有必要投保自己的责任险。另外，当国际货运代理以承运人身份出现时，不仅有权要求合理的责任限制，而且其经营风险还可通过投保责任险而得到转移。

如果是承保范围内的损失，可从保险公司得到赔偿。这里包括两方面：一是承保范围内的损失，保险公司予以赔偿；二是保险公司扣除了免赔额。投保时，保单中一般都会有免赔额条款，如果索赔金额未达到免赔额，则保险公司免赔，即损失全部由投保人自己承担；如果索赔金额超过免赔额，则保险公司赔偿超过免赔额部分的损失。货物错运后，被保险人采取的补救措施一定要及时、合理。被保险人在采取措施之前，最好征得保险公司的意见，尤其是在改变运输方式、加大费用支出的情况下，以免事后向保险公司索赔时产生纠纷或得不到全部赔偿。

如果是货运代理过失，责任保险人给予赔偿。如果是货运代理错交货，责任保险人予以赔偿。如果是集装箱货物短少，属责任保险赔偿范围。

作为多式联运经营人的货运代理应对货物运输的全程负责，也就是说自接受委托、从发货人手中接收货物时起，直至如数交给收货人为止全程负责，货物是其自行装箱时更是如此。

以案说法 7-4

某货运代理作为无船承运人承运一批货物，从新加坡运抵伦敦，并签发了提单，

以案说法7-4

法律分析

该提单符合信用证的要求。货运代理将实际承运人签发的海运提单交给伦敦代理人，并指示其一定要凭无船承运人的提单换海运提单。但由于该代理人的过失，其在未收到无船承运人提单的情况下，就将海运提单交给了收货人，结果收货人提货后，拒付运费和货款。于是发货人为索赔货物价值起诉无船承运人，作为无船承运人的货运代理则通知其责任保险人赔偿。

问题：试分析此案例。

7.3.5 国际货运代理企业在进行跨国业务合作时的注意事项

国际货运代理企业在进行跨国业务合作时的注意事项包括：

①首先应和国外的代理签订合作协议，在协议中清楚地列明两个货运代理之间的合作条件。这样既可以明确彼此间的合作关系，而且分工具体，便于各自履行职责，一旦发生争议，还可以成为解决纠纷的依据。

②如果是相互代理关系，在接受客户委托办理业务时使用何种单据尤为重要。在替国外货运代理办理其营业地所在国进口货物的运输业务代理时，就应该根据国外货运代理的委托与授权，使用该货运代理的单证，而非自己的单证或共同的单证。而且在合作关系终止时，应返还所有的单证。

③在签订有关费用的条款时，如果是合伙关系，在分享利润的条款中，不仅要列明分享的比例，还应当把相应的财会程序以及用于完成调查和汇款的时间限制列明。如果是相互代理关系，就不应按分享利润的方式来约定，也不能按加收差价的方式收费，而应当在协议中约定按佣金方式收取代理费。此外，佣金率及支付方式、支付时间、支付地点都要列明。

④不论是合伙还是代理，都由其商业交易性质所决定，对终止合作关系的原因和通知方式，应在合同中作相应约定。在通知期间，合作关系应当继续存在，以免给客户和其他合作者造成损失。

⑤合作者除了对协议中的合伙义务和代理义务承担相应的责任外，每个国际货运代理还要对其他合作伙伴承担诚信义务。

7.4 会展物流的相关规定

7.4.1 会展进出口展品的范围

对于进出境的展品，我国海关有权予以监管，其监管依据就是《中华人民共和国海关暂时进出境货物管理办法》（以下简称《海关暂时进出境货物管理办法》）。《海关暂时进出境货物管理办法》于2007年3月1日以海关总署令第157号公布。2017年11月20日，海关总署发布第233号令（关于公布《中华人民共和国海关暂时进出境货物管理办法》的令）。

《海关暂时进出境货物管理办法》第2条规定："本办法所称暂时进出境货物包

括：①在展览会、交易会、会议及类似活动中展示或者使用的货物；②文化、体育交流活动中使用的表演、比赛用品；③进行新闻报道或者摄制电影、电视节目使用的仪器、设备及用品；④开展科研、教学、医疗活动使用的仪器、设备和用品；⑤在本款第①项至第④项所列活动中使用的交通工具及特种车辆；⑥货样；⑦慈善活动使用的仪器、设备及用品；⑧供安装、调试、检测、修理设备时使用的仪器及工具；⑨盛装货物的包装材料；⑩旅游用自驾交通工具及其用品；⑪工程施工中使用的设备、仪器及用品；⑫海关批准的其他暂时进出境货物。使用货物暂准进口单证册（以下称ATA单证册）暂时进境的货物限于我国加入的有关货物暂准进口的国际公约中规定的货物。”

出口展览品包括为了到国外举办经济、贸易、文化、科技等展览会或者参加外国博览会等而运出的展览品，以及有关的宣传品、布置品、招待品、小卖品和其他公用物品。

对于在原批准展出计划外而临时增加展出地点或参加另一展览会的展览品，展览会的主办单位或其代理人应持原批准单位同意增加展出地点或参加另一展览会的批准文件，向海关书面申请，经海关同意后，按海关对转关运输的有关规定办理转关手续。

展览品运出或者复运进口时，不准在装展览品的容器内装入个人物品或者其他非展览物品。组织出国展览的单位，在国外展出期间购买、接受的物品、样品、礼品和其他资料，应当另行包装并开列清单，向入境地海关申报。

7.4.2 会展展品进出境的手续

1）进境展览品的通关流程

（1）备案

来华举办展览会的单位，应当将有关批准文件事先抄送展出地海关，并向展出地海关办理备案手续。

（2）担保

展览品进境时，展览会主办单位、参展商或其代理人，应向海关提供担保。担保形式可为相当于税款金额的保证金、银行或其他金融机构的担保书，以及经海关认可的其他方式的担保。在海关指定场所或海关派专人监管的场所举办展览会，可免于向海关提供担保。

（3）进口展览品申报

展览会的主办单位或其代理人应在展出地海关办理展览品进口申报手续。从非展出地海关进口的展览品，应当在进境地海关办理转关手续。主办单位或其代理人申报进口展览品时，应向海关提交展览品清单，清单内容填写应完整、准确，并译成中文。

（4）查验

展览会主办单位或其代理人应当于展览品开箱前通知海关，以备海关到场查验。

海关对展览品进行查验时，展览品所有人或其代理人应当在场，并负责搬移、开拆、重新封货包装等协助查验的工作。展览会期间展出或使用的印刷品、音像制品及其他海关认为需要审查的物品，经过海关审查同意后，方能展出或使用。对我国政治、经济、文化、道德有害的以及侵犯知识产权的印刷品和音像制品，不得展出或使用，并由海关根据情况予以没收、退运出境或责令展出单位更改后使用。

（5）驻场监管

海关派员进驻展览场所执行监管任务时，展览会的主办单位或承办单位应当提供办公场所和必需的办公设备，并向海关支付规费。未经海关许可，展览品不得移出展览品监管场所，因故需要移出的，应当报经海关核准。

（6）核销

展览会闭幕后，展览会主办单位或其代理人应及时向展出地主管海关交验展览品核销清单一份。对于未及时退运出境的展览品，应存放在海关指定的监管场所或监管仓库，并接受海关监管。对于不复运出境的展览品，海关按照有关规定办理进口手续，展览会主办单位应及时向海关办理展览品进口结关手续，负责向海关缴纳参展商或其代理人拖欠未缴的各项税费。

（7）复出境

展览会结束后，展览会主办单位或其代理人应向展出地海关办理海关核销手续。展览品实际复运出境时，展览会的主办单位或其代理人应向海关递交有关的核销清单和运输单据，办理展览品出境手续。对需要运至其他设关地点复运出境的展览品，经海关同意后，按照海关对转关运输的有关规定办理转关手续。一般情况下，展览品应自进境之日起6个月内复运出境。如需延长复运出境期限，应报经主管海关批准，延长期限最长不超过6个月。举办为期半年以上的展览会，应由主办单位或其代理人事先报海关总署审核。

2）出境展览品的通关流程

（1）出口

展览品出口时，组织出国展览的单位（或者它委托的代办单位）应当将列有唛码、件数、名称、规格、数量、价格等内容的展览品清单（一式两份）注明批准机关及批准文号，连同有关的运输单据，向出境地海关申报。

（2）复进口

展览品复进口的时候，组织出国展览的单位应当将展览品清单（一式两份）注明原出境日期、地点、运输工具名称、展出国家或地区以及在国外展出期间对展览品的出售、赠送、放弃、消耗或者留给我驻外机构使用等处理情况，连同有关运输单据，向入境地海关申报。如果组织出国展览的单位要求将展览品运至其所在地的海关办理海关手续，入境地海关可以办理转关手续。

（3）核销

出境地和入境地海关应当将查验放行展览品的情况和日期在清单上注明，并一份留存，一份寄给组织出国展览单位所在地的海关，办理审核销案工作。

另外，展览品中如果有根据我国有关法律、法规应受进口限制的物品，主办单位或其代理人应当按照有关规定办理检验或批准手续。

7.4.3 会展展品进出境的税费

1）会展展品纳税

对进境展览品留在国内销售的，应由主办单位或有关购买单位向展出地海关办理正式进口手续。凡出售给外贸（工贸）公司或其他有进出口经营权单位的，由购买展品的公司、单位办理进口手续；出售给外国驻华外交机构、外交官或其他驻华机构人员的，由该机构或人员办理进口手续；出售给其他国内单位、个人的，由展览会主办单位办理进口手续。办理出售展品进口手续时，应按国家有关规定提供进口许可证或其他有关批件，并按规定缴纳进口关税和进口环节税。上述进口手续办妥后，海关放行有关展览品。作为礼品或样品赠送的展览品，主办单位应向展出地海关提供列明品名、数量、价值、受赠对象等内容的展品赠送确认书，由受赠对象向海关办理进口手续。

2）会展展品免税

海关根据进口礼品或样品的管理规定办理免税验放手续。海关根据展览会的性质、参展商品的规模、观众人数等情况，在数量和总值合理的范围内，对下列进口后不复运出境的货物，免征进口关税和进口环节税。

（1）在展出活动中能够代表国外货物的小件样品，包括原装进口的或在参展期间用进口的散装原料制成的食品或饮料（不含酒精）的样品，但应符合以下条件：①由参展商免费提供并在展出期间专供免费分送给观众个人使用或消费的；②显系单价很低，做广告样品用的；③不适用于商业用途，且单位容量明显小于最小的零售包装容量的；④食品及饮料的样品虽未按本项规定的包装分发，但确系在活动中消耗掉的。

上述货物，需超出限量进出口的，超出部分应照章纳税。展览会期间出售的小卖品，其主办单位或其代理人应当向海关交验我国对外贸易管理部门的批准文件，并向海关缴纳进口关税和其他税费。

（2）在展览会中专为展出的机器或器件进行操作示范所进口的并在示范过程当中被消耗或损坏的物料。

（3）展出者为修建、布置或装饰展台而进口的一次性廉价物品，如油漆、涂料及壁纸。

（4）参展商免费提供并在展出期间专门用于向观众免费散发的与活动有关的宣传性印刷品、商业目录、说明书、价目单、广告招贴、广告日历及未装框照片等。

（5）进口供各种国际会议使用或与其有关的档案、记录、表格及其他文件。

（2）、（3）所述物料未使用或尚未被消耗的部分，如不复运出境，应按规定办理进口手续并照章征税；（4）所述物品，展览会结束后需留在国内的，主办单位或其代理人应按照我国对印刷品进口的管理规定办理进口手续并照章纳税。

另外，展览品属海关同意的暂时进口货物，进口时免领许可证、免交进口关税和其他税费。进口展览品自进境起到复运出境止、出口展览品自出境起到复运进境向海关核销止，都应在海关监督管理之下。

知识掌握

第7章
知识掌握
答案提示

1）简述国际货运代理业的业务范围。

2）简述国际货运代理企业的设立条件。

3）简述外商投资的国际货运代理企业设立的条件。

4）简述会展展品进出境的通关流程。

知识应用

□ 案例分析

海运集装箱租赁合同纠纷法律文书（节选）

发布日期：2019-02-01

相关企业：中国外运华南有限公司货运分公司、洋浦中良海运有限公司

事实依据

结合原、被告的庭审陈述及本院审查确认的证据，认定本案事实如下：

2016年4月7日，原告作为出租方与被告签订集装箱租赁协议，约定由原告租赁500个集装箱给被告，具体箱型、箱号于提箱后双方确认，租赁有效期自被告实际提箱日开始至双方签订的合作协议中约定的结束日止。20GP集装箱每天租金3.50元，40HQ集装箱每天租金5.90元；如被告未按时还箱，原告按20GP集装箱每天20元、40HQ集装箱每天30元收取超期用箱费；超出还箱期限90天以上的视为全损。提箱后5天之内被告向原告提供集装箱信息以便双方确认。如被告遗失及全损集装箱，须按每个20GP集装箱10 000元、40HQ集装箱15 000元的价值赔偿原告。经赔偿后，被告可自行决定将有关集装箱成为被告的财产。被告必须在合作协议终止之日起90天内，将租赁的集装箱归还至原告指定的收箱地点并承担每个20GP集装箱80元、40HQ集装箱120元的上下车费；租期结束后，被告须分批还箱到原告指定的黄埔、天津等其他堆场；如被告要求在其他港口还箱，须经原告书面同意，并由被告承担所有相关费用；还箱后5天内被告提供还箱信息与原告确认。

同日，原告与被告签订合作协议，约定原告租赁500个集装箱给被告，原告按每个20GP集装箱每天租金3.50元、40HQ集装箱每天租金5.90元的标准向被告收取租金。被告在各航线给予原告货源运价上的优惠，确保原告舱位。被告将佛山南利、南拓、肇庆三榕港、炭步、鸦岗、湛江给予原告代理控箱，原告按被告指令办理各项业务，被告按每个重箱10元支付原告操作费。由原告代理控箱的口岸，原告负责与码头结算，使用原告单证，被告按原告与码头签订的合同费率支付原告码头费。每月5日前被告出具上月的运费清单给原告，经原告核准后，被告开具增值税专用发票，原告当月15日前付款；原告每月5日前出具上月的费用清单给被告，经被告核准后，原

告开具代理费发票后，被告在次月15日前付款。本协议有效期为2015年12月1日至2016年12月31日，协议到期前7个工作日，双方协商续约。

2018年5月，原告将被告应支付的2018年3、4月份集装箱租金明细表通过QQ发送给被告员工。该两份明细表记载被告3月份共租用了原告箱号为CAXU6919210等298个集装箱，租金合计为35 662.80元；4月份共租用了原告箱号为GESU1228561等294个集装箱，租金合计为35 183.90元。被告收到后在租金明细表上盖章确认又通过QQ将该表回送给原告。5月10日，原告委托广东中外运供应链管理有限公司向被告开具了3月份集装箱租金35 662.80元和4月份集装箱租金35 183.90元的发票两张。6月，原告将被告应支付的2018年5月份集装箱租金明细表通过QQ发送给被告员工。该份明细表记载被告5月份共租用了原告箱号为GESU2518797等271个集装箱，租金合计为34 126元。被告收到后在租金明细表上盖章确认又通过QQ将该表发送给原告。6月22日，原告委托广东中外运供应链管理有限公司向被告开具了5月份集装箱租金34 126元的发票。

2018年5月，原告将2018年4月被告在三榕码头应支付的码头费汇总表通过QQ发送给被告员工，该汇总表记载被告在三榕码头4月份应支付的码头费为209 732元。2018年6月，原告将2018年5月份被告在三榕码头应支付的码头费汇总表通过QQ发送给被告员工，该汇总表记载被告在三榕码头5月份应支付的码头费为109 140元。被告收到后在2份码头费汇总表上盖章予以确认，又通过QQ将汇总表回送给原告。

2018年5月7日，原告工作人员与被告工作人员H某某通过QQ对2018年4月份被告在南利、南拓和炭步码头应支付的码头费进行核对，被告确认4月份南利码头费为72 230元、南拓码头费为76 000元、炭步码头费为116 555元。6月12日，原告工作人员与被告工作人员H某某通过QQ对2018年5月份被告在南利、南拓和炭步码头应支付的码头费进行核对，被告确认5月份南利码头费为91 510元、南拓码头费为53 820元、炭步码头费为104 355元。

2018年5月9日，被告工作人员L某某通过电子邮件向原告确认应支付2月26日至4月25日期间产生的集装箱吊箱费920元。同日，原告委托广东中外运供应链管理有限公司向被告开具了金额为920元的发票。

2018年5月15日，原告委托广东中外运供应链管理有限公司向被告开具了4月份南利、南拓、炭步和三榕码头费金额合计为474 517元的发票。6月21日，原告委托广东中外运供应链管理有限公司向被告开具了5月份南利、南拓、炭步和三榕码头费金额合计为358 825元的发票。

2018年6月，原告将被告应支付的2018年6月1日至25日的集装箱租金明细表通过QQ发送给被告员工，该明细表记载被告6月1日至25日共租用了原告箱号为SLSU8010182等239个集装箱，租金合计为23 027.50元，但被告未予回应。同月，原告将6月份被告在三榕码头应支付的码头费汇总表通过QQ发送给被告员工，该汇总表记载被告在三榕码头6月份应支付的码头费为45 452元。被告收到后在该码头费汇总表上盖章予以确认后，又通过QQ将汇总表发送给原告。6月27日，原告工作人员将2018年6月份被告在南利、南拓和炭步码头产生的码头费发给被告工作人员H某某要求核对，其中南利码头费32 320元、南拓码头费38 020元、炭步码头费54 490元，并附每个码头的靠驳船名、航次、装卸箱量和装卸费等明细账单，H某某称其目前没有权限确认账单，后再未回复。

2018年6月24日，被告发出暂停航线经营公告，称经公司董事会提请股东会做出决定，被告自2018年6月25日起暂停航线经营。

判决结果

一、确认原告中国外运华南有限公司货运分公司与被告洋浦中良海运有限公司于2016年4月7日签订的集装箱租赁协议和合作协议于2018年9月27日解除。

二、被告洋浦中良海运有限公司在本判决生效之日起10日内返还原告中国外运华南有限公司货运分公司20GP集装箱169个、40HC集装箱34个（清单见判决书附表）；如逾期不能返还，被告洋浦中良海运有限公司按照每个20GP集装箱10 000元、每个40HC集装箱15 000元的标准，赔偿原告中国外运华南有限公司货运分公司集装箱损失及从判决生效之日后第91日起至实际支付之日止按中国人民银行同期贷款利率计算的利息。

三、被告洋浦中良海运有限公司支付原告中国外运华南有限公司货运分公司集装箱租金、码头费和吊箱费共1 132 544.20元及利息（其中546 283.70元从2018年6月29日起；392 951元从7月16日起，193 309.50元从8月16日起，至实际支付之日止按中国人民银行同期贷款利率计算）。

以上给付金钱义务，应于本判决生效之日起10日内履行完毕。

如果未按本判决指定的期间履行给付金钱义务，应当依照《中华人民共和国民事诉讼法》第253条的规定，加倍支付迟延履行期间的债务利息。

案件受理费33 460元，由被告洋浦中良海运有限公司负担。

如不服本判决，可在判决书送达之日起15日内，向本院递交上诉状，并按对方当事人的人数或者代表人的人数提出副本，上诉于广东省高级人民法院。

资料来源　佚名. 海运集装箱租赁合同纠纷法律文书［2019-02-01］. https: //aiqicha.com/nwenshu? wenshuId=95fb38d45f220f2db96bfea113392192f2a734d8.

第7章
知识应用

答案提示

问题：本案争议的焦点是什么？

□ 实践训练

拟定一份国际货运代理合同。

第8章

会展客户权益保护法律法规

学习目标

☆ 了解消费者权益保护法的含义和立法意义，以及国家和消费者组织对消费者合法权益的保护；

☆ 明确会展客户依法享有的权益及办展商的权利与义务；

☆ 熟知会展中参展商的义务；

☆ 掌握依法办展和依法保护会展客户权益的基础知识；

☆ 培养诚信、友善的价值观。

思维导图

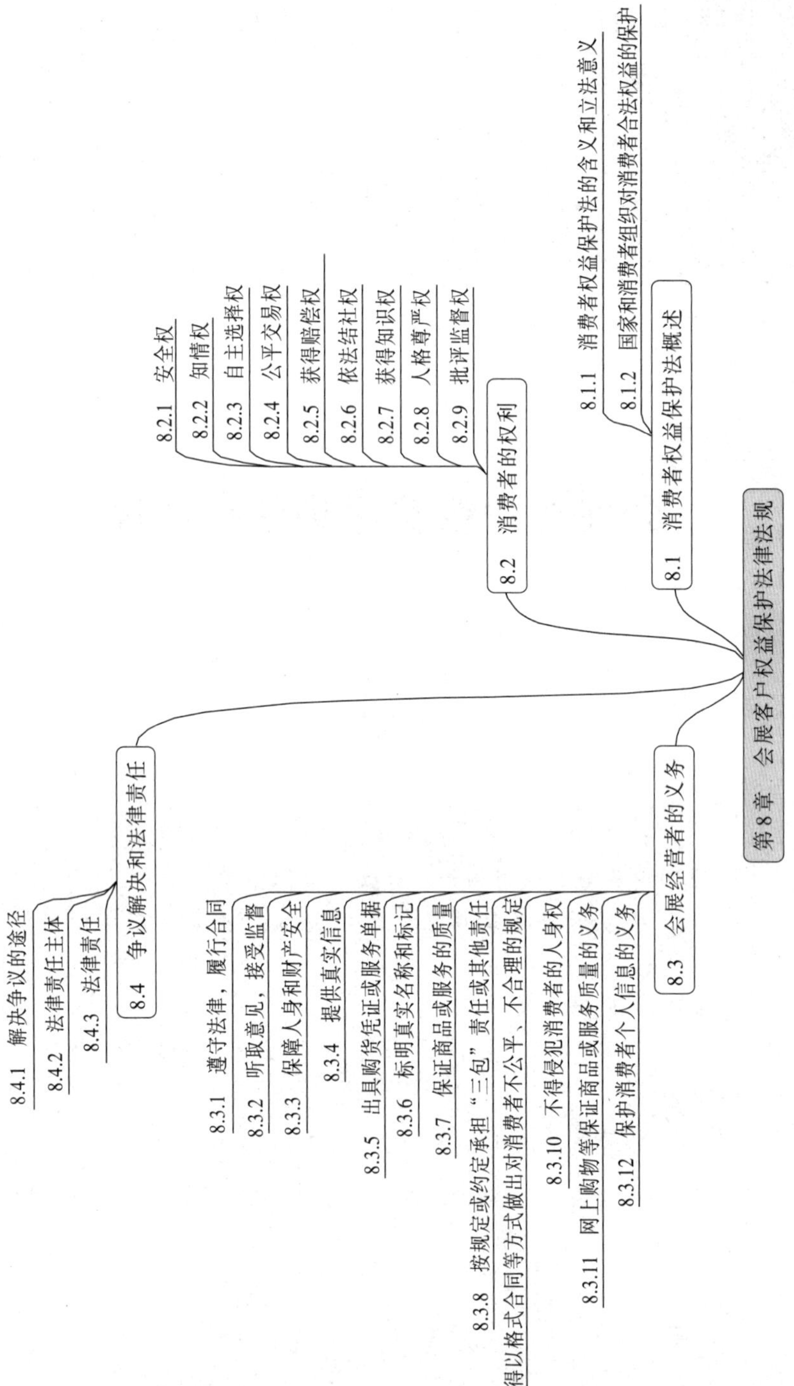
第8章 会展客户权益保护法律法规
8.1 消费者权益保护法概述
8.1.1 消费者权益保护法的含义和立法意义
8.1.2 国家和消费者组织对消费者合法权益的保护
8.2 消费者的权利
8.2.1 安全权
8.2.2 知情权
8.2.3 自主选择权
8.2.4 公平交易权
8.2.5 获得赔偿权
8.2.6 依法结社权
8.2.7 获得知识权
8.2.8 人格尊严权
8.2.9 批评监督权
8.3 会展经营者的义务
8.3.1 遵守法律，履行合同
8.3.2 听取意见，接受监督
8.3.3 保障人身和财产安全
8.3.4 提供真实信息
8.3.5 出具购货凭证或服务单据
8.3.6 标明真实名称和标记
8.3.7 保证商品或服务的质量
8.3.8 按规定或约定承担“三包”责任或其他责任
8.3.9 不得以格式合同等方式做出对消费者不公平、不合理的规定
8.3.10 不得侵犯消费者的人身权
8.3.11 网上购物等保证商品或服务质量的义务
8.3.12 保护消费者个人信息的义务
8.4 争议解决和法律责任
8.4.1 解决争议的途径
8.4.2 法律责任主体
8.4.3 法律责任

引例　曝光美博会不可注射的美容针！妆字号美容针或致毁容

2022年7月，在武汉举办的美博会上，参展企业大多是生产美容医疗器械的厂家和化妆品公司。其中，海茂生物科技有限公司展台在售一款名叫葡聚多肽的产品，备案信息为化妆品。海茂生物科技有限公司工作人员称这是他们用于注射的主打产品，还在展会现场为顾客进行了面部泪沟注射。

2022年3月30日，国家药监局发布公告，对27类医疗器械涉及《医疗器械分类目录》内容进行调整。其中，整形美容用注射材料按照最严格的第三类医疗器械进行管理。而妆字号的日用化妆品只能外用于皮肤表面，显然不可以被用来注射。

记者调查发现，一批批打着化妆品名义的美容针剂源源不断地流向市场，堂而皇之地出现在各类医美、化妆品展会上，批发给形形色色的美容机构，最终被注射到消费者的体内。中国医学科学院整形外科医院副主任医师郭鑫表示："妆字号产品只能外用涂抹。有些不良商家把它当作注射产品，会引发消费者面部皮肤红肿、破溃、反复发炎，甚至导致无序生长、变形，美容不成变成毁容。"在一些展会上，有些面部美容针剂注射产品甚至连化妆品备案都没有。

据了解，这类以化妆品名义销售的美容针剂因为价格不透明，利润可以高达10倍，从业者趋之若鹜。这些利润惊人的"打脸"化妆品究竟是哪里生产的呢？记者来到了易圣生物科技有限公司，工作人员介绍，各类"打脸"美容针剂，很多都是他们这样的工厂生产的。工作人员坦承，生产这类打着化妆品名义、实则用于脸部注射的美容针剂，很多工厂都没有生产许可证件。

资料来源　佚名. 曝光不可注射的美容针！妆字号美容针或致毁容［EB/OL］.［2023-03-15］. https://fashion.sohu.com/a/654720748_115865.

《中华人民共和国消费者权益保护法》第43条规定："消费者在展销会、租赁柜台购买商品或者接受服务，其合法权益受到损害的，可以向销售者或者服务者要求赔偿。展销会结束或者柜台租赁期满后，也可以向展销会的举办者、柜台的出租者要求赔偿。展销会的举办者、柜台的出租者赔偿后，有权向销售者或服务者追偿。"可见，消费者在展销会结束后发现自身权益受到损害时，若无法向销售者或服务者行使其追偿权，展销会举办方对此承担连带赔偿责任，消费者可直接向展销会举办方主张其权利。展销会举办方则可向实际提供商品或服务的经营者追偿。此外，《中华人民共和国消费者权益保护法》第55条第1款规定："经营者提供商品或者服务有欺诈行为的，应当按照消费者的要求增加赔偿其受到的损失，增加赔偿的金额为消费者购买商品的价款或者接受服务的费用的3倍；增加赔偿的金额不足500元的，为500元。法律另有规定的，依照其规定。"对于商家的虚假宣传，消费者也可以要求惩罚性赔偿，这是《中华人民共和国消费者权益保护法》打击经营者欺诈行为、更有力保护消费者权益的规定。

另外，在举办展销会时，举办者有责任把好关，对进场企业的信誉进行审查，确保其在展销会期间的活动符合法律规定，限制不具备资格的企业参与展销会，从源头上保护消费者合法权益免受侵害，同时也保障举办方利益不受损。

8.1 消费者权益保护法概述

我国的会展经济尚在起步阶段，展览会是以展示商品为主要目的的经济活动。由于展览的短期时效性，场地商又只对展览期间的纠纷负责，参展商和消费者的正当权益有时难以得到有效保护，因此只有通过法律来保护参展商权益，保障消费者依法行使权利，维护会展主体和消费者的合法权益，才能避免无序竞争，规范经营行为，营造公平、公开、公正的市场环境，逐步形成符合市场经济要求的行业运行机制和行业自律机制，促进会展行业的健康发展。

8.1.1 消费者权益保护法的含义和立法意义

消费者权益保护法是调整在保护消费者权益过程中发生的经济关系的法律规范的总称。1993年10月31日，第八届全国人民代表大会常务委员会第四次会议审议通过了《中华人民共和国消费者权益保护法》（以下简称《消费者权益保护法》），这是一部保护消费者合法权益的专门法律。它属于维护市场秩序方面的法律，主要调整经营者与消费者的市场行为。2009年8月27日，第十一届全国人民代表大会常务委员会第十次会议通过的《关于修改部分法律的决定》第一次对《消费者权益保护法》进行了修正，2013年10月25日第十二届全国人民代表大会常务委员会第五次会议通过的《关于修改〈中华人民共和国消费者权益保护法〉的决定》对《消费者权益保护法》进行了第二次修正。

《消费者权益保护法》的颁布和施行，对于保护消费者的合法权益，规范经营者的经营行为，维护市场经济秩序，推动经济和社会的良性运行和协调发展，具有重要的意义。

1）有利于保护消费者合法权益

关于消费者合法权益的保护，尽管我国已制定了一系列相关法律、法规及一些地方性法规，但由于各自的角度不同，客观上仍需要制定一部专门保护消费者权益的基本法律。为有效保护消费者权益，《消费者权益保护法》确定了国家保护消费者合法权益不受侵害、全社会共同保护消费者合法权益等原则。有关条文还强化了立法保护、行政保护、司法保护、社会保护、消费者自我保护等措施，并规定了消费者协会和其他消费者组织的地位、性质和职能。

2）规范经营者的经营行为，维护市场经济秩序

《消费者权益保护法》虽以保护消费者权益为基本定位，但保护消费者权益的另一方面必然涉及规范经营者的行为。消费者与经营者之间形成了最基本的商品交换关系，同时，为拓展市场，拥有更多的消费者，经营者之间又相互竞争。在社会生产、交换、消费等一系列经济活动中，经营者与消费者之间、经营者与经营者之间的行为，会直接影响市场经济秩序。《消费者权益保护法》着重规范经营者与消费者交易时的经营行为，对维护市场经济秩序同样具有重要意义。为此，《消费者权益保护法》在第3章专门规定了经营者的义务，并在第1章“总则”中特别规定：“经营者与消费者进行交易，应当遵循自愿、平等、公平、诚实信用的原则。”

3）推动经济和社会的良性运行和协调发展

社会主义市场经济是法治经济，完善消费者权益保护制度、规范经营者的交易行为，既是维护社会主义市场经济秩序的需要，也是保护和促进社会主义市场经济健康发展的需要。强化和完善消费者权益保护法律制度，将有效地推动经济和社会的良性运行和协调发展。

8.1.2　国家和消费者组织对消费者合法权益的保护

1）国家对消费者合法权益的保护

国家和地方立法机关制定了有关保护消费者权益的法律、法规。国家司法机关以及有关单位应当依照法律、法规的规定，惩处经营者在提供商品和服务时侵害消费者合法权益的违法行为。人民法院应当采取措施，方便消费者起诉。

2）消费者组织对消费者合法权益的保护

国务院于1984年批准成立了中国消费者协会。在保护消费者权益方面，消费者协会和其他消费者组织将发挥其应有的作用。《消费者权益保护法》第5章规定，消费者协会和其他消费者组织是依法成立的对商品和服务进行社会监督的保护消费者合法权益的社会组织。这些组织不得从事商品经营和营利性服务，不得以收取费用或者其他谋取利益的方式向消费者推荐商品和服务。

消费者协会依法履行职能，各级人民政府应当予以支持。《消费者权益保护法》规定，消费者协会应履行下列公益性职责：

①向消费者提供消费信息和咨询服务，提高消费者维护自身合法权益的能力，引导文明、健康、节约资源和保护环境的消费方式。

②参与制定有关消费者权益的法律、法规、规章和强制性标准。

③参与有关行政部门对商品和服务的监督、检查。

④就有关消费者合法权益的问题，向有关部门反映、查询，提出建议。

⑤受理消费者的投诉，并对投诉事项进行调查、调解。

⑥投诉事项涉及商品和服务质量问题的，可以委托具备资格的鉴定人鉴定，鉴定人应当告知鉴定意见。

⑦就损害消费者合法权益的行为，支持受损害的消费者提起诉讼或者依照本法提起诉讼。

⑧对损害消费者合法权益的行为，通过大众传播媒介予以揭露、批评。

8.2　消费者的权利

消费作为社会再生产的一个重要环节，是生产、交换、分配的目的和归宿。消费者是与政府、企业相并列的参与市场经济运行的三大主体之一，是与企业相对应的市场主体；在法学上，消费者是各国的消费者权益保护法的最重要主体，也是经济法的重要主体。但是，无论是经济学还是法学，无论是立法规定还是法律实践，一般都认为消费者是指从事生活消费的主体。

国际标准化组织（ISO）消费者政策委员会在第一届年会上，把“消费者”定义为“为个人目的购买或使用商品和服务的个体社会成员”。《布莱克法律词典》的定义是：“消费者是为个人、家庭或家用而非转售目的而购买商品或服务的个人，以及为个人目的而非商业目的使用产品的自然人。”我国原国家技术监督局在颁布的国家标准《消费品使用说明总则》中规定，消费者是“为满足个人或家庭的社会需要而购买、使用商品或服务的个体社会成员”。

根据《消费者权益保护法》第2条的规定，消费者是指为满足个人生活需要，购买、使用商品或者接受服务的自然人。在特殊情况下，农民购买、使用直接用于农业生产的生产资料，虽不属于生活消费的范围，但《消费者权益保护法》将其作为一种特殊情况，也应参照该法执行。

一般认为，在世界上最早明确提出消费者权利的是美国前总统约翰·肯尼迪。他在1962年的国情咨文中第一次提出消费者权利概念，其中包括4项权利：①有权获得安全保障；②有权正确了解商品；③有权自由选择商品；④有权提出消费意见。1969年美国时任总统尼克松又加上一项“求偿权”，成为5项权利。1985年4月，联合国大会通过的《保护消费者准则》提出保护消费者权益的一般原则，实际上是提出了消费者的6项权利。后来，国际消费者组织联盟又提出了8项权利。

消费者的基本权益是指消费者在消费活动中，即在购买、使用商品和接受服务过程中依法享有的各项权利。对消费者合法权益的保护，需要国家机关和社会各方面强化有关措施，同时广大消费者应增强自我保护意识。为此，必须明确消费者享有哪些权利。《消费者权益保护法》借鉴了国内外相关立法的经验，结合我国的实际情况，规定了消费者享有9项权利。

8.2.1　安全权

保障安全是消费者最基本的权利。它是指消费者在购买、使用商品和接受服务时，享有人身、财产安全不受损害的权利。安全权是消费者最基本的权利。对于消费者来说，如果人身和财产安全都得不到保障，其他权利更无从谈起。为了保障这一权利的实现，《消费者权益保护法》规定，消费者享有要求经营者提供的商品和服务能够保障人身、财产安全的权利。安全权是《消费者权益保护法》规定的消费者的首要权利。对会展业来说，它要求会展经营者提供的场所、展台在保安、消防、稳固等方面必须具有安全性，参展商提供的展品及服务必须符合安全标准。

8.2.2　知情权

消费者享有知悉其购买、使用的商品或者接受的服务的真实情况的权利，简称知情权。消费者在参加会展时，往往会因为会场营造的气氛和参展商的广告宣传而产生某种消费欲，进而会付诸行动。根据商品或服务的不同情况，消费者有权要求会展经营者提供商品的价格、产地、生产者、用途、性能、规格、等级、主要成分、生产日期、有效期限、检验合格证明、使用方法说明书、售后服务以及服务的内容、规格、费用等情况。

知情权对于会展消费者来说尤为重要，其意义在于：

①充分了解商品或服务的真实情况，是消费者决定购买商品或接受服务的前提条件。对于参展者和观众而言，产生某种消费欲望并真正实施这种行为，是建立在对有关情况有一定了解的基础上。

②随着市场经济的发展，商品与服务日益丰富，品种式样翻新。消费者如果不对商品或服务进行必要的了解，就无法做出比较合理的消费选择。消费者如果不知悉商品或服务的真实情况而进行消费，就达不到预期的目的，甚至还会上当受骗。

③知情权的实现，关键在于举办会展的单位及参展商提供的情况要真实。因此，举办会展的单位及参展商提供的信息应真实可信，任何失实、以假充真、以次充好，误导观众的会展宣传及广告均构成对消费者合法权益的侵犯。

以案说法8-1

展销会上设局诈骗　市场监管重拳打击

2022年7月4日下午，黄山市市场监管综合行政执法支队接群众举报，反映在屯溪区天盈财富广场展销会上销售霍山石斛的摊位有欺骗老年人的嫌疑。接举报后，支队立即与公安部门进行了案情研判。7月5日上午，支队执法人员联合公安人员对上述摊位进行执法检查，现场发现一名老人在“安徽霍山石斛”的摊位上购买石斛，付钱后，经过摊位内的机器进行打粉，正拿着石斛粉准备离开，被执法人员当场拦下进行核查。经检查，该摊位内摆放的打粉机大有“猫腻”，已经过精心改装，打粉时可通过机器上设计的机关进行“调包”，使顾客购买的产品不进入打粉口，而是通过暗设的通道流入设置好的暗箱内，最终提供给消费者的是事先准备好的廉价粉末，从而达到以次充好、牟取暴利的目的。据该老人陈述，他是看到现场另有一老年妇女购买了石斛，宣称石斛营养价值高，这个摊位出售的石斛质优价廉，他才动了心，通过POS机刷卡支付了3 390元。执法人员迅速控制现场，对摊位上违法经营的中药材、不明粉末及作案工具等全部扣押，将老年人支付的钱款责令退还，并于当晚将涉案人员移交公安机关深挖彻查。

资料来源　佚名．黄山市市场监督管理局［EB/OL］．［2022-07-11］．https：//scjg.huangshan.gov.cn/zxgz/qsscjgbmdjzzylzpzxxd/9030965.html.

以案说法8-1

法律分析

问题：此案会展主办方是否负有监管责任？

8.2.3　自主选择权

在消费领域，消费者之间的愿望和要求是有区别的，因而对商品或服务的选择也会不同。尊重和保护消费者的自主选择权，符合消费活动的一般规律，有利于保护消费者合法权益。自主选择权是指消费者在面临众多商品或服务时，有权自主选择商品或者服务的权利。消费者有权自主选择提供商品或服务的经营者，自主选择商品品种或服务方式，自主决定购买或不购买任何一种商品，接受或者不接受任何一项服务。消费者在自主选择商品或服务时，在充分了解商品或服务的真实情况后，有权进行比较、鉴别和挑选，这既是对消费者自主选择权的完善，又是对消费者享有的知情权的延伸。

8.2.4　公平交易权

消费者购买商品或者接受服务，是一种市场交易行为，应当遵守市场交易的基本准则，即平等自愿、等价有偿、诚实信用等。这些准则是所有市场交易活动必须遵守的，其最终目的是保证经营者和消费者之间实现公平交易，经营者之间进行公平竞争。公平交易权要求举办会展的单位及参加会展的参展商要向观众提供有质量保障、价格合理、计量正确的各种商品和服务。

参展商有权获得价格合理并有质量保障的会展服务。举办会展的单位必须严格遵守国家有关法律、法规和价格政策，对参展商要支付的各种费用执行价格标准，做到价格合理。

8.2.5　获得赔偿权

消费者因购买、使用商品或接受服务受到人身、财产损害的，享有依法获得赔偿的权利。获得赔偿权是弥补消费者所受到损害的、必不可少的救济性权利。有权获得赔偿的主体，即受害人，除了商品的购买者、使用者、接受服务者外，还包括受损害的第三人。有时受害者既不是商品的购买者，也不是商品的使用者，而是在他人购买、使用商品过程中受到人身或财产损失的其他人，《消费者权益保护法》同样赋予其请求赔偿权。

求偿权的范围包括人身权受到侵害、财产损害、精神损害三个方面。这里所说的人身权，既包括消费者的生命健康权，也包括消费者的其他人格权；这里所说的财产损害，主要是指财产上的损害，包括直接损失和间接损失；这里所说的精神损害，主要是指消费者因人身伤害或者其他人身权受到侵害而造成的精神痛苦，对此经营者应根据不同情况予以赔偿。求偿权的实现方式是赔偿损失、恢复原状、赔礼道歉、重做、更换、消除影响、恢复名誉等。

关于赔偿数额，一般来说应赔偿受害人的全部损失，即因购买、使用商品或接受服务所引起的全部损失。比如，造成消费者或者其他受害人人身伤害的，应当赔偿医疗费、护理费、交通费等为治疗和康复支出的合理费用，以及因误工减少的收入；造成残疾的，还应当赔偿残疾辅助器具费和残疾赔偿金；造成死亡的，还应当赔偿丧葬费和死亡赔偿金等。

求偿权的限制是：消费者只要因购买、使用商品或接受服务受到人身、财产的损失，就可依法获得赔偿，并不需要商品的生产者、销售者和服务的提供者具有过错。但是，如果是由于受害者自己的过错造成的损害，则商品的销售者和生产者不承担责任。

8.2.6　依法结社权

消费者享有依法成立维护自身合法权益的社会团体的权利。国家对合法的消费者团体，应予以支持。在制定有关消费者权益方面的政策和法律时，应当征求消费者团体的意见，以便更好地保护消费者权益。消费者的依法结社权，可使分散、弱小的消费者，通过社会团体的力量，与实力雄厚的经营者相抗衡。因此，必须保障消费者的依法结社权。

消费者社会团体的作用是：组织消费者，形成对商品和服务的广泛监督；促使一些侵害消费者权益的行为得到及时惩罚；充当政府和消费者之间的桥梁；指导消费者的消费行为，提高消费者的自我保护意识等。

8.2.7　获得知识权

消费者享有获得有关消费和消费者权益保护方面的知识的权利。它是从知情权中引申出来的一项权利。保障这一权利的目的是使消费者更好地掌握所需商品或服务的相关知识和使用技能，使消费者能正确使用商品或接受服务，提高自我保护意识。可以说，获得有关知识，提高自我保护能力，既是消费者的权利，也是消费者的义务。例如，参展消费者在会展活动中，有时会接受一些娱乐、健身等方面的服务。这时，参展消费者就应当在服务人员的指导或陪同下，在规定的范围内，正确使用娱乐、健身等设施，不能超出规定范围，独自活动。

8.2.8　人格尊严权

人格尊严权是指消费者在购买商品或接受服务时所享有的、其人格尊严及民族风俗习惯得到尊重的权利。经营者不得侮辱、诽谤消费者，不得搜查消费者的身体及其携带的物品，不得侵犯消费者的人身自由。

民族风俗习惯包括各民族的服饰、饮食、居住、礼节等方面的风俗习惯。经营者和其他消费者应当自觉地尊重这些风俗习惯，这对贯彻落实党和国家的民族政策、维护各民族的团结具有重要意义。

8.2.9　批评监督权

消费者享有对商品或服务以及保护消费者权益工作进行监督的权利。消费者有权检举、控告侵害消费者权益的行为，以及国家机关及其工作人员在保护消费者权益工作中的违法失职行为，有权对保护消费者权益工作提出批评、建议。

举办会展的单位和参展商应当接受参展消费者的监督，要通过有效途径或方式接受参展消费者的批评或建议，诸如设立专业机构、配置专职人员收集、听取参展消费者的批评和建议，与参展消费者对话等；把向参展消费者提供商品或服务的活动置于参展消费者的有效监督之下。监督的方式是多种多样的，如对侵害消费者权益的行为进行检举和控告；通过新闻媒体和消费者保护组织对经营者进行监督等。

以案说法8-2

珠海一展会销售过期食品，摊主跑路？举办方应承担责任

2022年8月，周女士投诉称，家里孩子吃了她从珠海家博会一摊位上购买的牛肉干后，出现腹泻状况，查看包装，才发现牛肉干已过期超过一年。

接到投诉后，珠海市场监管部门工作人员联系周女士，周女士称并不知晓牛肉干销售者的具体名称信息。当时，家博会已结束，摊位也已撤场，难以确定销售者，于是工作人员联系家博会举办场地展馆，要求展馆提供涉事摊位（即牛肉干销售者）相关信息。

经工作人员核实，该销售者非本市企业，所留电话也无法接通。工作人员将处理方向转向家博会主办方，及时与家博会主办方沟通，详细说明了展销会中消费纠纷处理的相关法律问题，指出了其应承担的责任。

经调解，家博会主办方积极配合，最终，周女士所遇纠纷得以解决。

《消费者权益保护法》第43条规定，消费者在展销会、租赁柜台购买商品或者接受服务，其合法权益受到损害的，可以向销售者或者服务者要求赔偿。展销会结束或者柜台租赁期满后，也可以向展销会的举办者、柜台的出租者要求赔偿。展销会的举办者、柜台的出租者赔偿后，有权向销售者或者服务者追偿。

《食品安全法》第148条规定，生产不符合食品安全标准的食品或者经营明知是不符合食品安全标准的食品，消费者除要求赔偿损失外，还可以向生产者或者经营者要求支付价款10倍或者损失3倍的赔偿金；增加赔偿的金额不足1 000元的，为1 000元。

以案说法8-2

法律分析

资料来源　刘梓欣．珠海一展会销售过期食品，摊主跑路？举办方应承担责任［EB/OL］．［2023-03-15］．https：//static.nfapp.southcn.com/content/202303/15/c7457432.html.

问题：参照《消费者权益保护法》，分析展会主办方为何要承担责任。

8.3　会展经营者的义务

会展经营者的基本义务是指会展经营者在与消费者进行交易的过程中依法应当承担的各项义务。会展经营者是为消费者提供其生产、销售的商品或提供服务的市场主体，是与消费者进行市场交易的另一方。消费者权益能否得到保障在很大程度上取决于会展经营者是否依法履行其应尽的义务，明确会展经营者的义务对于保护消费者权益至关重要。《消费者权益保护法》第3章规定，在保护消费者权益方面，会展经营者负有下列义务：

8.3.1　遵守法律，履行合同

会展经营者向消费者提供商品或服务，应当依照《消费者权益保护法》和其他有关法律、法规的规定履行义务。会展经营者和消费者有约定的，应当按照约定履行义务，但双方的约定不得违背法律、法规的规定。

8.3.2　听取意见，接受监督

会展经营者应当听取消费者对其提供的商品或服务所提的意见，接受消费者的监督。这是与消费者的监督权相对应的会展经营者的义务，会展经营者不仅要接受消费者的监督，还应接受社会各界的广泛监督。

8.3.3　保障人身和财产安全

这是与消费者的安全权相对应的会展经营者的义务。会展经营者应当保证其提供的商品或服务符合保障人身、财产安全的要求，对可能危及人身、财产安全的商品或服务，应当向消费者做出真实的说明和明确的警示，并说明和标明正确使用商品或接受服务的方法以及防止危害发生的方法。

会展经营者发现其提供的商品或服务存在严重缺陷，即使正确使用商品或接受服务仍然可能对人身、财产安全造成危害的，应当立即向有关行政部门报告并告知消费者，并采取防止危害发生的措施。《消费者权益保护法》第19条规定："经营者发现其提供的商品或者服务存在缺陷，有危及人身、财产安全危险的，应当立即向有关行政部门报告和告知消费者，并采取停止销售、警示、召回、无害化处理、销毁、停止生产或者服务等措施。采取召回措施的，经营者应当承担消费者因商品被召回支出的必要费用。"

8.3.4　提供真实信息

会展经营者应当向消费者提供有关商品或服务的真实信息，不得作引人误解的或者虚假宣传。会展经营者对消费者就其提供的商品或服务的质量和使用方法等提出的询问，应当做出真实、明确的答复，并应当对所提供的商品或服务明码标价。

8.3.5　出具购货凭证或服务单据

会展经营者提供商品或服务，应按照国家有关规定或商业惯例向消费者出具购货凭证或服务单据；消费者索要购货凭证或服务单据的，会展经营者必须出具。

购货凭证是指销售者和购买者之间建立的买卖合同履行后，由销售者向购买者出具的证明合同履行的书面凭证。服务单据是指提供服务方在提供服务方与接受服务方的服务合同履行后，向接受服务方出具的证明合同履行的书面凭证。商业惯例是指某个行业的经营者在销售商品或者提供服务时普遍遵循的做法，虽不是国家法律、法规的规定，但为有关的经营者所公认和遵守。

8.3.6 标明真实名称和标记

这是与消费者的知情权相对应的会展经营者的义务。其内容主要包括：会展经营者不得使用未经核准登记的企业名称；不得擅自改动经核准的企业名称；不得假冒他人企业名称和他人持有的营业标记；不得使用与他人企业名称和营业标记相近似、足以造成消费者误认的企业名称和营业标记等。租赁他人柜台或场地的会展经营者，应当标明其真实名称和标记。

8.3.7 保证商品或服务的质量

会展经营者应当保证在正常使用商品或接受服务的情况下，其提供的商品或服务应当具有的质量、性能、用途和有效期限，但消费者在购买该商品或接受该服务前已经知道其存在瑕疵，且存在瑕疵不违反法律强制性的除外。

会展经营者以广告、产品说明、实物样品或其他方式表明商品或服务的质量状况的，应当保证其提供的商品或服务的实际质量与表明的质量状况相符。

8.3.8 按规定或约定承担“三包”责任或其他责任

会展期间有很多参展商非本地企业，会展结束后，它们往往很少逗留，但对消费者在会展期间所购买的商品，如按国家规定或与消费者约定“三包”的，应按规定或约定履行相应责任。《消费者权益保护法》第24条规定：“经营者提供的商品或者服务不符合质量要求的，消费者可以依照国家规定、当事人约定退货，或者要求经营者履行更换、修理等义务。没有国家规定和当事人约定的，消费者可以自收到商品之日起7日内退货；7日后符合法定解除合同条件的，消费者可以及时退货，不符合法定解除合同条件的，可以要求经营者履行更换、修理等义务。依照前款规定进行退货、更换、修理的，经营者应当承担运输等必要费用。”第25条规定：“经营者采用网络、电视、电话、邮购等方式销售商品，消费者有权自收到商品之日起7日内退货，且无需说明理由，但下列商品除外：①消费者定作的；②鲜活易腐的；③在线下载或者消费者拆封的音像制品、计算机软件等数字化商品；④交付的报纸、期刊。除前款所列商品外，其他根据商品性质并经消费者在购买时确认不宜退货的商品，不适用无理由退货。”

8.3.9 不得以格式合同等方式做出对消费者不公平、不合理的规定

在会展活动中，格式合同在方便交易等方面有积极作用，但使用不当可能会损害消费者的合法权益。为了保障消费者的公平交易权，《消费者权益保护法》第25条、第26条规定：“经营者在经营活动中使用格式条款的，应当以显著方式提请消费者注

意商品或者服务的数量和质量、价款或者费用、履行期限和方式、安全注意事项和风险警示、售后服务、民事责任等与消费者有重大利害关系的内容，并按照消费者的要求予以说明。经营者不得以格式条款、通知、声明、店堂告示等方式，做出排除或者限制消费者权利、减轻或者免除经营者责任、加重消费者责任等对消费者不公平、不合理的规定，不得利用格式条款并借助技术手段强制交易。格式条款、通知、声明、店堂告示等含有前款所列内容的，其内容无效。消费者退货的商品应当完好。经营者应当自收到退回商品之日起7日内返还消费者支付的商品价款。退回商品的运费由消费者承担；经营者和消费者另有约定的，按照约定。”

8.3.10　不得侵犯消费者的人身权

消费者的人身权是其基本人权，消费者的人身自由、人格尊严受到法律保护。会展经营者不得对消费者进行侮辱、诽谤，不得搜查消费者的身体及其携带的物品，不得侵犯消费者的人身自由。

8.3.11　网上购物等保证商品或服务质量的义务

《消费者权益保护法》第28条规定：“采用网络、电视、电话、邮购等方式提供商品或者服务的经营者，以及提供证券、保险、银行等金融服务的经营者，应当向消费者提供经营地址、联系方式、商品或者服务的数量和质量、价款或者费用、履行期限和方式、安全注意事项和风险警示、售后服务、民事责任等信息。”

8.3.12　保护消费者个人信息的义务

《消费者权益保护法》第29条规定：“经营者收集、使用消费者个人信息，应当遵循合法、正当、必要的原则，明示收集、使用信息的目的、方式和范围，并经消费者同意。经营者收集、使用消费者个人信息，应当公开其收集、使用规则，不得违反法律、法规的规定和双方的约定收集、使用信息。经营者及其工作人员对收集的消费者个人信息必须严格保密，不得泄露、出售或者非法向他人提供。经营者应当采取技术措施和其他必要措施，确保信息安全，防止消费者个人信息泄露、丢失。在发生或者可能发生信息泄露、丢失的情况时，应当立即采取补救措施。经营者未经消费者同意或者请求，或者消费者明确表示拒绝的，不得向其发送商业性信息。”

8.4　争议解决和法律责任

8.4.1　解决争议的途径

消费者和会展经营者发生消费者权益争议的，可以通过下列途径解决：

1）与会展经营者协商和解

消费者与会展经营者可以在互谅互让的基础上，根据法律、法规的具体规定或双方约定，结合争议形成的原因、事实、后果等因素，通过协商的方式，使双方达成和解。

2）请求消费者协会调解

消费者与会展经营者发生争议而又不能自行解决时，可以请求消费者协会居中调解。消费者协会应根据事实和法律，帮助争议双方达成调解协议。

3）向有关行政部门申诉

消费者可以根据商品或服务的性质以及侵害事由，向市场监管、物价、卫生等有关行政部门申诉，有关行政部门应根据各自的职责范围及时查处。当事人对行政裁决不服的，可以向上级行政机关申请复议或向人民法院起诉。

4）根据与会展经营者达成的仲裁协议提请仲裁机构仲裁

消费者和会展经营者可以根据事先签订的或者争议发生后达成的书面仲裁协议，向仲裁机构提请仲裁。

5）向人民法院起诉

消费者可以向有管辖权的人民法院提起诉讼，要求人民法院依法维护自身的权益。

8.4.2 法律责任主体

商品从生产到消费需经过若干中间环节，即商品需通过生产者、销售者，才能最后到达消费领域。为了防止和避免生产者和销售者之间相互推诿责任，保障消费者合法权益，《消费者权益保护法》确定了有利于消费者求偿的原则，具体规定如下：

1）生产者、销售者、服务者的责任

①消费者在购买、使用商品时，其合法权益受到损害的，可以向销售者提出赔偿要求。销售者赔偿以后，属于生产者责任或属于向销售者提供商品的其他销售者的责任的，销售者有权向生产者或其他销售者追偿。

②消费者或其他受害人因商品缺陷造成人身、财产损失的，可以向销售者要求赔偿，也可以向生产者要求赔偿。属于生产者责任的，销售者赔偿后，有权向生产者追偿。属于销售者责任的，生产者赔偿后，有权向销售者追偿。

③消费者在接受服务时，其合法权益受到损害的，可以向服务者要求赔偿。

2）企业变更的责任承担

消费者在购买、使用商品或接受服务时，其合法权益受到损害的，如果原销售商品或提供服务的企业分立、合并，则可以向变更后承受其权利义务的企业要求赔偿。

3）营业执照的使用人或持有人的责任

使用他人营业执照的违法经营者提供商品或服务，损害消费者合法权益的，消费者可向其要求赔偿，也可向营业执照的持有人要求赔偿。

4）展销会举办者和柜台出租者的责任

消费者在展销会、租赁柜台购买商品或接受服务，其合法权益受到损害的，可以向销售者或服务提供者要求赔偿。展销会结束或柜台租赁期满后，也可向展销会举办者、柜台的出租者要求赔偿。展销会的举办者、柜台的出租者支付赔偿后，有权向销售者或服务者追偿。

育德启智8-1

消费者权益从“保护”到“革新”

2023年3月13日，在中国家用电器服务维修协会召开的“2023年度家电服务业消费者权益革新大会暨百城千乡万户家电惠民收旧焕新潮”新闻发布会上，协会理事会主席团主席郭赤兵发布了协会的预判：“2023年，我国家电市场总体形势将呈现出止跌回升、重返正增长区间的发展态势。家电市场正在发生五大深刻变革：一是家电消费升级与消费分级并存；二是高端家电与生活必需家电并举；三是用户使用环境体验的场景化趋势明显；四是用户体验的场景化对经营场所模式变革带来新要求；五是传统销售转向数字化新零售服务加速渠道和服务的组织变革。”

激发消费活力、提振消费信心

党中央、国务院扩内需，稳增长，把增强消费对经济发展的基础性作用作为首要，把恢复和扩大消费摆在优先位置，2023年开局已经显效。根据当前消费升级与消费分级并存的情况，细分消费需求，实景消费场景、改善消费条件、提振消费信心，必将恢复和激发消费活力。2022年，以海尔、美的、格力、方太、京东、苏宁、老板电器等为代表的家电行业，在消费者权益革新的理念与实践中取得重要成果。

高质量服务助力服务消费需求升级

消费者的需求已经由传统、简单的产品买卖和安装、维修服务关系，向对产品的衍生需求和深度的服务需求转化。比如消费者购买智能电视时，同样尺寸的电视价格都差不多，买什么品牌取决于内容服务。同时，很多消费者对智能电视的功能、使用常识还不了解、不熟悉，这也产生了大量的服务需求。服务人员在向消费者提供基础服务的同时，通过沟通、上门服务，挖掘消费者的潜在服务需求，并通过贴心的服务满足消费者需求。

新型服务助力服务体验升级

物联网的数字化和链接性，使消费者更多地参与到服务全流程中，对服务有了直接的体验和感受。近两年，受各种因素影响，远程服务方式增长迅速，服务工程师通过远程视频的方式，指导消费者更加深入地参与到服务全流程的体验中，在保证服务质量的同时，为消费者和企业节省了大量的成本，提升了服务满意。

诚信服务创造服务附加值

消费者需要通过服务增加附加值，但传统的销售、服务模式和“低买高卖”的差价思维以及游击队式的服务，很难产生消费者需要的服务附加值。企业建立的社区店，扎根社区，赢得消费者信任，为消费者提供增值服务，实现产品使用价值的增值。家电企业简单的“推高买贵”不适应消费者需求，终将被淘汰。

服务企业的地位和作用越来越重要

随着物联网的发展，数字化平台型服务组织的出现，传统企业服务组织的变革为消费者权益革新提供了更加专业的保障。服务企业从原来被动提供服务逐步转向提升用户服务全流程体验的服务，从而实现家电服务业由传统的售后维修服务转向全产业链及跨界集群发展，实现家电服务业在家电产品所有应用领域发挥重要作用。家电服务企业一方面满足消费者对权益革新的新需求，另一方面彻底改变把家电服务业置于从属和被动地位的局面，重新定义服务成为必然。

"焕新潮"是消费者权益革新的重要举措

"焕新潮"是为了宣传贯彻国务院"中国品牌日"、国务院"质量强国战略"，推动政府家电以旧换新、智能家电下乡、节能环保等政策落地。"焕新潮"重点扎实推进"三个三"。三个智：智能制造、智慧场景、智享服务；三个换：唤醒新理念、换来新家电、焕然新生活；三个重构：重构用户群体、重构品牌格局、重构家电产业生态。"焕新潮"充分展现了家电企业智能制造水平，推动了消费者家电消费理念和生活理念的焕新，这是家电企业迈向高质量发展、确立市场地位的重大契机。智慧场景实景化，用户所见即所得，这是"焕新潮"推动家电企业沉下来扎实做市场的重要成果。智享数字化新零售服务的平台建设，以面向用户价值、用户资产为核心，成为家电企业的数字化发展模式。

"焕新潮"的核心是把新技术、绿色低碳和节能环保、全系列的优质家电产品及目录清单、用户场景优秀实景范例推向市场；把技术功能落后、安全性变差、超期服役的旧家电收上来，做无害化处理。逐步把家电企业落实政府以旧换新政策的短期促销行为转向长期、可持续、常态化、稳定的业务模式。建立增量、存量、流量用户资源体系，重新定义焕新服务，创新"焕新服务创造价值模式"。促进销服一体化，建立数字化新零售模式。向政府主管部门推荐家电回收目标责任制示范标杆，逐步解决"以废、以旧、二手、估值、折价券"等问题。鼓励地级市、县域合力，大力开拓农村市场，推动家电企业二、三产业融合发展，构建现代化产业体系。

资料来源　佚名. 消费者权益从"保护"到"革新"[EB/OL].[2023-03-13]. https://www.chinatradenews.com.cn/daiyan/202303/13/c150040.html.

思政元素：人民至上　诚信服务　守正创新

学有所悟：新时代的消费者需求从"温饱型"向"品质型"跃升，从"单品消费"向"集成整套消费"跃升，从追求"产品质量"向追求"服务品质"跃升，从"技能型消费"向"服务型消费"跃升。新时代的消费者权益保护被消费者对品质消费和美好生活的向往与追求赋予了新的新内涵。

5）虚假广告的责任承担

消费者因商品经营者利用虚假广告提供商品或服务，使其合法权益受到损害的，可以向商品经营者要求赔偿。广告经营者发布虚假广告的，消费者可以请求行政主管部门予以惩处。广告经营者不能提供商品经营者的真实名称、地址的，应当承担赔偿责任。

8.4.3　法律责任

1）民事责任

（1）关于承担民事责任的概括性规定

会展经营者提供商品或服务有下列情形之一的，除《消费者权益保护法》另有规定外，应当依照《产品质量法》和其他有关法律、法规的规定，承担民事责任：①商品或服务存在缺陷的。②不具备商品应当具备的使用性能而出售者未作说明的。③不符合在商品或者其包装上注明的采用的商品标准的。④不符合商品说明和实物样品等方式表明的质量状况的。⑤生产国家明令淘汰的商品或销售失效、变质的商品的。⑥销售的商品数量不足的。⑦服务的内容和费用违反约定的。⑧对消费者提出的修理、重作、更换、退货、补足商品数量、退还货款和服务费用或赔偿损失的要求，故意拖延或无理拒绝的。⑨法律、法规规定的其他损害消费者权益的情形。

（2）侵犯消费者人身权的民事责任

①会展经营者提供商品或者服务，造成消费者或者其他受害人人身伤害的，应当赔偿医疗费、护理费、交通费等为治疗和康复支出的合理费用，以及因误工减少的收入。造成残疾的，应当赔偿残疾生活辅助具费和残疾赔偿金。造成死亡的，还应当赔偿丧葬费和死亡赔偿金。②会展经营者侵害消费者的人格尊严、侵犯消费者人身自由或者侵害消费者个人信息依法得到保护的权利的，应当停止侵害、恢复名誉、消除影响、赔礼道歉，并赔偿损失。③会展经营者有侮辱诽谤、搜查身体、侵犯人身自由等侵害消费者或者其他受害人人身权益的行为，造成严重精神损害的，受害人可以要求精神损害赔偿。

（3）侵犯消费者财产权的民事责任

①会展经营者提供商品或服务，对消费者财产造成损害的，应当按照消费者的要求，以修理、重作、更换、退货、补足商品数量、退还货款和服务费用或赔偿损失等方式承担民事责任。消费者与会展经营者另有约定的，从其约定。②对国家规定或会展经营者与消费者约定包修、包换、包退的商品，会展经营者应当负责修理、更换或退货。在保修期内修理两次仍不能正常使用的，会展经营者应当负责更换或退货。对包修、包换、包退的大件商品，消费者要求会展经营者修理、更换、退货的，会展经营者应当承担运输费等合理费用。③会展经营者以邮购方式提供商品的，应当按照约定提供。未按照约定提供的，应当按照消费者的要求履行约定或退还货款，并应当承担消费者必须支付的合理费用。④会展经营者以预收款的方式提供商品或服务的，应当按照约定提供。未按照约定提供的，应当按照消费者的要求履行约定或退回款项，并应当承担预付款的利息、消费者必须支付的合理费用。⑤有关行政部门依法将其认定为不合格的商品，消费者要求退货的，会展经营者应当负责退货。⑥会展经营者提供商品或服务时做出欺诈行为的，应当按照消费者的要求增加赔偿，增加赔偿的金额为消费者购买商品的价款或接受服务的费用的3倍；增加赔偿的金额不足500元的，为500元。法律另有规定的，依照其规定。⑦消费者通过网络交易平台购买商品或者

接受服务，其合法权益受到损害的，可以向销售者或者服务者要求赔偿。网络交易平台提供者不能提供销售者或者服务者的真实名称、地址和有效联系方式的，消费者也可以向网络交易平台提供者要求赔偿；网络交易平台提供者做出更有利于消费者的承诺的，应当履行承诺。网络交易平台提供者赔偿后，有权向销售者或者服务者追偿。网络交易平台提供者明知或者应知销售者或者服务者利用其平台侵害消费者合法权益，未采取必要措施的，依法与该销售者或者服务者承担连带责任。

2）行政责任

会展经营者有下列情形之一，根据《消费者权益保护法》的有关规定，除承担相应的民事责任外，其他有关法律、法规对处罚机关和处罚方式有规定的，依照法律、法规的规定执行；法律、法规未作规定的，由市场监督管理部门或者其他有关行政部门责令改正，可以根据情节单处或者并处警告、没收违法所得、处以违法所得1倍以上10倍以下的罚款，没有违法所得的，处以50万元以下的罚款；情节严重的，责令停业整顿、吊销营业执照：

①提供的商品或者服务不符合保障人身、财产安全要求的。

②在商品中掺杂、掺假，以假充真，以次充好，或者以不合格商品冒充合格商品的。

③生产国家明令淘汰的商品或者销售失效、变质的商品的。

④伪造商品的产地，伪造或者冒用他人的厂名、厂址，篡改生产日期，伪造或者冒用认证标志等质量标志的。

⑤销售的商品应当检验、检疫而未检验、检疫或者伪造检验、检疫结果的。

⑥对商品或者服务作虚假或者引人误解的宣传的。

⑦拒绝或者拖延有关行政部门责令对缺陷商品或者服务采取停止销售、警示、召回、无害化处理、销毁、停止生产或者服务等措施的。

⑧对消费者提出的修理、重作、更换、退货、补足商品数量、退还货款和服务费用或者赔偿损失的要求，故意拖延或者无理拒绝的。

⑨侵害消费者人格尊严、侵犯消费者人身自由或者侵害消费者个人信息依法得到保护的权利的。

⑩法律、法规规定的对损害消费者权益应当予以处罚的其他情形。

会展经营者对行政处罚不服的，可以自收到处罚决定之日起15日内向上一级机关申请复议，对复议决定不服的，可以自收到复议决定书之日起15日内向人民法院提起诉讼，也可以直接向人民法院提起诉讼。

3）刑事责任

根据《消费者权益保护法》的有关规定，追究刑事责任的情况主要有：

①会展经营者提供商品或服务，对消费者或其他受害人造成人身伤害、构成犯罪的，依法追究刑事责任；造成消费者或其他受害人死亡、构成犯罪的，依法追究刑事责任。

②以暴力、威胁等方法阻碍有关行政部门工作人员依法执行职务的，依法追究刑

事责任；拒绝、阻碍有关行政部门工作人员依法执行职务，未使用暴力、威胁方法的，由公安机关依照《中华人民共和国治安管理处罚法》的规定予以处罚。

③国家机关工作人员有玩忽职守或包庇会展经营者侵害消费者合法权益的行为的，由其所在单位或上级机关给予行政处分；情节严重、构成犯罪的，依法追究刑事责任。

知识掌握

1）消费者的权利有哪些？

2）会展经营者有哪些义务？

3）会展争议解决的途径有哪些？

第8章 知识掌握

答案提示

知识应用

□ 案例分析

安徽省岳西县市场监管局成功处理一起展销会消费纠纷

2022年4月13日，消费者陈某到安徽省岳西县市场监管局投诉，称其在某广场举办的展销会上购买了一台价值2 600元的儿童学习机，声称联网后就能直接使用，回家后却根本不能使用，展销会结束后销售方人去楼空，提供的售后电话无人接听，他希望岳西县市场监管局帮助其处理。

岳西县市场监管局12315中心工作人员通过上述学习机包装盒上的电话号码联系了生产厂家和销售方，通过10余天的反复沟通，对方先后以版本升级、系统错误、操作不当、等待更新、后台维护、教材不匹配等各种理由推脱责任，不配合处理。

岳西县市场监管局工作人员找到了提供展销会场地的物业公司，说明了事件的原委，并解释了相关的法律规定，公司负责人表示会积极配合，不会让消费者蒙受损失。随后，物业公司依据其与销售方的协议，从相关费用里扣除了2 600元作为消费者的购物款，并由岳西县市场监管局工作人员转交给了消费者，纠纷得到圆满解决。

资料来源　崔小高．安徽省岳西县市场监管局成功处理一起展销会消费纠纷［EB/OL］．［2023-04-24］．https：//www.cqn.com.cn/ms/content/2023-04/24/content_8932287.htm.

问题：根据所学的法律知识，分析上述合同纠纷。

□ 实践训练

小吴是会展专业的大学应届毕业生，毕业后到某会展公司工作。该公司最近组织了两次展会都比较失败，参展商少，观众也很少，很冷清，公司多次开会研究对策。小吴有意为公司领导分忧，遂向公司提交了一份“专题会展策划案”。策划案的思路如下：

第一步，考虑到技术性较强的企业喜欢参加专业展会，以“建筑材料展览会”为名向建材企业发出邀请，以“汽车零部件及工艺设备展览会”为名向汽车零部件企业发出邀请，以“五金工具展览会”为名向相关五金企业发出邀请，并与有意向参展的企业签订协议。

第二步，在展会日期临近时分别通知参展商，由于客户较少，原定的专题展览会计划有变动，打算将其调整为建筑材料、汽车零部件、五金工具3个专题联合的综合展会，望参展商谅解。到那时，参展商已经为展会筹备了一段时间，多数参展商会继续参展；坚决要退出的，应无条件退还展位费。

第三步，按时办展。

第8章
知识应用

答案提示

问题：

（1）如果你是公司领导，会认可小吴的策划案吗？

（2）结合本章会展客户权益保护的相关内容，评价小吴的策划案。

第9章

会展纠纷解决法律法规

学习目标

☆ 了解会展纠纷的调解、仲裁、诉讼等解决方式；
☆ 明确调解、仲裁、诉讼的程序；
☆ 熟知调解、仲裁、诉讼的法律法规；
☆ 培养节约社会运行成本的意识。

思维导图

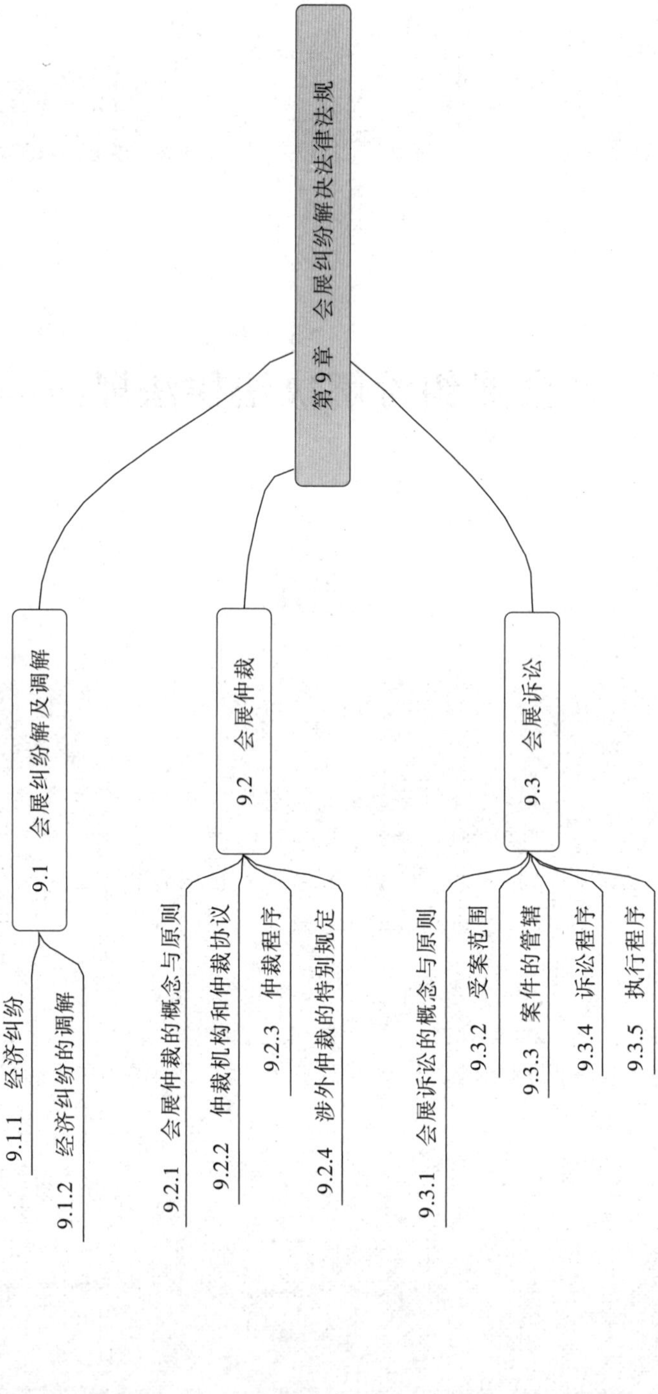
第9章 会展纠纷解决法律法规
9.1 会展纠纷解决及调解
9.1.1 经济纠纷
9.1.2 经济纠纷的调解
9.2 会展仲裁
9.2.1 会展仲裁的概念与原则
9.2.2 仲裁机构和仲裁协议
9.2.3 仲裁程序
9.2.4 涉外仲裁的特别规定
9.3 会展诉讼
9.3.1 会展诉讼的概念与原则
9.3.2 受案范围
9.3.3 案件的管辖
9.3.4 诉讼程序
9.3.5 执行程序

引例　上海西虹桥（进口博览会）法庭　首例诉前调解涉外商事案件顺利结案

2018年11月2日，上海市青浦区人民法院西虹桥（进口博览会）人民法庭成功调解了一起由境外企业提起的进口博览会参展合同纠纷，这是该庭首例诉前调解案件，同时也是审结的首例涉外商事案件。上午10时30分，上海某实业公司（以下简称上海公司）将4万余元支付给原告加拿大某水产公司（以下简称加拿大公司）。

西虹桥（进口博览会）法庭对国内外商事主体的平等保护，妥善高效地化解纷争，赢得了双方当事人的赞誉。加拿大公司法务人员方先生表示："我们公司从网上看到法庭成立的消息，查询到法庭官方网站，试着拨打了诉讼服务热线电话，没想到法庭的办事效率如此之高，5天时间问题就解决了。"

这是一起由代办参展手续引发的纠纷。10月25日，距离首届中国国际进口博览会开幕仅剩11天，西虹桥（进口博览会）法庭诉讼服务中心接到来自加拿大公司的电话咨询，反映其委托上海公司办理首届中国国际进口博览会参展手续，为此支付了3万余元的参展费用，并在前期筹备工作中投入大量精力和财力。但上海公司因为种种原因，未能代加拿大公司办妥参展手续，导致加拿大公司无法参展首届中国国际进口博览会，加拿大公司想追要参展费用及损失赔偿，上海公司却拒绝返还费用。

"我们公司希望通过法律途径尽快追回损失，前期也做了大量的准备工作，但上海公司却以各种理由推脱拒绝支付。"方先生说。

西虹桥（进口博览会）法庭第一时间告知加拿大公司此类纠纷属于法庭的受理范围，法庭将会依法平等维护中外当事人的合法权益。

10月29日，加拿大公司国内办事处的工作人员向西虹桥（进口博览会）法庭递交起诉状和证据材料，诉请上海公司返还费用并赔偿损失共计7万余元。在了解基本情况后，法庭第一时间向进口博览会的承办方核实了解相关规定和参展手续流程，并与上海公司取得联系，进一步了解案件情况。

西虹桥（进口博览会）法庭庭长吴小国和审判团队其他成员一起对案件予以研判，充分发挥调判结合、调解优先的多元化解纠纷解决机制优势，10月31日通过电话及电子邮件与双方当事人沟通，在征求双方当事人同意后，积极开展诉前调解工作。

与此同时，法庭了解到，上海公司作为首届中国国际进口博览会的服务商，目前还在为其他参展企业提供代办手续的服务。在此情况下，法庭第一时间向双方提出了调解方案，法官助理黄洁亭耐心与双方当事人分析案件中的利害关系，经过积极沟通，11月2日上午，双方当事人达成和解意见。

"感谢法庭公正快速处理，我们公司可以集中精力投入到本届进口博览会的服务保障工作中，以后我们会吸取教训，为境外企业参加进口博览会提供更好的服务。"上海公司法务人员王先生说。

“这是我们法庭第一起诉前调解案件，也是法庭审结的首例涉外商事案件，妥善高效地化解纷争，对于服务保障好进口博览会具有积极意义。”吴小国介绍说。

资料来源 侯劲松. 上海西虹桥（进口博览会）法庭 首例诉前调解涉外商事案件顺利结案［EB/OL］.［2018-11-07］. http：//dy.163.com/v2/article/detail/E0191REM0514A83S.html.

9.1 会展纠纷及调解

会展在促进经济发展的同时，也引发了许多法律纠纷，会展纠纷属于经济纠纷的一种。

9.1.1 经济纠纷

1）经济纠纷的概念、成因及特点

（1）经济纠纷的概念

经济纠纷是指在经济交往过程中当事人之间因经济权利和经济义务的矛盾而引起的权益争议。

（2）经济纠纷的成因

经济纠纷的种类是多种多样的，但究其原因，不外乎两个方面：

一是主观方面。例如，合同签订后，一方当事人可能会出于标的物的数量、质量、价格以及合同履行的时间、地点等原因，主观上不愿部分履行或不愿完全履行合同；也可能因为签订合同时考虑不周，致使合同在履行过程中出现履行地点不清，质量、价格不明确等情况，如双方当事人经协商不能达成一致意见，就会引起纠纷。

二是客观方面。例如，合同从订立到履行完毕，往往要经过一个较长的过程，其间发生的客观事项可能导致合同无法履行，如因发生不可抗力事件，使合同不能全部或部分履行；因第三人的原因，无法如约按期、按时交付标的物等。

（3）经济纠纷的特点

①主体特定。经济纠纷通常只发生在有着经济交往的几方当事人之间。

②纠纷内容的多样化。几乎每一个与经济交往有关的方面都会引起纠纷。

③属于民事范畴，不承担行政和刑事责任。

④解决途径多样化，可通过协商、调解、仲裁、诉讼来解决。

2）经济纠纷的分类

①经济合同纠纷，包括购销合同纠纷、工程承包合同纠纷、中外合资和中外合作合同纠纷、担保合同纠纷、人身保险合同纠纷等。

②经济损害赔偿纠纷，包括产品责任损害赔偿纠纷及其他损害赔偿纠纷。

③经济权属纠纷，包括专利权属纠纷、商标权属纠纷、其他权属纠纷等。

④企业破产纠纷，包括全民所有制企业破产纠纷及非全民所有制企业破产纠纷。

⑤其他经济纠纷。

3）经济纠纷的解决程序

经济纠纷发生后，当事人可以协商解决，或者请第三方调解解决。

当事人不愿通过协商、调解解决或者协商、调解不成的，可以依据双方约定的仲裁条款或者事后达成的书面仲裁协议，向仲裁机构申请仲裁。

当事人没有订立仲裁协议，或者仲裁协议无效的，可以向人民法院起诉。

9.1.2 经济纠纷的调解

1）调解的概念和种类

（1）调解的概念

调解是指经过第三者的排解疏导、说服教育，促使发生纠纷的双方当事人依法自愿达成协议、解决纠纷的一种活动。

（2）调解的种类

中国当代的调解制度是指人民政权的调解制度，它已形成了一个调解体系，主要有以下4种：

①人民调解，即民间调解，是人民调解委员会对民间纠纷的调解，属于诉讼外调解。

②法院调解。这是人民法院对受理的民事案件、经济纠纷案件进行的调解，属于诉讼内调解。对于婚姻案件，诉讼内调解是必经的程序。至于其他民事案件是否进行诉讼内调解，取决于当事人的意愿。法院调解书与判决书有同等效力。

③行政调解。它分为两种：一是基层人民政府，即乡、镇人民政府对一般民间纠纷的调解，属于诉讼外调解。二是国家行政机关依照法律规定对某些特定民事纠纷、经济纠纷或劳动纠纷等进行的调解，属于诉讼外调解。

④仲裁调解，即仲裁机构对受理的仲裁案件进行的调解，调解不成即行裁决，这也是诉讼外调解。

2）人民调解

（1）人民调解制度的性质、人民调解委员会的任务和人民调解的基本原则

①人民调解制度的性质。人民调解委员会是基层群众性自治组织——居民委员会、村民委员会下设的一个工作委员会，其专门职责是调解民间纠纷。人民调解制度是一种司法辅助制度，是一种人民民主自治制度，是人民群众自己解决纠纷的法律制度。

②人民调解委员会的任务。《人民调解委员会组织条例》第5条规定，人民调解委员会的任务为调解民间纠纷，并通过调解工作宣传法律、法规、规章和政策，教育公民遵纪守法，尊重社会公德。

③人民调解的基本原则。人民调解的基本原则为合理合法原则、自愿平等原则、尊重诉权原则。

（2）人民调解的组织形式

①人民调解委员会。人民调解的组织形式是人民调解委员会。人民调解委员会是

村民委员会和居民委员会下设的调解民间纠纷的群众性组织，在基层人民政府和基层人民法院的指导下工作。人民调解委员会由3~9个委员组成，设主任1人，必要时可设副主任。

②人民调解员。人民调解员应当具备的基本条件是：A.为人公正；B.紧密联系群众；C.工作中热心调解；D.懂得一定的法律知识和政策；E.为成年公民。

③司法助理员。基层人民政府设司法助理员，具体指导人民调解工作，主要帮助人民调解委员会进行组织建设、思想建设和业务建设。

（3）人民调解的程序和方式、方法

①调解程序。人民调解应当遵循一定的程序，包括受理纠纷、调解准备、进行调解、达成协议、调解结束。

②调解方式、方法。调解方式有直接调解、公开调解、共同调解、联合调解等。调解方法主要有教之以行、动之以情、晓之以理、喻之以法。人民调解委员会不应仅消极被动地排解纠纷，还应注意调防结合，主动积极地预防、减少民间纠纷，防止民间纠纷激化。

育德启智9-1

发挥好人民调解在法治中的独特作用

人民调解是在继承和发扬我国民间调解优良传统文化的基础上发展起来的一项具有中国特色的法律制度，蕴含着法治、德治和自治的丰富内涵，是预防和化解社会矛盾纠纷的“第一道防线”。

调解在我国具有悠久的历史，古代一般称为“调处”“和对”。古代调解的案件范围十分广泛，婚姻、债务、土地和斗殴等产生的民事纠纷或轻微的刑事案件均在调解的范围之内。抗日战争时期，在陕甘宁边区、晋察冀边区等地设立了调解组织，称为“人民调解委员会”，这一名称沿用至今。人民调解作为一种主要通过说服教育、疏通引导来排解纠纷的有效手段，一直被国家所重视，与行政、司法联系密切。今天的人民调解制度，在更有效地化解纠纷、维护社会和谐方面具有重要作用。

新时代的人民调解，对法治中国建设发挥着不可替代的作用。人民调解具有便民、快捷、灵活、经济等优势，能够将纠纷解决在当地、解决在基层；人民调解制度可以有效降低法院的案件负担，提高审判质量和司法效率；人民调解制度作为法治、德治和自治相融合的社会治理机制的重要环节，也会让人民群众在调解中得到更为充分的获得感。

发挥好人民调解在化解社会矛盾纠纷中的基础性作用，能够最大限度地增加和谐因素、最大限度地减少不和谐因素，为保持社会和谐稳定创造良好的社会环境。通过拓宽人民调解领域，创新人民调解载体，拓展人民调解工作格局，加强人民调解队伍建设，具有规范化、专业化、网络化、社会化特色的现代人民调解制度必将做出更大的贡献。

资料来源　袁宝年. 发挥好人民调解在法治中的独特作用［EB/OL］.［2018-08-26］. http：//inews.nmgnews.com.cn/system/2018/08/26/012557890.shtml.

思政元素：人民至上　法治理念　守正创新　兼容并蓄

学有所悟：党的二十大报告指出，“健全共建共治共享的社会治理制度，提升社会治理效能”“在社会基层坚持和发展新时代‘枫桥经验’，完善正确处理新形势下人民内部矛盾机制”。这对做好新时代调解工作提供了根本遵循和行动指南。党的二十大报告还指出，要以海纳百川的宽阔胸襟借鉴吸收人类一切优秀文明成果。因此，新时代调解工作要坚持总体国家安全观，积极吸纳世界各地调解工作有益经验，不断完善推进国家和社会治理体系和治理能力现代化的思路方案，续写“中国之治”恢宏篇章。

3）法院调解

《中华人民共和国民事诉讼法》（以下简称《民事诉讼法》）第96条规定：“人民法院审理民事案件，根据当事人自愿的原则，在事实清楚的基础上，分清是非，进行调解。”

（1）调解方式

《民事诉讼法》第97条规定：“人民法院进行调解，可以由审判员一人主持，也可以由合议庭主持，并尽可能就地进行。人民法院进行调解，可以用简便方式通知当事人、证人到庭。”

《民事诉讼法》第98条规定：“人民法院进行调解，可以邀请有关单位和个人协助。被邀请的单位和个人，应当协助人民法院进行调解。”

（2）调解协议

《民事诉讼法》第99条规定：“调解达成协议，必须双方自愿，不得强迫。调解协议的内容不得违反法律规定。”

（3）调解书

《民事诉讼法》第100条规定：“调解达成协议，人民法院应当制作调解书。调解书应当写明诉讼请求、案件的事实和调解结果。调解书由审判员、书记员署名，加盖人民法院印章，送达双方当事人。调解书经双方当事人签收后，即具有法律效力。”

《民事诉讼法》第101条规定：“下列案件调解达成协议，人民法院可以不制作调解书：①调解和好的离婚案件；②调解维持收养关系的案件；③能够即时履行的案件；④其他不需要制作调解书的案件。对不需要制作调解书的协议，应当记入笔录，由双方当事人、审判人员、书记员签名或者盖章后，即具有法律效力。”

（4）调解不成的处理

《民事诉讼法》第102条规定：“调解未达成协议或者调解书送达前一方反悔的，人民法院应当及时判决。”

4）行政调解

（1）行政调解的概念和特征

行政调解是指由行政机关以第三者的身份出面主持，以国家法律和政策为依据，以自愿为原则，通过说服教育等方法，促使双方当事人友好协商、互让互谅、达成协议，从而消除纠纷的一种调解制度。

（2）行政调解的原则

①自愿原则。行政调解机关无权强迫任何一方当事人履行义务，更无权对当事人的人身或财产实行限制或分配。

②平等原则。行政调解中双方当事人地位完全平等，自愿、充分、真实地表达自己的理由和意见。行政机关必须以平等的态度对待双方当事人。

③明辨是非原则。调解活动必须在分清责任、明辨是非的基础上依法进行。

④尊重当事人权利的原则。

（3）行政调解程序

第一步，申请。受理纠纷的行政调解须由一方或双方当事人提出申请，即由行政管理相对人主动要求行政机关出面调解以解决纠纷。

第二步，受理。有关行政机关在接到调解申请后，应就是否符合受理条件对案件进行审查。遇有如下情况，将不予受理：①当事人一方已向仲裁机关申请仲裁。②当事人一方已向人民法院提起诉讼。③其他行政机关正在主持调解。④已经调解处理，且没有提出新的事实和理由。

若无上述情况，经审查符合法定受理条件的，行政机关应予以受理，在法定期限内立案。立案后，要在法定期限内通知或将申请书副本送至被申请人手中，被申请人在法定期限内应答复是否同意调解。被申请人逾期不作答复的，视为不同意调解，行政机关可以据此不作调解。

第三步，回避。参加调解的人员如有下列情形之一，应主动回避，当事人也可以申请其回避：①是本案当事人的近亲；②与本案有利害关系；③与本案有其他关系，可能会影响案件的公正处理。

第四步，调查取证。案件事实清楚、情节简单的，在调解前可以不作调查；但案件事实不清、情节又较复杂的，应进行调查核实及必要的取证。

第五步，拟订调解方案。在查明真相、掌握实情、认定性质的基础上，可通过对各方面因素的综合分析研究，拟订调解方案，进一步统一思想认识，明确调解的方向与重点，确定采取哪些具体的方法、步骤等。

第六步，实施调解。具体的调解方式有：①当面调解，即以行政机关为居中调解人，把双方当事人召集在一起，面对面互相协商，当即达成调解协议。②背对背调解，指行政机关分别对当事人做调解工作，从中协调斡旋、疏通说和，必要时可多次调解，最终使双方当事人达成协议。③召开调解会，即在一定的时间、地点、场合，由行政机关负责主持，要求双方当事人出席，同时允许与纠纷有关的人或受之影响的人参加。

第七步，达成调解协议。经过行政调解，双方自愿协商达成一致意见，调解成立的，可达成调解协议。达成协议之后，需要制作调解书。调解书以行政机关的名义制作。调解书要由行政机关存留一至两份以归档，同时，发送纠纷或争议双方当事人各一份。

第八步，调解不成的处理。如果行政调解未达成协议，或者达成调解协议后当事人反悔的，当事人可以申请仲裁，或向人民法院起诉。

5）仲裁调解

仲裁调解是由仲裁机构对受理的仲裁案件进行的调解。仲裁中，当事人愿意调解的，仲裁庭应予以调解，调解不成的，仲裁庭应依法及时做出裁决。仲裁调解属于诉讼外的调解，不是必经的法定程序，但如果调解达成协议，仲裁庭应当制作调解书或根据调解的结果制作裁决书，仲裁调解书与仲裁裁决书具有同等的法律效力。

行业视窗 9-1

岛城会展有了专业“调解员”

会展的知识产权界定问题一直困扰着会展企业，因为产权难以界定，导致同题材展会之间时常出现恶性竞争的局面，从而影响了会展市场秩序，导致企业不敢持续投入，进而阻碍了会展市场的创新性和有序性。

为保持良好营商环境、协助相关企业正确处理争议纠纷，2022年以来，青岛市会展行业协会先后成立了青岛市会展法律咨询中心和青岛市会展行业人民调解委员会。据介绍，法律咨询中心由青岛市律师协会委派专业律师提供咨询服务。调解委员会由9位委员组成，其中行业内企业代表5位，专业律师2位，院校专家2位。这两个专业机构以破解企业“急难愁盼”为出发点，开展法律援助、法律咨询服务、法治体检、解答企业疑惑、开展座谈等活动，将普法工作深入到企业一线，为民营会展企业发展提供法律服务和法治保障，切实推动会展法治化建设迈出新步伐、见到新气象。

资料来源　吕蕾. 岛城会展有了专业“调解员”[EB/OL]. [2022-11-11]. https://baijiahao.baidu.com/s?id=1749147619251810113&wfr=spider&for=pc.

9.2　会展仲裁

目前，会展侵权问题已经成为阻碍会展经济持续快速发展的瓶颈之一。由于参展商法律意识的淡漠，随意侵犯他人的权利及自己的权利被侵害的法律问题时有发生，特别是自己的合法权利受到侵害时，不知如何有效解决。其实在会展上如果发生参展商的展品侵犯他人专利等知识产权的纠纷，搭建展台所使用的展具、道具或者其他方面出现了侵权纠纷，完全可以通过相关的仲裁或诉讼加以解决。

9.2.1　会展仲裁的概念与原则

1）会展仲裁的概念

仲裁亦称公断，是指双方当事人之间发生纠纷时，由第三人做出对双方当事人都具有约束力的裁决的活动。

会展仲裁是指公民、法人和其他组织之间因会展权益发生纠纷，由仲裁机构为解决当事人双方的争议而做出裁决的活动。

仲裁在我国诞生首先是为了适应对外贸易发展的需要。1956年，中国国际贸易促进委员会制定了对外贸易仲裁程序规则，并成立了对外贸易仲裁委员会。在此之后，我国又相继出台了有关海事、经济合同、技术合同等的仲裁法律法规。1994年8月31日，第八届全国人民代表大会常务委员会第九次会议通过了《中华人民共和国仲裁法》(以下简称《仲裁法》)。2009年8月27日，第十一届全国人民代表大会常务委员会第十次会议对《仲裁法》进行了第一次修正，根据2017年9月1日第十二届全国人民代表大会常务委员会第二十九次会议《关于修改〈中华人民共和国法官法〉等八部法律的决定》第二次修正。

2）会展仲裁的原则

按照《仲裁法》的规定，当事人采用仲裁方式解决纠纷，应当遵循以下原则：

(1) 自愿原则

会展仲裁实行自愿原则。当事人采用仲裁方式解决纠纷，应当双方自愿，达成仲裁协议。没有仲裁协议，一方申请仲裁的，仲裁委员会不予受理。当事人达成仲裁协议，一方向人民法院起诉的，人民法院不予受理，但仲裁协议无效的除外。

(2) 以事实为依据、以法律为准绳原则

仲裁机构对受理的会展纠纷案件，应当在查清事实的基础上，按照法律，公平合理地解决纠纷，以使裁决具有法律效力。

(3) 仲裁独立原则

仲裁机构的仲裁依法独立进行，不受行政机关、社会团体和个人的干涉。

(4) 一裁终局制原则

仲裁实行一裁终局制。裁决做出后，当事人就同一纠纷再申请仲裁或者向人民法院起诉的，仲裁委员会或者人民法院不予受理。裁决被人民法院依法裁定撤销或者不予执行的，当事人就该纠纷可以根据双方重新达成的仲裁协议申请仲裁，也可以向人民法院起诉。

仲裁不实行级别管辖和地域管辖。

行业视窗9-2

以“仲裁+调解”方式　处理展会期间纠纷

2021年7月13日上午，珠海国际仲裁院、珠海航展有限公司签订合作协议，明确以“仲裁+调解”方式服务第十三届中国国际航空航天博览会。根据协议，第十三届中国航展将引入珠海国际仲裁院提供的纠纷解决法律服务，通过国际通行的商事调解或商事仲裁方式处理展会期间的纠纷。

在大型的、国际化的会展活动中，提供国际通行、高效、便捷的商事仲裁或商事调解纠纷解决服务是国际会展的通行做法，体现会展活动的专业化水平。据了解，第十三届中国航展期间，珠海国际仲裁院将根据参展商国别，选拔覆盖不同国家、不同法域的调解员、仲裁员，组成展会国际商事调解/仲裁专家服务团，通过在现场设立

"调解+仲裁"一站式服务中心、在官网开通展会24小时"仲裁+调解"直通服务窗口等形式，提供"线上+线下"的仲裁或调解法律服务，便利各类参展主体快速解决纠纷。

另据介绍，截至目前，已有来自中国、美国、英国、德国、法国、瑞典、瑞士、俄罗斯、加拿大、巴西等近20个国家和地区约550家企业参展，包括波音、空客、CFM、霍尼韦尔、巴航工业等众多国际知名企业，以国内分公司或办事处为主体参展。

"通过国际通行的商事调解或商事仲裁方式，处理展会期间的纠纷，有助于提升中国航展的服务配套细节，更可为中国航展打造国际化、法治化的一流会展环境提供坚实的保障。"中国航展珠海执委会相关负责人表示。

资料来源　梁涵. 以"仲裁+调解"方式　处理展会期间纠纷［EB/OL］.［2021-07-14］. https://baijiahao.baidu.com/s?id=1705222394932691267&wfr=spider&for=pc.

9.2.2　仲裁机构和仲裁协议

1）仲裁机构

仲裁机构包括仲裁委员会和仲裁协会。

（1）仲裁委员会

设立仲裁委员会，应当在省、自治区、直辖市的司法行政部门登记。仲裁委员会可以在直辖市和省、自治区人民政府所在地的市设立，也可以根据需要在其他设区的市设立，不按行政区划层层设立。

仲裁委员会应具备如下条件：有自己的名称、住所和章程，有必要的财产，有该委员会的组成人员，有聘任的仲裁员。

仲裁委员会由主任1人、副主任2～4人和委员7～11人组成。仲裁委员会组成人员中，法律、经济贸易专家所占比重不得少于2/3。仲裁员应从公道、正派并具有8年以上仲裁、律师、法官工作经验的人员中，或者从事法律教学科研工作并具有高级职称的人员中，以及具有法律知识、从事经贸工作并具有高级职称或者具有同等专业水平的人员中选聘。

仲裁委员会独立于行政机关，与行政机关没有隶属关系。仲裁委员会之间也没有隶属关系。

（2）仲裁协会

中国仲裁协会是社会团体法人，仲裁委员会是中国仲裁协会的会员。中国仲裁协会是仲裁委员会的自律性组织。中国仲裁协会的章程由全国会员大会制定。根据章程，中国仲裁协会对仲裁委员会及其组成人员、仲裁员的违纪行为进行监督。

2）仲裁协议

仲裁协议是指依据合同中订立的仲裁条款和以其他书面形式在纠纷发生前或者纠纷发生后达成的请求仲裁的协议。根据《仲裁法》的规定，仲裁协议必须采用书面形式，口头的仲裁协议无效。

（1）仲裁协议的效力

仲裁协议应当包括下列内容：请求仲裁的意思表示、仲裁事项、选定的仲裁委员会。

有下列情形之一的，仲裁协议无效：①约定的仲裁事项超出法律规定的仲裁范围的。②无民事行为能力人或者限制民事行为能力人订立的仲裁协议。③一方采取胁迫手段，迫使对方订立仲裁协议的。

仲裁协议就仲裁事项或者仲裁委员会没有约定或者约定不明确的，当事人可以补充协议；达不成补充协议的，仲裁协议无效。

仲裁协议具有相对独立性，合同的变更、解除、终止或者无效，不影响仲裁协议的效力。当事人对仲裁协议的效力有异议的，可以请求仲裁委员会做出决定或者请求人民法院做出裁定。一方请求仲裁委员会做出决定，另一方请求人民法院做出裁定的，由人民法院裁定。当事人对仲裁协议的效力有异议的，应当在仲裁庭首次开庭前提出。

（2）仲裁协议的作用

仲裁协议的作用，主要是指其法律效力。

①约束各方当事人的行为。仲裁协议之所以对各方当事人均具有法律效力，是因为国家通过立法和缔结国际条约赋予了仲裁协议应有的法律效力。仲裁协议的这种法律效力对当事人的约束主要体现在，各方当事人依法签订仲裁协议，就表示放弃了就特定争议事项向法院提起诉讼的权利。

②授予仲裁机构管辖权。仲裁协议是仲裁机构受理争议案件的依据，如没有仲裁协议或仲裁协议无效，仲裁机构就没有权力受理该项争议。

③排除法院的管辖权。由于法律赋予仲裁协议不受法院司法管辖，因此有一方当事人不遵照仲裁协议中的约定，拒不参与仲裁，而是向法院提出司法诉讼时，另一方当事人可以根据仲裁协议予以抗辩，请求法院予以撤案。

④使仲裁裁决具有强制执行力。一项有效的仲裁协议是强制执行仲裁裁决的前提。《仲裁法》第62条规定：“当事人应当履行裁决。一方当事人不履行的，另一方当事人可以依照《民事诉讼法》的有关规定向人民法院申请执行。受申请的人民法院应当执行。”

通过对仲裁协议的法律作用的分析，可以看出仲裁协议的重要性，仲裁机构被赋予的解决纠纷的权力来源于当事人的协议。在仲裁制度的发展过程中，在仲裁机构、仲裁程序上有不少改进，但仲裁协议作为仲裁制度的基石一直沿用至今。正因为如此，有人把仲裁协议比作现代国际商事仲裁的基石。

9.2.3 仲裁程序

《仲裁法》对程序问题除规定其必不可少的环节外，其他细节问题均留给仲裁委员会自行规定。

1）申请和受理

当事人申请仲裁的条件是：有仲裁协议，有具体的仲裁请求和事实、理由，属于仲裁委员会的受理范围。

当事人申请仲裁，应当向仲裁委员会递交仲裁协议、仲裁申请书及副本。仲裁委员会自收到仲裁申请书之日起5日内，认为符合受理条件的，应当受理，并通知当事人；认为不符合受理条件的，应当书面通知当事人不予受理，并说明理由。

仲裁委员会受理仲裁申请后，应当在仲裁规则规定的期限内将仲裁规则和仲裁员名册送达申请人，并将仲裁申请书副本和仲裁规则、仲裁员名册送达被申请人。被申请人收到仲裁申请书副本后，应当在仲裁规则规定的期限内向仲裁委员会提交答辩书。仲裁委员会收到答辩书后，应当在仲裁规则规定的期限内将答辩书副本送达申请人。被申请人未提交答辩书的，不影响仲裁程序的进行。

申请人可以放弃或者变更仲裁请求。被申请人可以承认或者反驳仲裁请求，并有权提出反请求。

一方当事人因另一方当事人的行为或者其他原因，可能使裁决不能执行或者难以执行的，可以申请财产保全。当事人申请财产保全的，仲裁委员会应当将当事人的申请依照《民事诉讼法》的有关规定提交人民法院。申请有错误的，申请人应当赔偿被申请人因财产保全所遭受的损失。

以案说法9-1

2019年2月，小王以210万元的标的金额中标承包了某市商展中心的室内装修工程。合同约定，小王必须在9月20日前按设计图纸完成装修，如果到期不能完成，则逾期3天内按工程总额的2%罚款；超过3天，则按工程总额的3%罚款。在工程装修期间，恰逢市政改造，通往商展中心的电缆需要改道而停止供电一周，致使商展中心的装修因断电而延误了5天工期。9月底结算工程款时，商展中心以小王不能按期完成工程为由，扣了小王6.3万元工程款。小王不服，认为造成工程不能如期完成的原因是供电线路改道停止供电，不是他主观原因造成的。这时，小王得知妻子住院分娩，便把与商展中心关于工程款存在争议一事搁下，赶回老家照顾妻子。

2019年12月中旬，小王回到该市，就工程款争议一事向该市劳动仲裁委员会提出仲裁申请，但被仲裁委员会驳回。

问题：仲裁委员会为何要驳回小王的仲裁申请，不予受理？

以案说法9-1

法律分析

2）仲裁庭的组成

仲裁庭由当事人约定组成，可以由3名或1名仲裁员组成。如果当事人约定由3名仲裁员组成仲裁庭，应当各自选定或者各自委托仲裁委员会主任指定1名仲裁员，第3名仲裁员由当事人共同选定或者共同委托仲裁委员会主任指定，第3名仲裁员是首席仲裁员。如果当事人约定由1名仲裁员成立仲裁庭，则应当由当事人共同选定或者共同委托仲裁委员会主任指定仲裁员。

当事人没有在仲裁规则规定的期限内约定仲裁庭的组成方式或选定仲裁员的，由仲裁委员会主任指定。

仲裁庭组成后，仲裁委员会应当将仲裁庭的组成情况书面通知当事人。

仲裁员有下列情形之一的，必须回避，当事人也有权提出回避申请：是本案当事人或者当事人、代理人的近亲属；与本案有利害关系；与本案当事人、代理人有其他关系，可能影响公正仲裁的；私自会见当事人、代理人，或者接受当事人、代理人的请客送礼的。

当事人提出回避申请，应当在首次开庭前提出并说明理由。回避事由在首次开庭后知道的，可以在最后一次开庭终结前提出。仲裁员是否回避，由仲裁委员会主任决定；仲裁委员会主任担任仲裁员时，由仲裁委员会集体决定。

3）开庭以及和解、调解与裁决

（1）开庭

仲裁应当开庭进行。如果当事人协议不开庭，则仲裁庭可以根据仲裁申请书、答辩书以及其他证据材料做出裁决。仲裁不公开进行。如当事人协议公开，则可以公开进行，但涉及国家机密的除外。

仲裁委员会应当在仲裁规则规定的期限内将开庭日期告知双方当事人。当事人有正当理由，可以在规定期限内要求延期开庭。是否延期，由仲裁庭决定。

申请人经书面通知，无正当理由不到庭或者未经仲裁庭许可中途退庭的，可以视为撤回申请。被申请人经书面通知，无正当理由不到庭或者未经仲裁庭许可中途退庭的，可以缺席裁决。

当事人应当就自己的主张提供证据。仲裁庭认为有必要搜集证据的，可以自行搜集。需要鉴定的专门性问题，可以交由当事人约定或仲裁庭指定的鉴定部门鉴定。鉴定部门应派鉴定人参加开庭。在证据可能灭失或者以后难以取得的情况下，当事人可以申请证据保全。当事人在仲裁过程中有权进行辩论。辩论终结时，首席仲裁员或者独任仲裁员应当征询当事人的最后意见。

仲裁庭应当将开庭情况记入笔录。笔录由仲裁员、记录人员当事人和其他仲裁参与人签名或者盖章。

（2）和解、调解与裁决

当事人申请仲裁后，可以自行和解。达成和解协议的，可以请求仲裁庭根据和解协议做出裁决书，也可以撤回仲裁申请。当事人达成和解协议，撤回仲裁申请后又反悔的，可以根据仲裁协议申请仲裁。

仲裁庭开庭后，可以先行调解，调解不成的，应及时做出裁决。经调解达成协议的，仲裁庭应制作调解书或根据协议结果制作裁决书。调解书经双方当事人签收后，即发生法律效力。在调解书未被签收前，当事人反悔的，仲裁庭应及时做出裁决。

裁决应当按多数仲裁员的意见做出，少数仲裁员的不同意见可以记入笔录。当仲裁庭不能形成多数意见时，裁决应当按照首席仲裁员的意见做出。裁决书自作出之日起发生法律效力。

以案说法9-2

以案说法9-2

法律分析

甲、乙二人发生合同纠纷，双方约定将纠纷提交某市仲裁委员会裁决。某市仲裁委员会受理了申请书后，当即由仲裁委员会主任指定3名仲裁员组成仲裁庭。5月3日，仲裁庭书面通知甲、乙当事人于5月9日开庭公开审理该案。5月9日开庭时，甲、乙双方当事人以及其他听众参加了仲裁庭对该案的审理。仲裁庭的裁决双方当事人都表示接受。

问题：该案的仲裁程序合法吗？为什么？

4）申请撤销裁决

当事人提出证据证明裁决有下列情形之一的，可以向仲裁委员会所在地的中级人民法院申请撤销裁决：没有仲裁协议的；裁决的事项超出仲裁协议的范围或者仲裁委员会无权仲裁的；仲裁庭的组成或者仲裁的程序违反法定程序的；裁决所依据的证据是伪造的；对方当事人隐瞒了足以影响公正裁决的证据的；仲裁员在仲裁该案时有索贿受贿、徇私舞弊、枉法裁决行为的。

人民法院组成合议庭审查核实有以上情形之一的，应裁定撤销裁决。凡裁决违背社会公共利益的，也应当裁定撤销。

当事人申请撤销裁决的，应当自收到裁决书之日起6个月内提出。人民法院应当在受理撤销裁决申请之日起2个月内，做出撤销裁决或者驳回申请的裁定。

人民法院受理申请后，认为可以由仲裁庭重新仲裁的，通知仲裁庭在一定期限内重新仲裁，并裁定中止撤销程序。仲裁庭拒绝重新仲裁的，人民法院应裁定恢复撤销程序。

5）仲裁裁决的执行

当事人应当履行裁决。一方当事人不履行的，另一方当事人可依照《民事诉讼法》的有关规定向人民法院申请执行。受申请的人民法院应当执行。

被申请人提出证据证明裁决有下列情形之一的，经人民法院组成合议庭审查核实，裁定不予执行：当事人在合同中没有订有仲裁条款或者事后没有达成书面仲裁协议的；裁决的事项不属于仲裁协议的范围或者仲裁机关无权仲裁的；仲裁庭的组成或者仲裁的程序违反法定程序的；裁决所根据的证据是伪造的；对方当事人向仲裁机构隐瞒了足以影响公正裁决的证据的；仲裁员在仲裁该案时有贪污受贿、徇私舞弊、枉法裁决行为的。

一方当事人申请执行裁决，另一方当事人申请撤销裁决的，人民法院应当裁定中止执行。人民法院裁定撤销裁决的，应当裁定终结执行。撤销裁决的申请被裁定驳回的，人民法院应当裁定恢复执行。

9.2.4　涉外仲裁的特别规定

涉外经济仲裁是指中国的公民、法人或其他经济组织与外国的公民、法人或其他经济组织在经济交往中发生合同纠纷和其他财产权益纠纷时，根据双方当事人依据合同中的仲裁条款或者争议发生后达成的书面仲裁协议，自愿提交中国仲裁机构或者其他仲裁机构仲裁，从而解决双方经济争议的一种法律形式。

《仲裁法》规定，涉外经济贸易、运输和海事中发生纠纷的仲裁适用该法的有关规定。

我国涉外仲裁委员会可以由中国国际商会组织设立。涉外仲裁委员会由主任一人、副主任若干人和委员若干人组成，均可由中国国际商会聘任。涉外仲裁委员会可以从具有法律、经济贸易、科学技术等专门知识的外籍人士中选聘仲裁员。

涉外仲裁的当事人申请证据保全的，涉外仲裁委员会应当将当事人的申请提交证据所在地的中级人民法院。涉外仲裁的仲裁庭可以将开庭情况记入笔录或者做出笔录要点，笔录要点可以由当事人和其他仲裁参与人签字或盖章。

当事人提出证据证明涉外仲裁裁决有以下情形之一的，经人民法院组成合议庭审查核实，裁定撤销；如果是被申请人提出的，人民法院可裁定不予执行。这些情形是：当事人在合同中没有订立仲裁条款或事后没有达成书面仲裁协议的；仲裁员行为不当或越权做出裁决的；交付仲裁裁决的事项属于法律规定不得提交仲裁处理的问题的；仲裁裁决违反该国的公共秩序的；仲裁程序不当或仲裁裁决不符合法定的要求的。

涉外仲裁做出的有效裁决，当事人请求执行的，如被执行人或其财产不在我国领域内，应当由当事人直接向有管辖权的外国法院申请承认和执行。

行业视窗 9-3

我国主要涉外仲裁机构

中国国际经济贸易仲裁委员会和中国海事仲裁委员会是我国的常设涉外仲裁机构，也是受理涉外仲裁案件的具有典型性、代表性的仲裁机构。

1）中国国际经济贸易仲裁委员会

中国国际经济贸易仲裁委员会是1956年4月正式成立的，它是以仲裁的方式，独立、公正地解决契约性或非契约性的经济贸易等争议的常设仲裁机构。

中国国际经济贸易仲裁委员会设在北京，在深圳设有仲裁委员会深圳分会，在上海设有仲裁委员会上海分会。仲裁委员会分会是仲裁委员会的组成部分。当事人在签订仲裁协议时，可以约定将其争议提交仲裁委员会在北京进行仲裁，或者约定将其争议提交仲裁委员会深圳分会在深圳进行仲裁，或者约定将其争议提交仲裁委员会上海分会在上海进行仲裁。如无此约定，则由申请人选择，由仲裁委员会在北京进行仲裁，或者由其深圳分会在深圳进行仲裁，或者由其上海分会在上海进行仲裁；作此选择时，以首先提出选择的为准；如有争议，应由仲裁委员会做出决定。

根据《仲裁法》第73条的规定，涉外仲裁规则可以由中国国际商会依照本法和《民事诉讼法》的有关规定制定。最新版《中国国际经济贸易仲裁委员会仲裁规则》是2015版（2014年11月4日中国国际贸易促进委员会/中国国际商会修订并通过，自

2015年1月1日起施行)。

2）中国海事仲裁委员会

中国海事仲裁委员会成立于1959年1月，是以仲裁方式，独立、公正地解决产生于远洋、近洋、沿海和与海相通的可航水域的运输、生产和航行等有关过程中所发生的契约性或非契约性的海事争议的常设仲裁机构。中国海事仲裁委员会设在北京。其现行的仲裁规则是《中国海事仲裁委员会仲裁规则（2021年版）》，该规则于2021年10月1日起施行。

9.3　会展诉讼

9.3.1　会展诉讼的概念与原则

1）会展诉讼的概念

会展诉讼也称为会展审判，是指人民法院在当事人和其他会展诉讼参与人参加的情况下，按照法定程序审理会展纠纷案件并做出裁判的活动。我国依法行使国家经济审判权的专门机关，是按照《中华人民共和国人民法院组织法》建立的各级人民法院和专门人民法院。审理会展纠纷案件所适用的法律，主要是我国国内法，也可以根据我国法律规定，适用外国法律和我国缔结或参加的国际条约、国际惯例。会展在程序方面所适用的法律，是《民事诉讼法》。《民事诉讼法》于1991年4月9日第七届全国人民代表大会第四次会议通过，根据2007年10月28日第十届全国人民代表大会常务委员会第三十次会议《关于修改〈中华人民共和国民事诉讼法〉的决定》第一次修正，根据2012年8月31日第十一届全国人民代表大会常务委员会第二十八次会议《关于修改〈中华人民共和国民事诉讼法〉的决定》第二次修正，根据2017年6月27日第十二届全国人民代表大会常务委员会第二十八次会议《关于修改〈中华人民共和国民事诉讼法〉和〈中华人民共和国行政诉讼法〉的决定》第三次修正。此外，最高人民法院有关的司法解释及其他法律、法规中有关会展诉讼的规定也可以参照适用。

2）会展诉讼的原则

会展诉讼的原则是指人民法院与当事人以及其他诉讼参与人在会展诉讼活动中所必须遵循的基本准则。

（1）以事实为依据，以法律为准绳原则

人民法院审理各类案件，都必须从实际情况出发，实事求是，查清案件的事实真相，并以此作为定案的依据。以法律为准绳指人民法院在查清事实的基础上，必须严格按照法律的规定分清是非，确定当事人的法律责任。

（2）公开审判原则

除合议庭评议案件外，人民法院审理案件和宣告判决，都必须公开进行，允许公民旁听，允许新闻记者采访和报道。但涉及国家秘密的案件不公开审理；涉及商业秘密的案件，当事人申请不公开审理的，也可以不公开审理。

（3）当事人诉讼权利平等原则

当事人不论其社会地位、经济状况如何，不论是公民、法人还是其他经济组织，也不论是原告还是被告，在诉讼中都享有平等的诉讼权利，同时人民法院有义务保障当事人在诉讼中平等行使一切诉讼权利。

（4）回避原则

审判人员、书记员、翻译人员、鉴定人员和勘验人员与案件有利害关系或其他关系，可能影响案件公正处理时，应当退出对案件的审理，以保证人民法院裁判结果的公正性。

行业视窗 9-4

审判回避制度

回避的理由因案件性质的不同而有所不同，在法定范围内的人员，如果具备以下情形之一的，应当回避：

（1）是本案当事人或者当事人、诉讼代理人的近亲属的；

（2）与本案有利害关系的；

（3）与本案当事人、诉讼代理人有其他关系，可能影响对案件公正处理的。

《民事诉讼法》第49条规定："院长担任审判长或者独任审判员时的回避，由审判委员会决定；审判人员的回避，由院长决定；其他人员的回避，由审判长或者独任审判员决定。"

回避的方式有两种：一种是审判人员自行回避，即负责案件的审判人员，认为自己具有回避制度法定情形之一而主动提出回避；另一种是当事人申请回避，即当事人认为审判人员有回避制度法定情形之一的，用口头或者书面形式申请他们退出该案的审理。

资料来源　佚名．回避制度［EB/OL］．［2019-06-24］．https://baike.so.com/doc/4808215-5024577.html.

（5）辩论原则

在人民法院主持下，当事人可以就案件事实和所争议的问题，各自陈述自己的主张和根据，互相反驳和答辩，以维护自己的合法权益。

（6）合议原则

人民法院审理会展纠纷案件，除简单的案件由审判员一人独任审判外，应当组成合议庭。

（7）两审终审原则

当事人对第一审判决、裁定不服的，可以向上一级人民法院提起上诉，启动第二审程序。第二审人民法院的判决、裁定是终审的判决、裁定，对此，当事人不得再提起上诉。另外，最高人民法院是国家最高审判机关，最高人民法院做出的一审判决、裁定，当事人不得上诉。

（8）处分原则

处分原则是当事人对诉讼请求享有主导权的原则。处分原则主要包括以下基本内容：诉讼必须依照原告的起诉才能开始；裁判的客体及范围限于原告的起诉范围，法院不得超出当事人的诉讼请求进行裁决；依当事人的自由意思决定诉讼的发展和终结。

9.3.2　受案范围

1）人民法院民事审判庭的受案范围

从审判机构的设置看，我国没有设立专门的商事法院，经济纠纷主要由设在普通法院内的民事审判庭审理。民事审判庭的受案范围大致包括如下几类案件：

（1）经济合同纠纷案件，包括《民法典》规定的各类合同纠纷案件以及其他合同纠纷案件。

（2）商标专利纠纷案件，包括因转让注册商标引起的纠纷案件。

（3）股票、债券、票据、期货交易纠纷案件。

（4）农村承包合同纠纷案件，包括农村承包经营户与农村集体经济组织之间的土地、林、牧、副、渔业承包等合同纠纷。

（5）企业承包经营合同、企业承租经营合同纠纷案件。

（6）企业破产案件。

（7）经济损害赔偿纠纷案件。

（8）涉外和涉港、澳、台经济纠纷案件。此类案件又包括以下几种情况：①中方当事人同外方当事人之间发生的经济贸易纠纷；②外国企业、组织之间在中国领域内发生的经济贸易纠纷；③外国企业、组织之间在中国领域外发生的经济贸易纠纷，而事先订有书面协议向中国法院起诉的；④涉及港、澳、台的上述经济纠纷案件。

2）铁路运输法院的受案范围

为了明确铁路运输法院与地方人民法院对案件管辖的分工，及时审理与铁路运输有关的经济合同纠纷和侵权纠纷案件，维护铁路运输经济秩序，保护公民、法人的合法权益，最高人民法院印发了《关于铁路运输法院对经济纠纷案件管辖范围的规定》。据此规定，铁路运输法院受理的经济纠纷案件有：

①铁路货物运输合同纠纷案件。

②铁路旅客和行李、包裹运输合同纠纷案件。

③由铁路处理的多式联运合同纠纷案件。

④国际铁路联运合同纠纷案件。

⑤铁路货物运输保险合同纠纷案件。

⑥代办托运、包装整理、仓储保管、接取送达等铁路运输延伸服务的合同纠纷案件。

⑦国际铁路与地方铁路、专用铁路、专用线在修建、管理和运输方面发生的合同纠纷案件。

⑧铁路在装卸作业、线路维修等方面发生的委外劳务合同纠纷案件。

⑨铁路系统内部的经济纠纷案件。

⑩违反铁路安全保护法律、法规，对铁路造成损害的侵权纠纷案件。

⑪铁路行车、调车作业造成人身、财产损害，原告选择向铁路运输法院起诉的侵权纠纷案件。

⑫上级人民法院指定铁路运输法院受理的其他经济纠纷案件。

3）海事法院的受案范围

海事法院是审理海事、海商案件的专门人民法院。海事法院受理我国法人、公民之间，我国法人、公民同外国或地区法人、公民之间，外国或者地区法人、公民之间的5类案件，包括：①海事侵权纠纷案件；②海商合同纠纷案件；③其他海事海商案件；④海事执行案件；⑤海事请求保全案件。

9.3.3 案件的管辖

会展纠纷案件的管辖是指各级人民法院之间和同级人民法院之间受理第一审会展纠纷案件的分工和权限范围。会展诉讼的管辖适用《民事诉讼法》的规定。

1）级别管辖

会展纠纷案件的级别管辖是指各级人民法院之间受理第一审会展纠纷案件的分工和权限。基层人民法院（即各区、县人民法院）管辖一般的案件，即法律没有特别规定的第一审案件。中级人民法院管辖以下3类会展纠纷案件：

①重大涉外案件。

②在本辖区有重大影响的案件。

③最高人民法院确定由中级人民法院管辖的案件。

高级人民法院管辖在本辖区有重大影响的第一审民事案件。

最高人民法院管辖下列第一审民事案件：

①在全国有重大影响的案件。

②认为应当由本院审理的案件。

2）地域管辖

会展纠纷案件的地域管辖是指同级人民法院之间受理第一审会展纠纷案件的分工和权限。根据不同情况，地域管辖又分为一般地域管辖、特殊地域管辖、专属管辖、共同管辖和协议管辖等。

（1）一般地域管辖

一般会展纠纷案件由被告住所所在地人民法院管辖。被告住所所在地与经常居住地不一致的，由经常居住地人民法院管辖。住所所在地是指公民的户籍所在地；经常居住地是指公民离开住所所在地连续居住1年以上的地方。

（2）特殊地域管辖

因合同纠纷引起的案件，由被告住所所在地或者合同履行地人民法院管辖。因票据纠纷提起的诉讼，由票据支付地或者被告住所所在地人民法院管辖。因铁路、公路、水上、航空运输和联合运输合同纠纷提起的诉讼，由运输始发地、目的地或者被告住所所在地人民法院管辖。因侵权行为提起的诉讼，由侵权行为地或者被告住所所在地人民法院管辖。其中，侵权行为地包括侵权行为实施地和侵权结果发生地。因铁路、公路、水上、航空事故请求损害赔偿提起的诉讼，由事故发生地或者车辆、船舶最先到达地、航空器最先降落地或者被告住所所在地人民法院管辖。因船舶碰撞或者其他海事损害事故请求赔偿提起的诉讼，由碰撞发生地、碰撞船舶最先到达地、损害船舶被扣留地或者被告住所所在地人民法院管辖。因海难救助费提起的诉讼，由救助地或者被救助船舶最先到达地人民法院管辖。因共同海损提起的诉讼，由船舶最先到达地、共同海损理算地或者航程终止地人民法院管辖。

（3）专属管辖

根据某些会展纠纷案件的特点，法律规定某些案件必须由特定的人民法院管辖，其他法院无权管辖，也不允许当事人协议变更管辖，这就是专属管辖。

以下两类经济纠纷案件按专属管辖办理：因不动产纠纷提起的诉讼，由不动产所在地人民法院管辖；因继承遗产纠纷提起的诉讼，由被继承人死亡时住所所在地或者主要遗产所在地人民法院管辖。

（4）共同管辖

对于某些会展纠纷案件，两个或两个以上的人民法院都有管辖权，为了防止几个法院同时受理同一案件，《民事诉讼法》规定，“两个人民法院都有管辖权的诉讼，原告可以向其中一个人民法院起诉；原告向两个以上有管辖权的人民法院起诉的，由最先立案的人民法院管辖”。

（5）协议管辖

合同的双方当事人可以在书面合同中协议选择被告住所所在地、合同履行地、合同签订地、原告住所所在地、标的物所在地人民法院管辖，但不得违反对级别管辖和专属管辖的规定。

3）指定管辖、移送管辖

指定管辖是指上级人民法院就某一案件指定下级人民法院管辖。它主要适用于以下两种情况：一是有管辖权的人民法院由于特殊原因不能行使管辖权，如该法院辖区内发生了战争、水灾、地震等不可抗力事件，使人民法院无法进行正常的审判工作，而必须由上级人民法院指定管辖。二是人民法院之间因管辖权发生争议，由争议双方协商解决，协商解决不了的，报请它们共同的上级人民法院指定管辖。

移送管辖是指人民法院发现受理的案件不属于本院管辖时，应当移送有管辖权的人民法院，受移送的人民法院应当受理。但如受移送的人民法院认为移送来的案件依照规定也不属于本院管辖，则应当报请上级人民法院指定管辖，不得再自行移送。

4）管辖权的转移

管辖权的转移是指上级人民法院有权审理下级人民法院管辖的第一审会展纠纷案件；确有必要将本院管辖的第一审会展纠纷案件交下级人民法院审理的，应当报请其上级人民法院批准。下级人民法院对它所管辖的第一审会展纠纷案件，认为需要由上级人民法院审理的，可以报请上级人民法院审理。

9.3.4 诉讼程序

1）第一审普通程序

人民法院审理第一审会展纠纷案件通常适用普通程序，它包括起诉、人民法院受理和审理前的准备、开庭审理和判决等环节。

（1）起诉

起诉是指公民、法人或者其他组织因其合法权益受到侵害或者与他人发生财产权益争议，以原告身份请求人民法院保护其经济权益的诉讼活动。提起经济诉讼，要符合下列条件：①原告是与本案有直接利害关系的公民、法人和其他组织。②有明确的被告。③有具体的诉讼请求和事实、理由。④属于人民法院受理民事诉讼的范围和受诉人民法院管辖。

公民、法人或者其他组织向人民法院起诉，一般应当递交书面起诉状，并按被告人数提交起诉状副本。起诉状应当记明以下事项：①原告的姓名、性别、年龄、民族、职业、工作单位、住所、联系方式，法人或者其他组织的名称、住所和法定代表人的姓名、职务、联系方式。②被告的姓名、性别、工作单位、住所等信息，法人或者其他组织的名称、住所等信息。③诉讼请求和所根据的事实与理由。④证据和证据来源，证人姓名和住所。

（2）人民法院受理和审理前的准备

人民法院对起诉进行审查并决定受理案件后，审理前的准备工作包括：①依法发送起诉状、答辩状。人民法院在立案之日起5日内，向被告发送起诉状副本；被告收到起诉状副本后15日内提交答辩状，被告不提交答辩状的，不影响法院的审理；人民法院在收到答辩状之日起5日内，将答辩状副本发送原告。②告知当事人有关诉讼权利和义务。人民法院决定受理案件时，应当在受理案件通知书和应诉通知书中告知当事人有关的诉讼权利和义务。③依法组成合议庭。合议庭组成人员确定后，应当在3日内告知当事人，如果在受理、立案后就已确定合议庭组成人员的，也可以将合议庭组成人员在受理案件通知书和应诉通知书中连同当事人诉讼权利义务一并告知当事人。④审核诉讼材料，调查、搜集必要的证据。合议庭组成人员要认真审核诉讼材料，通过阅卷，找出双方当事人争议的焦点，明确下一步需要搜集哪些必要的证据和需要进一步查证的内容，以便做好其他准备工作。⑤依法追加当事人。根据《民事诉讼法》第135条的规定，必须共同进行诉讼的当事人没有参加诉讼的，人民法院应当通知其参加诉讼，追加为当事人。追加当事人既可以由当事人提出申请，也可以由人民法院依职权主动追加。

（3）开庭审理和判决

开庭审理是指人民法院在当事人和其他诉讼参与人员参与的情况下，对案件进行实体审理的诉讼活动过程，包括准备开庭、法庭调查、法庭辩论、法庭调解、合议庭评议、宣判等程序。

当事人对自己提出的主张，有责任提供证据，这就是“谁主张，谁举证”的原则。

证据有以下7种：书证、物证、视听资料、证人证言、当事人的陈述、鉴定结论、勘验笔录。

证据应当在法庭上出示，并由当事人互相指证，但对涉及国家秘密、商业秘密和个人隐私的证据应当保密，需要在法庭出示的，不得在公开开庭时出示。

专门问题需要专门的部门作鉴定。人民法院对专门性问题认为需要鉴定的，应当交由法定鉴定部门鉴定；没有法定鉴定部门的，由人民法院指定的鉴定部门鉴定。

在证据可能灭失或者以后难以取得的情况下，诉讼参加人可以向人民法院申请保全证据，人民法院也可以主动采取保全措施。

2）第二审程序

当事人不服一审人民法院的民事判决或者裁定，可以依法向上一级人民法院提出上诉。不服判决的上诉期是15日，不服裁定的上诉期是10日。当事人提起上诉，应当向做出一审裁判的法院递交上诉状；当事人直接向二审法院递交上诉状的，二审法院应当在5日内将上诉状移交原审人民法院。上诉人应按对方当事人的人数提交上诉状副本。第一审法院收到上诉状后，应当在5日内将上诉状副本送达对方当事人，对方当事人在收到上诉状之日起15日内提交答辩状。第一审法院收到上诉状、答辩状后，应当在5日内连同全部案卷和证据，报送第二审法院。

对于上诉案件，第二审法院应当组成合议庭进行审理，经过审理，根据不同情形，分别做出处理。

3）再审程序

当事人对已经发生法律效力的民事判决、裁定，认为确有错误的，可以向原审人民法院或者上一级人民法院申请再审。当事人申请再审，应当在判决、裁定发生法律效力后的2年内提出。申请再审，应当提交再审申请书，并附原裁决文书；有新证据的，应当一并提交。当事人申请再审，不影响原判决的执行。

9.3.5　执行程序

判决、裁定发生法律效力后，债务人未按照判决或裁定所确定的期间履行偿债义务的，债权人可以申请人民法院强制执行。

1）执行案件的管辖

发生法律效力的民事判决、裁定，以及刑事判决、裁定中的财产部分，由第一审人民法院执行。法律规定由人民法院执行的其他法律文书，由被执行人住所所在地或者被执行的财产所在地人民法院执行。

2）申请执行的期限

申请执行的期限，双方或者一方当事人是公民的为1年，双方是法人或者其他组织的为6个月。

知识掌握

第9章
知识掌握
答案提示

1）什么是会展纠纷？解决会展纠纷有哪些途径？

2）行政调解的原则有哪些？

3）仲裁协议有哪些作用？

4）会展诉讼的管辖是如何规定的？

知识应用

□ 案例分析

参展项目是否侵权？24小时判定！

从收到投诉书到做出侵权判定意见，仅用了24小时。近日，厦门市市场监督管理局及时制止了展会期间的一起侵权行为，快速维护了专利权人的合法权益。

此事发生在第23届厦门国际石材展上。厦门市市场监督管理局派驻展会人员对一起发明专利侵权纠纷进行了快速侵权认定，因侵权事实清楚、证据充分，认定被投诉人的产品在投诉人的专利保护范围内，构成侵权。展会承办方根据与参展商签订的知识产权保护协议，责令被投诉方江苏某公司立即将侵权的参展项目进行遮盖，不得继续展出。

近年来，厦门市市场监督管理局加大展会知识产权保护行政指导力度，积极构建行政保护与行业自律、企业自治与社会监督相结合的展会知识产权保护体系。

首先制定了《厦门市展会专利侵权纠纷投诉处理指南》，对展会期间专利侵权纠纷的受理、调查、认定、处理等程序做了详细规定；督促展会承办方与参展商签订《展会知识产权保护协议》，强调展会承办方应对参展项目知识产权状况进行审查，参展商应当合法参展，不得侵犯他人知识产权，引导双方在自愿、平等、公平、诚信的基础上共同保护知识产权。

其次建立了展会期间快速维权机制，设立展会知识产权维权投诉站，由行政部门+展会承办方+知识产权维权工作站三方派员全程“驻场”，为权利人提供知识产权纠纷24小时快速维权服务。从受理登记、现场调查、快速判断和后续处理等环节着手，做到展会知识产权投诉“快受理、快处置、重调解、零延误”。

自2022年以来，厦门市市场监督管理局累计参与了14场展会的维权工作，成功调解展会知识产权纠纷7件，处理展会知识产权纠纷18件。

位于翔安体育会展新城片区的厦门国际博览中心将于近期正式启用，规模在全国名列前茅。厦门市市场监督管理局相关负责人表示，考虑到可能面对更多新型问题，将加强与展会主办单位的沟通，对兄弟城市开展调研，吸取先进经验，持续完善展会知识产权保护机制建设，做好保护与服务工作。

资料来源　高金环，庞赟娜. 参展项目是否侵权？24小时判定！[EB/OL].［2023-06-18］. https：//baijiahao.baidu.com/s？id=1769025213196623474&wfr=spider&for=pc.

问题：（1）解决侵权纠纷有哪些途径？

（2）展会期间快速判定是否侵权意义何在？